모스크바에서 평양까지

냉전종식과 남북통일의 여정

모스크바에서 평양까지

박보희 지음

청파랑

| 추천사 |

냉전시대와 통일역사를 다시 쓸 경이로운 만남의 기록

김동규
—
고려대 명예교수

1990년대 우리나라 대학가에 동국대에 이어 고려대에서 두 번째로 북한학과가 개설된 바 있다. 그 당시 나는 주로 구소련과 중국, 그리고 북한과 관련한 연구에 몰두했다. 1974년 일본 와세다 대학에서 박사학위 논문 주제로부터 시작하여 25년간에 걸친 대학에서의 북한학 강의를 거듭하는 과정에서, 나름대로 북한정권의 본질에 관하여 지식과 정보를 쌓아온 바 있다. 하지만 학문적 차원의 북한연구는 늘 한계가 있었다.

이번에 '청파랑'에서 출간된 《모스크바에서 평양까지》는 당시 문선명 선생이 고르바초프 대통령과 김일성 주석을 만난 실제적인 현장 이야기였다. 회담이 성사되기까지의 긴박한 과정과 회담장에서의 수많은 뒷이야기 그리고 에피소드는 학문적 차원을 훌쩍 넘어선 것이었다.

또 그것이 단순히 시대를 반영한 현상의 이야기가 아니라, 역사를 뒤바꾸는데 결정적 기능을 한 비사라는 점을 발견하게 되었다. 냉전역사를 다시 써야 할 경이로운 만남의 기록이었다.

문선명과 고르바초프, 문선명과 김일성은 자타 공인하는 승공주의자와 최고 공산주의자와의 극적인 대립을 상징한다. 인류 보편적 가치기준에서는 분명히 물과 불의 관계요, 물과 기름의 관계다. 하지만 불이 물을 끓이고 물이 불을 소멸시키듯이, 공존불가의 적대적 관계이면서도 상보적으로 최고의 역할을 하여 지구촌 냉전역사를 조용히 종식시키고 남북통일의 새 길을 여는 촉매제가 됐던 것이다. 이 책을 읽으면 지나친 평가가 아니라는 사실을 깨닫게 될 것이라고 확신한다.

문선명 선생이 왜 미국으로 가게 되었는가? 어떻게 소련의 멸망을 정확하게 예언했는가? 고르바초프 대통령은 왜 그를 만났는가? 소련제국 멸망 이후 어떤 대안을 제시했는가? 공산제국의 몰락이 북한에게 어떻게 작용하는가? 북한의 핵무장과 미국의 선제공격론이 어떻게 충돌을 피했는가? 김일성 주석은 왜 그를 만났는가? 이 책은 이같은 연쇄적이고 엄청난 질문에 대하여 사실에 입각하여 응답한다. 모두 우리나라와 인류의 운명에 관한 것이었다.

아울러, 이미 고인이 된 문선명 선생에 대한 양극단의 평가에 대한 객관적인 재평가의 사료가 되고 있다. 그는 종교지도자로서 해방 직후 북한에서는 남한 스파이로 옥고를 치렀고, 남한에서는 정권과 기성교단의 음모로 무고한 옥살이를 했으며, 미국에서는 한국정보당국이 뒤에 있다는 모함과 탈세혐의로 댄버리 옥고를 치른 희생자였다.

선생은 마치 성경의 '에서와 야곱의 이야기'처럼, '피는 물보다 진하지만, 사랑은 피보다 진하다.'라는 신념으로, 생명을 앗으려 했던 원수를 품는 참사랑으로, 하나님의 뜻과 섭리를 위해 생사를 넘나들며 공산권의 두 지도자를 만났다. 그리고 누구도 예상 못한 성과를 이끌어냈다.

회담 이후에 일어난 일련의 일들은 놀라웠다. 소련공산제국은 평화적으로 해체되었으며, 북한정권은 핵사찰을 수용하고 이산가족상봉, 남북정상회담 추진 등의 유화정책을 추진하기 시작했다. 결코 오비이락이 아닌 하나님의 섭리가 아니면 설명할 수 없는 역사적인 사건들이 전개되었다.

이 책은 이러한 고르바초프 대통령과 만남 이후 냉전종식 과정과 김 주석과의 회담 비화 등을 가장 가까이에서 지켜본 사실만을 바탕으로 생생하게 펼쳐나간다. 그리고 문선명 선생과 함께 그 역사적 현장을 함께 주관했던 영부인 한학자 총재의 평화와 통일운동에 대한 희망도 함께 보여주고 있다.

방북 30주년을 맞이하는 올해는 지난해에 이어 코로나 팬데믹으로 전무후무한 대전환기를 맞이하고 있다. 한 총재는 2012년 성화한 문선명 선생의 유업을 계승, '하나님 아래 인류 한 가족'의 비전을 가지고 남북화해와 통일의 활로를 찾고, 항구적인 평화 세계의 새로운 기반을 조성하는 획기적인 기회로 만들기 위해 박차를 가하고 있다.

끝으로, 이 책의 저자 박보희 회장은 사도행전을 남기는 심정으로 역사를 기록했다고 토로했다. 눈이 있어도 보지 못하고 귀가 있어도

듣지 못하는 경우가 있다. 우리는 마음을 열지 않으면 보고 싶은 것만 보고 듣고 싶은 것만 듣는다. 이 책을 통해 밝혀진 여러 가지의 역사적인 사실들은 독자들에게 사고의 지평을 넓히고 판단의 기준을 높이는데 커다란 도움을 줄 것이라고 본다.

| 추천사 |

하나님주의는 신통일한국과 신통일세계를 가능하게 한다

주동문
—
전 〈워싱턴 타임스〉 회장

냉전이 종식된 지 30년이 지났지만 세계는 오히려 신냉전의 대결로 치닫고 있고, 남북통일의 염원은 북한이 개발한 첨단 핵무기에 짓눌려 내일을 예측할 수 없게 된 것이 오늘의 실정이다.

공산주의의 대안처럼 강조되던 자본주의 사회는 오히려 인류가 겪어보지 못했던 극심한 사회적 혼란의 구실이 되고 있다. 공산제국 소련이 공산주의를 포기한 후, 대안으로 주어진 자본주의 사회에서 펼쳐지는 온갖 병폐를 보면서 이에 대한 제3의 대안으로서 현대 인류가 찾아야 할 진정한 자유와 평화와 행복의 이념은 무엇이며 어떻게 찾아야 하는가를 모색해야 하는 현실이 되었다.

금년은 새로이 출간될 《모스크바에서 평양까지》의 주인공 문선명·한학자 총재 내외가 북한을 방문한 지 30주년이 되는 해이다.

이 책에 소개된 소련 공산제국의 몰락과 관련된 실화는 한반도 통일이라는 오늘의 우리가 가장 심각하게 당면한 현실적 과제 앞에 이를 극복해 나아갈 방향과 자세와 지혜를 제공한다. 더 나아가 냉전 이후 온 세계가 당면한 또 다른 정치적·사회적·경제적·문화적 혼란상을 극복할 참신한 해결책과 그 실체적 방안을 모색하게 한다.

차제에 이 책에서는 냉전종식이라는 현대사에서 가장 극적인 정치적 전환을 가져온 막후의 비화에 대한 상세한 현장 증언이 그 사건 자체만이 아니라 그 사건의 배경 및 당시의 시대상과의 연결을 통해 오늘의 난문제 극복의 실마리를 제공한다.

냉전시대의 동맹국 맹주 소련이 동유럽 위성국가를 버리고, 중국조차 세계 경제시장에서 북한에 신경 쓸 여유가 없었던 상황에서 북한은 핵무장만이 생존의 길이라고 착각하게 되었던 반면, 북한의 핵무장에 대한 우려는 서방세계에서 '방위적 선제공격론'을 부상시키게 되었다.

결국 북한이 가장 두려워하는 것은 미국의 북한 핵시설에 대한 선제공격이 되었다. 그러나 북한이 바르게 이해해야 하는 점은 미국이 단순히 침략을 위한 공격은 하지 않는 나라라는 것이다. 이것은 추천자가 〈워싱턴 타임스〉 회장으로 재임하던 2005년 8월 16일 창설자 문선명 선생의 지시와 미국의 격려 아래 당시의 새로운 북한 지도자 김정일 위원장을 3시간 반에 걸쳐 단독으로 만났을 때 강조해서 설명하였던 내용과 맥락을 같이 하고 있다. 결국은 한 달 후 핵시설 완전 폐기라는 6자회담 합의의 배경이 되기도 한다. 그러나 미국은 여론의 지지와 대의명분만 형성되면 무엇이든 할 수 있는 나라라는 점도 분명해지는 자리였다.

문선명·한학자 총재는 미국이 건국 200주년을 맞이하였을 때, 예수 이후 2천년간 계속되어 온 기독교를 중심한 하나님의 구원섭리가 미국을 기반으로 결실해야 할 것으로 기대하였다. 또 소련 공산주의를 종식시키기에 앞서 미국이 자유세계의 중심국가로서 세계를 이끌어 갈 수 있는 기반을 갖출 것을 촉구하였다. 따라서 미국의 수도 워싱턴에 〈워싱턴 타임스〉 일간지를 창간하여 미국내 공산주의부터 막고자 하였고, 전략방어계획(SDI)을 지원했다. 뉴욕 메디슨 스퀘어 가든, 양키 스타디움, 워싱턴 모뉴먼트에서의 대회를 비롯하여 수없이 미국 전역 50개주를 순회하며 강연하였다. 미국의 종교계, 기독교계는 문선명 총재가 불의하게 댄버리의 옥고를 치름으로 말미암아 오히려 문선명·한학자 총재를 중심하고 하나가 되었다.

다른 한편, 소련개방의 전략으로 제11차 세계언론인대회, 제3차 세계평화정상회의, 제9차 중남미통합기구회의(AULA)를 통합한 모스크바 대회를 개최했다. 고르바초프는 1980년대 당시 소련의 상황을 사상적 교조주의, 경제성장 지연, 민주주의 제한, 행정 체계의 경직성 등과 같은 사회경제적 구조의 위기로 진단했으며, 특히 그가 소련 서기장으로 재임 당시 심각한 경제위기 상황을 경험하게 되어 드디어 글라스노스트(경제개방정책)와 페레스트로이카(정치개혁)를 시행하게 된다.

결국 고르바초프는 하나님 없는 세속적 민주주의, 자유주의, 자본주의를 그대로 도입할 수 없다는 신념을 터득하게 된다. 세속적 인본주의에 허덕이는 서구문명이 해방된 공산세계에 줄 희망과 비전은 없다고 본 것이다. 동유럽과 러시아에서 일어나고 있는 공산주의 복고운동도 자본주의가 그 대안이 되지 못하고 있기 때문이라는 결론에 이른 것이다.

공산주의 소련의 최고 지도자로서 그 권좌를 포기할 수밖에 없었던 소련 제국의 대통령 고르바초프의 고뇌와 그에게 이를 가능하게 한 용기와 새로운 비전은 무엇이었는가를 이 책은 증언하고 있으며, 문선명 총재 내외와 고르바초프 대통령과의 배후 교류가 평화적 제2혁명의 동력이 되었다고 서술한다. 나아가 문선명 총재 내외가 미국에 초청하여 교육한 3천여 명의 소련의 청년, 학생들은 보수 쿠데타의 반대시위에 앞장서게 되었고, 이 와중에 사망한 5명의 청년 중 3명이 이들 가운데 포함된다.

공산주의 혁명은 자본주의가 인간에게 행복을 가져다주지 못한다는 데서 나왔지만, 이제 공산주의의 한계를 보면서 새로운 사상을 찾게 되는 것이며, 이것은 좌익도 우익도 아닌 제3의 길인 두익사상이요 '하나님주의'라고 소개한다. 서양문명은 자유를 주었으나 가치관을 잃은 자유는 무책임한 방종으로 이어질 뿐이라는 것이다.

문선명·한학자 총재 일행의 방북은 김일성 주석과의 만남 자체보다 주체사상의 오류를 지적하고, 진리를 알리기 위함이라고 강조한다. 문선명 총재는 참사랑의 힘을 바탕으로 자신이 공산치하 평양에서 선교활동 중 받았던 모든 고문들과 흥남감옥의 복역 등 수많은 고난을 용서하게 되었고, 나아가 김일성 주석도 사랑과 화해의 마음으로 만나게 되었던 것이다. "피는 물보다 진하다. 그러나 사랑은 피보다 더 진하다.”는 소신을 실증한 것이다. 1991년 11월 30일부터 12월 7일까지 기간에 이루어진 문선명 총재 내외의 북한 방문과 김일성 주석과의 만남은 이후 남북한 간의 정상회담과 평화교류를 이끌어 낸 촉매제였다. 나아가 ‘남북간의 화해와 불가침, 그리고 교류협력에 관한 합의서’ 서명(1991.12.13), ‘한반도의 비핵화에 관한 공동선언’ 조인(12.31), ‘국제원자력기구(IAEA)의 핵사찰 협정’ 조인(1992.1.30), 그리고 ‘금강산개발 및 남북간 문화교류’ 등 기본과제에 대한 기반을 마련하게 되었음을 상세히 설명한다.

인간 스스로는 우주의 중심이 되지 못하는 것이므로, 주체사상 위에 반드시 하나님을 모셔야 하고, 나아가 사회주의 가치관과 자본주의의 단점을 보강하려면 ‘하나님주의’를 중심으로 한 공생·공영·공의주의의 가치관을 가져야 함을 설득력 있게 기술한다.

참사랑이 없는 개인주의는 충돌과 경쟁과 탐욕만 부르고, 나아가 자유만을 주장하는 개인주의가 바탕이 될 때, 자본주의는 불평등과 갈등, 부패사회를 조성하게 된다는 것이다.

따라서 통일한국은 좌익 공산주의 이념으로도, 우익 자본주의와 민주주의 이념만으로는 안 되고, 하나님의 창조이상인 참사랑을 중심한 두익사상, ‘하나님주의’를 바탕에 두어야 한다고 설파한다.

끝으로, 문선명 총재와 함께 냉전시대의 종식을 이끌어 온 한학자 총재는 혼돈과 갈등으로 점철되어 온 인류 역사의 흐름을 참사랑을 중심한 하나님주의를 통하여 신통일한국과 신통일세계 완성이라는 희망의 대해로 인도하고 계심을 소개한다.

섭리적·역사적인 중대사실의 배경과 진행에 얽힌 구체적이며, 정확하고도 사실적인 정보는 어디서도 찾아볼 수 없는 귀중한 자료다. 이미 지난 2000년에 저자는《나는 자랑스러운 한국인》이라는 자전적인 책자를 통하여 문선명·한학자 총재 내외의 모스크바 방문 및 고르바초프 대통령과의 회담, 그리고 북한방문과 김일성 주석과의 회담에 관한 내용을 밝히고 있다.

그러나 한치 앞을 내다 볼 수 없는 오늘의 세계정세에 활로를 제시하기 위하여, 특히 날로 절박한 상황으로 치닫고 있는 한반도의 통일문제를 해결하기 위하여, 지난날 역사적인 냉전종식의 결정적 전환점을 마련하게 되었던 문선명 총재 내외의 모스크바 회담과 평양방문에 얽힌 비사를 연결지어 반추하여 본다는 것은 새로운 또 하나의 전환점을 마련하는 큰 의의가 있는 것임을 확신한다. 독자 여러분에게 일독을 권한다.

故 문선명 선생
1920년 1월 6일(음) ~ 2012년 9월 3일

| 프롤로그 |

하나

나는 20세기의 기적을 보았다. 그것은 소련제국의 멸망이었다. 예수님 이후 2천년 인류역사에서 최대 사건 중 하나였다.

누가 소련을 멸망시켰는가? 그동안 아무도 이 질문에 대해 명확한 답을 제시하지 못했다. 이제 나는 소련의 평화로운 멸망을 가져온 위대한 만남을 소개하고자 한다. 이 책은 이 놀라운 기적을 향한 여정의 기록이다.

누구도 예측하지 못했던 위대한 만남이 공산소련을 평화적 멸망으로 이끌었다. 동의하지 못한다면 의심의 눈으로라도 이 책을 읽어보기 바란다. 역사적 증인으로 나는 한 점의 거짓 없이 모든 것을 밝힌다.

소련제국은 인류역사에서 로마제국 다음으로 강대한 제국으로 넓은 영토를 가지고 있었다. 1980년대 초만 하더라도 아무도 소련제국이 멸망할 것이라고 상상하지 못했다. 천년이 넘게 존속되었던 로마제국처럼, 소련제국 또한 적어도 백년 넘게 공산주의의 아성을 지킬 것으로 예상했다. 그러나 소련제국은 1917년 러시아혁명 이후 불과 74년 뒤 지상에서 사라지고 말았다.

소련제국은 어떻게 멸망하게 되었는가? 스스로 멸망하는 제국은 없다. 소련제국의 상대국이었던 미국이 소련을 몰락시켰는가? 피터 러틀랜드(Peter Rutland) 웨슬리언대학교 교수는 《Business and the State in Contemporary Russia》에서 "CIA, 브루킹스연구소, 하버드, 컬럼비아대학교 등도 이런 상황을 예견하지 못했다."고 지적했다.

1980년대까지 미국과 소련은 누가 살아남을 것인가를 놓고 치열한 냉전을 펼치고 있었다. 소련의 핵무기, 특히 대륙간탄도미사일은 양과 질에서 모두 미국을 능가했다. 당시 소련은 세계 200여 개 나라 중 3분의 2를 지배했다. 세계는 핵전쟁이 일어날 것을 걱정했고, 소련은 세계 적화를 목표로 돌진하고 있었다. 이 목표를 이루기 위해 미국을 먼저 초토화시키는 것이 소련의 전략이었다. 당시 소련의 브레즈네프(Leonid Brezhnev) 서기장은 1980년 미국 대통령선거에서 카터 대통령이 재선되기만 하면, 그의 임기 4년 동안에 미국을 반드시 적화하겠다고 호언장담했다.

그 때 1971년 미국에 도착한 한 한국인이 있었다. 미국의 경제 원조를 받는 가난한 나라, 한국에서 온 그는 미국에 도착하자마자 놀라운 선포를 했다. "공산주의가 미국을 위협하고 있다. 프로테스탄트 국가인 미국에서 기독교가 몰락하고 있다. 청소년이 마약과 난잡한 생활로 타락하고 있다. 미국은 지금 위기에 직면해 있다. 미국은 환자이고 불이 난 집이다. 나는 미국을 치유할 해법을 가지고 미국에 왔다. 나는 미국을 고치는 의사이고 미국의 불을 끄는 소방수다."

누구도 믿기 어려운 선포였지만 그는 카터의 재선을 막고 레이건 대통령이 당선되는 데 최고의 기여를 했다. 그리고 확산일로에 있던 공산제국의 멸망을 예언했다.

1985년 몰튼 카플란(Dr. Morton A. Caplan) 교수는 세계평화교수협의회(PWPA) 의장으로 "향후 5년 이내에 소련은 멸망한다(Fall of the Soviet Empire in 5 years)고 예언을 하라."는 문선명 총재의 요청을 받았다. 당시 미국의 저명한 소련 전문가들은 이와 같은 선언에 대해 대단히 회의적이었다. 공산주의 멸망에 관한 전망은 당시로선 상상할 수도 없었기 때문이다.

5년의 시간이 흘렀다. 그리고 세계는 상상할 수 없는 일에 직면했다. 1991년 12월 25일 소련의 미하일 고르바초프 대통령은 대통령 집무실에서 소련 국민 앞에 짤막한 고별인사를 남기고 소련연방 대통령직에서 하야했다. 그 날로 거대한 소련연방은 해체되기 시작했다. 망치와 낫이 포개어져 있는 붉은 색의 소련연방 기(旗)는 모스크바 상공에서 사라지고 러시아 본래의 3원색 국기가 휘날리기 시작했다. 그리고 그 위세당당했던 소련연방은 눈과 같이 녹아버리고 말았다.

그는 5년의 시간 동안 소련의 멸망을 예언하는 데 머물지 않고 소련의 수장인 고르바초프를 만났다. 미국의 유명한 칼럼니스트인 조지 앤 게이어(Georgie Anne Geyer)는 모스크바대회에 대한 칼럼을 '가장 있을 법하지 않은 만남'이라는 제목으로 썼다. 이 칼럼에서 그녀는 "지난 5년 동안 소련에서 일어난 가장 믿기 어려운 일들 가운데 그 어떤 것도, 최근 미하일 고르바초프와 문선명 목사의 행복한 만남보다 더 믿기 어려울 것 같지 않다. 그동안 문선명 목사는 가장 명확한 반공주의자이며 소련의 제1호 원수였다. 그러나 모스크바 뉴스는 이 만남을 보도하면서 '이제는 화해할 시간'이라고 보도했다."고 논평했다.

그는 누구인가? 한국인으로 태어나 하나님의 소명을 받아 미국을 구할 소방수로 간 그분은 바로 통일교회 창시자이자 세계적인 평화운동가인 문선명 선생이다. 이 책은 '문선명 선생이 왜 미국으로 가게 되었는가? 어떻게 소련의 멸망을 정확하게 예언했는가? 고르바초프는 왜 그를 만났는가? 소련제국 멸망 이후 어떤 대안을 제시했는가?' 등의 질문에 대한 대답이다. 어찌 질문이 이것뿐이랴!

둘

1991년 12월 1일자 한국 〈세계일보〉는 일면 톱기사로 '문선명 선생 평양방문'이란 대문짝만한 제목을 실었다. 아침잠을 깬 국민들은 모두 자기 눈을 의심했다. 이 소식에 세계도 큰 충격을 받았다. 왜냐하면 문선생은 북한이 부정하는 종교의 지도자일 뿐만이 아니라 지금까지 '국제승공연합'의 총재로서 반공·보수 세력의 대표적 인물로 알려져 있었기 때문이다. 그가 냉전체제의 붕괴 조류에도 불구하고 주체사상이라는 독자적 공산주의체제를 고수하고 있는 북한을 방문했기 때문이다. 미국이 테러국가로 단정하는 북한에 가서 무사히 돌아올 수 있을 것인가? 과연 북한방문의 목적은 무엇일까? 이와 같은 관심이 고조되는 것도 당연한 일이었다.

그보다 더 주목된 것은 북한의 의도였다. 북한이 문 목사를 '통일교회의 교주'로서 초청한 것이다. 지금까지 북한은 종교를 '아편'이라고 철저히 탄압·부정해 왔으니, 문 목사를 '통일교회의 교주'로 초청하는 것은 중대한 정책상의 모순이기 때문이다. 그런데 그 두 사람이 미소와 더불어 잔을 나누고, 형제와도 같이 손을 서로 잡고 사진을 찍었다. 이것을 놓고 놀라지 말라는 것은 무리한 요구가 아닐 수 없다.

문선명 선생은 조국의 평화적 통일을 전적으로 지지했다. '북한 평양을 군사적으로 점령하는 통일은 안 되며, 한국 서울이 불바다가 되는 통일도 안 된다. 한반도에 6·25전쟁과 같은 동족상잔의 비극은 다시는 있어서는 안 된다. 설사 좀 시간이 걸리더라도 절대로 한 사람의 피도 흘리지 않고 조국통일이 이루어져야 한다.' 이와 같은 원칙하에 문선명 선생은 남북을 화해와 협조로 이끌려고 피땀흘려 노력해왔다. 그리고 이 뜻을 전적으로 받들어 일해야 하는 사람이 바로 이 저자였다.

평양에서의 만남은 이미 예정되어 있었다. 1990년 소련 크렘린 궁전에서 고르바초프와의 역사적 회담을 마치고 나오는 차 안에서 문선명 선생은 나에게 놀라운 말씀을 하셨다. "보희, 소련은 1~2년 이내에 끝난다. 두고 봐라. 나는 이제 김일성 주석을 만나야 한다. 한반도에서의 전쟁을 방지하기 위함이다."

나 외에 이 말씀을 들으신 분은 오직 한학자 영부인 한 분뿐이다. 나는 이날 벌써 문선명 선생으로부터 북한방문을 준비하라는 특명을 받은 것이다. 왜 선생은 고르바초프와의 회담 직후 이와 같은 특별한 지시를 했을까? 그것은 선생의 예민한 영력과 육감으로 고르바초프 대통령 설득에 성공한 것을 느끼고 소련제국의 앞날이 얼마 남지 않은 것을 직감한 것이다.

이렇게 공산주의의 종주국인 소련이 붕괴되면 공산진영은 일시에 눈사태처럼 괴멸상태에 들어간다. 선생은 즉각 한반도 정세를 염려한 것이다. 소련붕괴에 민감할 북한이 국제적 고립 속에서 오판이라도 한다면, 한반도에 다시 한번 전쟁이 일어날 수도 있기 때문이다. 문 선생은 이미 거기까지 내다보고 걱정한 것이다. 그리고 제2의 6·25전쟁 발발 가능성을 방지하기 위하여 스스로 평양에 들어가기로 결심한 것이다.

선생이 하늘이 주신 예언을 이루기 위해 어떤 고난과 역경을 헤치고 정성과 노력을 다했는지 나보다 생생하게 아는 사람은 없다. 선생의 그림자로 살면서 나는 20세기 하나님의 놀라운 기적을 직접 목도했다. 내가 본 사실을 구두로 다 설명할 수 없기에 이제 이 역사적인 사실을 기록으로 남겨 후세에 전하려 한다.

이 책을 출판하기까지 많은 은사와 축복이 있었다. 나에게 새로운 생명과 비전을 주시고 역사의 한 자락에 동참할 수 있게 해주신 하나님께 먼저 감사의 기도를 올린다. 또한 부족한 사람에게 문선명 선생의 위대한 자취를 남길 수 있는 축복을 주신 한학자 총재님께 모든 기쁨과 영광을 돌리고 싶다.

이 책은 살아있는 역사의 기록이자 진실이다. 백년 천년 후까지도 남겨져야할 역사의 현장이다. 믿기지 않는다면 이 책을 읽고 판단해 주시기 바란다.

저자 박 보 희

| 차 | 례 |

제2부 문선명-고르바초프 만남
소련을 사랑으로 품고, 사상으로 이기다

제3부 문선명-김일성 만남
조국 평화통일의 새 길을 열다

제1부

하늘의 미션

냉전의 최전선에 서다

1976 벨베디아 폭탄선언

“다음 대회는 공산주의 종주국 모스크바에서 개최한다.”

문선명 선생이 크게 외치는 음성을 듣는 순간 나는 귀를 의심했다. 분명 그 음성은 ‘소련의 수도 모스크바’를 말하고 있었다. 예상치 못한 말씀에 너무 놀라서 심장이 두근거리고 등줄기로 땀이 흘러내렸다. 다행히 “위 머스트 고 투 모스코(We must go to Moscow).”라고 간신히 영어로 통역했다. 그러나 ‘어떻게 공산주의 종주국인 소련의 수도에서 다음 대회를 한다는 말인가?’ 하는 의문이 머릿속에 가득했다.

뉴욕 벨베디아 정원을 가득 메운 참석자들도 일시에 조용해졌다. 처음 문선명 선생이 말씀을 시작했을 때만 해도 파티 분위기는 흥분되어 있었다. 이날 파티는 9월 18일 워싱턴 모뉴먼트 광장에서 열린 역사적인 대회의 성공을 축하하는 자리였다. 미국 독립 200주년을 기념하며 개최된 이날 대회에 30만 명이 운집했다. 이는 미국의 3대 집회(마틴 루터 킹 목사의 24만 집회, 빌리 그레이엄 목사의 16만 집회) 가운데서도 최다 인원을 기록했다.

문선명 선생은 미국 독립 200주년을 축하하면서 "'하나님주의'로 미국의 새 역사를 만들자!"고 외쳤다. 미국은 하나님의 축복을 받고 번영을 이루었지만 지금 많은 문제를 안고 있다고 지적했다. 그중에서 가장 심각한 문제는 공산주의의 위협이라고 경고했다.

"미국은 지금 인종문제, 청소년 윤락문제, 기독교 몰락과 공산주의 문제 등 여러 가지 심각한 문제들을 안고 있지만 무엇보다도 무신론에 입각한 공산주의의 위협은 가장 심각하며 이 시간에도 세계 도처에 침식해 들어오고 있습니다. 이것은 단지 미국만의 문제가 아니고 하나님에게 있어 그리고 모든 종교인과 온 자유 세계인에게 있어 심각하고도 절박한 문제입니다."

공산주의의 위협을 극복하기 위해 미국은 하나님을 중심으로 새롭게 각성해야 한다고 주장했다.

"하나님께서 200년 준비하신 미국은 크게 각성하고 하나님께서 분부하신 중차대한 세계적 사명을 다하여야 할 것입니다. 그러려면 결국 미국이 철두철미한 하나님주의로 돌아가 공산세계를 해방하고 지

미국은 하나님을 중심으로 각성해야 한다는 문선명 선생 강의

상천국 건설의 기수가 되어야 합니다. 미국은 오늘 각성하여야 합니다. 내일이면 늦습니다."

30만 명의 군중은 선생의 말씀에 박수와 환호로 응답했다. 언론은 이 행사를 미국 역사상 전무후무한 사건으로 평가했다. 미국 주간지 〈Newsweek〉는 그 해 표지인물로 문선명 선생을 선정할 정도였다.

한편 미국의 좌경세력은 문선명 선생이 일으키는 승공의 물결에 공포를 느꼈다. 황인종이라는 인종적인 한계와 통일교회라는 소수종교의 미약한 기반에도 불구하고, 문 선생은 특유의 리더십으로 미국에서 새로운 변화를 주도하고 있었던 것이다. 미국의 공산주의 동조세력과 진보세력들은 문 선생의 성공을 두려워했다.

미국 독립 200년의 기반 위에 새로운 미국의 비전을 제시코자 마련된 워싱턴 모뉴먼트 대회 이후 미국사회가 놀라운 반응을 보여줬기 때문에 잠시 승리의 기쁨에 취해 있는 시간이었다.

그런 참석자들에게 "위 머스트 고 투 모스코!"라는 선생의 외침은 큰 충격이었다. 정원을 가득 메운 사람들은 일시에 정지된 것처럼 숨소리도 들리지 않았다. 분명 며칠 전 워싱턴 모뉴먼트 광장에서 공산주의 위협을 경고하셨던 분이 '모스크바로 가야 한다.'는 말씀의 진의를 알 수 없었기 때문이다.

우선 현실적으로 모스크바에서 대회를 여는 것은 불가능했다. 공산주의 종주국 모스크바는 가고 싶다고 갈 수 있는 곳이 아니었다. 게다가 문선명 선생은 세계적인 승공운동가였다. 만약 선생이 100만 명의 승공운동가들을 이끌고 모스크바까지 간다고 하자. 모스크바에 도착하는 순간 소련군대에 의해 모두 잡히거나 죽고 말 것이다. 선생의 목숨도 보장받을 수 없다. 찰나의 순간이었지만 참석자들은 많은 생각을 하는 듯 조용했다.

사람들의 속마음을 아셨는지 문선명 선생은 설명을 이어갔다.

"모스크바는 영어로 발음하면 '모스코(Mosco)'입니다. '머스트 고(must go)!'와 발음이 비슷합니다. '머스트 고'란 말은 꼭 가야 한다는 뜻입니다. 우리는 공산주의 종주국 소련의 수도로 '머스트 고(must go)'해야 합니다. 모스크바는 우리가 꼭 가야 할 곳입니다. 모스크바로 가는 것은 우리의 숙명입니다. 우리가 소련을 해방시키지 않으면, 하늘은 이 일을 누구에게도 맡길 사람이 없습니다. 우리는 소련해방의 선봉대요, 주역입니다. 이는 우리의 사명입니다."

선생의 음성은 단호했다. 모든 참가자들은 선생의 선창을 따라 "우리는 모스크바에 꼭 가야 한다!"고 큰 목소리로 외쳤다. "위 머스트 고 투 모스코!" 참석자들의 외침이 벨베디아 정원을 가득 채웠다.

파티를 마치고 집으로 돌아오는 차 안에서 나는 회개의 기도를 올렸다. 순간적이나마 문선명 선생의 말씀에 대해 불가능하다고 불신했었다. 성경 마태복음 17장 20절에 "너희 믿음이 작은 까닭이니라. 진실로 너희에게 이르노니 만일 너희에게 믿음이 겨자씨 한 알 만큼만 있어도 이 산을 명하여 여기서 저기로 옮겨지라 하면 옮겨질 것이요 또 너희가 못할 것이 없으리라."는 예수님 말씀이 떠올랐다.

문선명 선생은 하나님의 섭리와 모스크바로 가는 길을 알고 계실 것이다. 나는 반드시 선생을 모시고 모스크바로 가리라. 회개와 결단의 기도를 올리고 나니 마음이 한결 가벼워졌다.

사실 그 자리에 모여 있었던 많은 사람들은 "다음 대회는 모스크바에서 개최합시다!"라는 선생의 말씀에, 워싱턴 모뉴먼트의 군중을 상상하며 불가능하고 위험하다 생각했다. 그러나 선생은 그런 대회를 말씀하신 것이 아니었으며, 1976년에 선포할 때 이미 모스크바로 가야할 분명한 비전과 전략을 가지고 계셨다.

먼저 문선명 선생이 '다음 대회'라고 하신 것은 가까운 장래를 말씀하신 것이었다. 사실 1970년대 소련은 절대 무너지지 않을 철옹성같이 보였다. 그러나 선생은 하늘의 섭리를 알았기에 소련의 멸망을 예언한다. 선생은 겉으로 강해 보이는 소련제국의 내부에 이미 멸망의 징후가 나타나고 여러 가지 허점이 소용돌이치고 있음을 예리하게 보고 있었다. 하나님의 존재를 부정하는 공산주의는 70년을 넘지 못한다는 것이 선생의 신념이었다.

또한 가까운 장래에 소련이 선생을 받아들일 수밖에 없는 상황이 전개될 것을 굳게 믿고, 소련이 멸망할 때 새로운 비전을 찾기 위해 선생의 말씀에 귀 기울일 것을 예견했다. 이러한 동기는 스스로 소련 내부에서 일어날 것이다. 외부에서 가하는 압력만 가지고는 소련붕괴는 오지 않는다는 사실을 너무 잘 알고 있었다. 또한 미국 워싱턴 모뉴먼트 대회가 미국에 필요한 말씀을 전하기 위한 미국적인 대회였듯이, 모스크바 대회는 소련에 필요한 말씀을 전할 수 있는 소련식 대회가 되어야 한다는 것이었다. 이러한 전략을 세운 뒤 14년 동안 선생은 구체적인 준비를 했다.

그렇다면 문선명 선생이 준비한 소련이 필요로 하는, 소련을 위한 전략은 무엇일까?

첫째, 언론의 힘이었다. 그래서 '세계언론인협회(World Media Association, 1978)'를 창설했고, 매년 '세계언론인회의(The World Media Conference)'를 개최하게 했다. 소련도 세계 여론의 동향과 언론인들의 힘을 무시할 수 없는 시대가 올 뿐만 아니라, 세계 언론의 도움을 요청해야 되는 때가 온다는 것을 아셨던 것이다.

둘째, 정치적 영향력이었다. 이를 위하여 문선명 선생은 '세계평화정상회의(The Summit Council for World Peace, 1987)'를 창설했다. 세계의 저명한 전직 대통령과 수상들이 참여하여 세계평화를 논의하는 중요한 회의체를 창설하여 소련이 세계와 소통할 수 있는 국제정치의 장을 준비했다.

셋째, 중남미의 통합운동을 추진하고 계셨던 문선명 선생은 중남미의 전직 국가원수들의 모임인 '중남미통합기구(Association for the Unity of Latin America, AULA, 1984)'를 창설했다. 소련의 세계적화전략의 중점은 중남미 제국에 있었다. 이미 쿠바·니카라과는 적화되었고 엘살바도르·온두라스·멕시코에도 붉은 손길이 뻗치고 있었다. 1970년대 남미대륙 전체에 공산혁명의 불길이 타오르고 있었다.

이런 사태를 우려한 문선명 선생은 AULA를 창설하고 식민지 해방의 영웅 시몬 볼리바르(1783~1830, 콜롬비아와 볼리비아의 독립을 이끈 지도자)의 정신 아래 중남미를 통합하는 운동을 벌이도록 지도했다. 소련과 비교적 우호적인 관계를 가진 중남미 국가지도자들이 소련의 개방을 이끌 수 있도록 기구를 만들었다.

세계언론인회의, 세계평화정상회의, 중남미통합기구는 후에 소련의 페레스트로이카를 지지하고 후원하는데 많은 역할을 하게 된다. 문 선생은 소련이 필요로 하는 국제정치와 언론의 힘을 미리 준비했는데, 소련이 받아들이지 않고는 이와 같은 지원 협조는 불가능했다. 이 3대 기구는 곧 선생의 소련개방과 소련교류의 창구가 된 것이다.

알고 준비하는 사람에게는 비전과 전략이지만, 그렇지 못하면 어느 날 갑자기 이루어지는 기적과 같은 일이다. 돌아보면 나에게는 문선명 선생을 만난 이후 펼쳐진 모든 일이 이러한 기적과 같았다. 선생은 나의 부족한 이성과 논리로는 상상할 수 없는 일들에 대해 말씀하셨고 그 말씀은 늘 현실로 이루어졌던 것이다. 문선명 선생을 만났던 첫 순간부터 그날까지 일어났던 일들이 주마등처럼 스쳐갔다.

하늘 군대의 장교가 되다

1971년 12월 18일 아침, 나는 그 어느 때보다 긴 기도를 올렸다. 다른 어느 날보다 중요한 하루가 시작되고 있었다. 한국을 떠난 지 10년, 드디어 대장정의 날이 밝았다.

1961년 하늘의 뜻을 위한 선발대가 되겠다는 결심을 안고 미국으로 오던 날이 생각났다. 미국의 수도 워싱턴 D.C.에서 나는 자랑스러운 한국인으로서 긍지와 자부심을 가지고 있었다. 문선명 선생이 나의 가슴에 심어준 한국에 대한 사랑으로 항상 확신에 차 있었던 것이다. 나는 한국을 대표하는 외교관으로서 미국인들에게 한민족이 높은 문화와 유구한 역사를 가진 민족이라는 것을 알리기 위해 애썼다. 한국을 열심히 소개한 공로로 국무총리 표창을 받기도 했다.

외교관으로 최선을 다한 후 퇴근하면 원리말씀을 전하는 선교사로서 살았다. 밤이면 우리 집 지하 거실에서 영어로 원리 강의를 했는데, 점점 사람들이 늘어났다. 그런 나의 활동을 방해하려는 기독교인들이 주미대사관과 한국 국방부에 투서를 했지만 나의 충정을 아는 지휘관들 덕분에 큰 무리 없이 활동을 할 수 있었다. 또한 일반적으로 외교관 근무는 3년이었지만 근무실적이 우수하여 6개월 연장되기까지 했다.

한국전쟁이 교전상태에 빠져 있을 때 한국군 정예화사업의 일환으로 선발되어 미국으로 유학을 떠난 저자

1964년, 주미대사관을 떠나 한국으로 귀국하면서 나는 명예퇴역을 했다. 누구보다 대한민국 군인인 것을 자랑스럽게 여기고 살았지만 더 이상 군인으로 살 수는 없었다. 그대로 있게 되면 언젠가 장군이 되어 어깨에 별을 달겠지만, 나에게는 더 막중한 사명이 있었다. "이제부터 하늘 군대의 장교가 되어야 한다."는 문선명 선생의 말씀을 수행해야 했다.

다시 미국으로 돌아오면서 나는 '하늘의 대사'이자 '하늘의 장교'로서 새롭게 출발했다. 이후 나는 '한미문화자유재단(The Korean Cultural & Freedom Foundation, Inc.)'을 설립하고 한국소년소녀무용단인 '리틀엔젤스'

를 통해 한국의 문화를 널리 알리는 활동을 했다. 문선명 선생은 '리틀엔젤스'를 창단하면서 "어린이는 평화의 상징이다. 오색 인종은 누구를 막론하고 어린이를 사랑한다. 어린이는 인종과 종교, 사상을 초월하여 세계를 하나로 만들 수 있다. 순결과 정직, 순수한 모습으로 춤추는 어린이는 천국의 상징이다. 어린이는 한국의 평화애호정신을 가장 잘 나타내줄 것이다."라고 말했다.

선생의 말씀처럼 '리틀엔젤스'는 창단 이후 40년 동안 철의 장벽 소련을 넘어 북한까지 국경과 체제, 종교와 사상을 넘어 한국의 문화를 세계에 알리고 평화의 봄바람을 전하는 어린 천사들로 활동했다. 작은 평화의 천사들을 이끌고 세계를 오가며 선생의 탁월한 혜안에 감탄을 한 적이 한두 번이 아니다. 그들과 함께라면 전 세계 누구도 마음의 문을 열지 않을 수 없었다.

장교퇴역 후 '한미문화자유재단'을 중심으로 선교활동을 하면서, 미국의 선발대로서 문선명 선생을 맞이하기 위한 기반을 만들기 위해 고군분투했다. 그리고 마침내 1971년 12월 18일, 선생이 미국에 오는 것이다. 그동안 세계를 순회하면서 미국에 오신 일은 많이 있었다. 그러나 이제는 한국에 있던 세계 선교본부를 미국으로 옮기는 것이다. 바야흐로 본격적인 미국 활동시대가 개막되는 날이었다.

떨리는 마음으로 공항으로 향했다. 이윽고 선생이 비행기 계단을 내려왔다. '리틀엔젤스' 단원들은 환호를 지르며 환영의 마음을 담아 꽃송이를 문선명 선생과 한학자 여사에게 드렸다. 나는 온 마음으로 선생님 내외분을 기쁘게 맞았다.

그날 밤, 케네디센터 오페라 홀에서 두 분의 미국 입성을 축하하는 대향연이 열렸다. 미국의 레어드 국방장관을 위시한 내각 장관들과 폴 브라이트(Paul Bright) 민주당 상원의원을 필두로 상하원의원 100여 명이 귀빈석을 가득 메웠다. 2천200석의 좌석이 만석을 이룬 가운데 '리틀엔젤스'의 아름다운 공연이 시작됐다. 그 모습을 보며 나는 새삼 가슴이 벅찼다. 문선명 선생을 환영하기 위해 미국 정치계의 주요지도자들이 한자리에 앉은 장면은 '리틀엔젤스'의 공연보다 더 아름답고 감동적이었기 때문이다.

공연의 열기가 최고조에 달했을 때 나는 단상에 올라 "신사 숙녀 여러분! 본인은 리틀엔젤스의 창시자, 문선명 선생과 한학자 여사를 여러분께 소개하는 것을 영광으로 생각합니다. 두 분은 오늘 워싱턴에 도착하셨습니다. 환영의 박수를 올려주시기 바랍니다." 하고 소개했다. 이 말을 들은 청중들은 모두 일어서 우레와 같은 박수를 치며 귀빈석을 바라보았다. 문선명 선생은 기립하시어 환한 미소를 지으며 손을 들어 답례했다. 참석자들은 더욱 큰 박수로 선생에게 찬양과 감사의 마음을 올렸다. 계획된 것은 아니지만 마치 계획한 것처럼 극적으로 보였다. 두 분의 워싱턴 입성은 이렇게 극적이고 기적적이었다.

문선명 선생은 그날부터 미국에 새로운 바람을 일으켰다. 선생은 "나는 오늘 통일교회의 세계본부를 미국으로 옮겼다. 오직 미국을 살리기 위한 일념으로 나는 미국으로 왔다. 한국에서 떠날 때 '미국에 불이 났으니 나는 소방수로 그 불을 끄러 간다.'고 말했다. 미국 청소년은 타락의 기로에 서 있다. 나는 이들을 바로 세워 미국의 애국자로 만들 것이다."

라고 말했다.

문선명 선생은 말씀처럼 통일교회 본부를 미국 뉴욕주에 있는 벨베디아로 정했다. 그리고 미국 대륙을 순회하며 잠들어 있는 미국의 양심을 일깨우고 위기에 처해 있던 청소년들을 바로 세우기 위해 외쳤다. 몇 년 전에는 상상도 할 수 없었던 일이었다. 미국의 원조를 받는 가난한 나라, 한국의 지도자가 미국을 순회하며 "미국이여, 깨어나라!"고 외치는 일은 기적과도 같은 일이었다. 기적은 매번 기록을 갱신했다.

그로부터 3년이 되지 않아 미국 의회에서 초청장이 왔다. 상원 외교분과위원장인 존 스파크맨 의원 외 12명의 하원의원이 연서를 작성해 초청장을 보내온 것이다. 미국 의회에서 미국을 순회하며 강연한 소감을 말씀해달라는 요청이었다. 선생은 동양인으로서는 최초로 초청되어 미국 의회에서 연설하게 된 것이다. 문선명 선생은 초청장을 보고받고는 "이제 올 것이 왔다. 좋아. 간다고 해라."고 흔쾌히 응했다.

1974년 10월 8일, 미국 상하의원 185명이 참석한 가운데 선생은 말씀을 시작했다. 선생은 어떤 자리라도 원고 없이 강연하신다. 미국의회라고 해서 달라질 것은 없었다. 다만 원고도 없는 상태인데 나에게 "네가 통역을 잘해야 한다."고 당부를 했다. 나는 긴장되어 떨렸지만 하나님께서 역사하리라 생각하고 단상에 섰다.

문선명 선생은 우렁찬 목소리로 연설을 시작했다.

"미연방 국회의원 여러분! 오늘 나를 이 귀한 자리에 초청해주셔서 대단히 고맙습니다. 나는 한국 사람입니다. 그러나 나는 미국을 내 나

동양인 최초로 미국의회 초청연설에 나선 문선명 선생

라 한국과 같이 사랑하는 사람입니다. 나는 6·25의 고난을 겪은 사람입니다. 6·25때 만일 미국의 지원이 없었더라면 오늘날 내가 살아서 여기 올 수 있었겠습니까? 미국은 우리나라 생명의 은인이기도 합니다. 개인적으로 나 또한 6.25 때 흥남 공산당 감옥에서 사형의 순서를 기다리고 있었습니다.

1950년 9월 15일 맥아더 원수의 인천상륙작전이 시작되어 한국의 전세는 일전하여 압록강까지 밀고 올라갈 수 있었습니다. 그러나 중공군의 대거 참전으로 눈물을 머금고 남하해야 했습니다. 10월 14일 미군 제10군단이 동해안 원산에 상륙하여 그 날 새벽 흥남감옥을 덮

쳤습니다. 옥문이 활짝 열리고 1천여 명의 흥남감옥 수인들은 해방을 입었습니다.

제가 지금 얼마나 미국에 감사하고 있는지를 여러분은 아실 것입니다. 죽었을지도 모를 생명을 이렇게 살려놓으셨습니다.

국회의원 그리고 귀빈 여러분!

저는 이번에 통일교회 본부를 이곳 미국으로 이전했습니다. 나는 내가 조금이라도 은혜를 갚을 수 있는 자리에 있고 싶어서입니다.

그러나 나는 이번에 미국에 와보고 깜짝 놀랐습니다. 나는 미국을 내 나라처럼 사랑합니다. 그런데 이 아름다운 미국에 왜 이렇게 범죄가 많아진 것입니까? 이것은 내가 생각했던 미국이 아니었습니다. 그리고 이 아름다운 미국에 왜 이렇게 공산주의자가 많은 것입니까? 공산주의는 하나님의 철천지원수입니다. 그 공산주의는 어떻게든지 미국과 한국을 쓰러뜨리려 하고 있습니다. 그들의 목표는 세계 적화입니다. 세계를 적화하려면 우선 미국부터 쓰러뜨려야 합니다. 나는 이 미국을 내 생명으로 지킬 목적으로 이곳에 왔습니다. 나는 한국에서 이렇게 말하고 떠나왔습니다.

본인은 이제 미국을 위한 제안을 드리고자 합니다. 미국은 위대한 나라입니다. 미국은 더 위대해질 수 있습니다. 세계가 그리고 세계인류가 죽고 사는 문제가 미국의 향방에 달려 있습니다.

첫 번째 제안은 미국은 철두철미 반공을 넘어서서 승공국가로 국민을 교육하고 단결시켜야 합니다. 본인은 이미 말했습니다. 공산주의가 이 땅 위에 존재하는 한 하나님이 원하시는 세계평화는 있을 수 없다고.

공산주의는 반인륜적이며 반국가적입니다. 공산주의는 그들이 세계를 모두 점령하든지 인류 전체를 말살하기 전에는 절대로 만족하지 않습니다. 공산주의에 인간의 존엄성은 있을 수 없습니다.

미국 독립선언문 2장에 '모든 사람은 평등하게 태어났고, 창조주는 몇 개의 양도할 수 없는 권리를 부여했으며, 그 권리 중에는 생명과 자유와 행복의 추구가 있다. 이 권리를 확보하기 위하여 인류는 정부를 조직했으며, 이 정부의 정당한 권력은 인민의 동의로부터 유래하고 있다.'고 하였습니다.

미국의 위대한 점은 하나님이 이 나라를 세우시고 이 나라를 경영하여 오셨기 때문입니다. 미국은 세계를 살릴 수 있고 평화를 건설할 수 있습니다. 소련 공산주의 종주국은 인류를 죽일 줄은 알아도 살릴 수는 없습니다.

둘째로 미국은 도덕혁명을 일으켜야 합니다. 이 아름다운 미국! 아름다운 산천, 아름다운 인심, 아름다운 국민성을 가진 나라. 이 나라가 범죄의 소굴이 될 수는 없습니다.

미국과 미국 사람들은 아름다움 그 자체입니다. 이 미국에서 추한 것만 거두어낸다면 미국은 그 자체가 지상천국입니다. 본인은 지상천국을 보려고 미국에 왔습니다. 이 지상천국이 아직 보이지 않기에 제가 지상천국 건설에 앞장서 나가겠습니다.

셋째로 미국은 전 세계인들에게 착한 사마리아인이 되어야 합니다. 미국은 세계를 열 번 먹여 살리고도 남는 부를 가지고 있습니다.

미국은 하나님의 눈으로 세계를 보아야 합니다. 하나님이 눈물을 흘리실 때 미국도 같이 눈물을 흘려야 합니다. 하나님을 진정 나의 아버지로 모셔야 합니다. 그 아버지가 왜 우시는지를 생각해 주십시오. 그리고 미국은 하나님의 대신자가 되십시오.

제가 오늘 너무 당돌한 건의를 드렸는지 모릅니다. 잘못된 말을 했다면 저를 용서하여 주십시오. 저와 통일교회는 제가 오늘 말씀드린 대로 살 것입니다. 여러분의 건투를 빕니다. 이 말씀을 경청하여 주신 여러분께 진심으로 감사드립니다."

시종일관 강연장은 고요했다. 상하의원 모두 진지하게 선생의 말씀을 경청했다. 가끔 큰 박수가 터져 나오기도 했다. 문 선생님의 어조에는 점점 힘이 들어갔다. 나도 이 강연 끝에 죽어도 원이 없다는 생각으로 사력을 다해 통역했다.

강연이 끝나자 국회의원들은 모두 선생에게 큰 박수로 깍듯이 예의를 표했다. 그 뒤에도 국회의원들은 자리를 뜨지 못하고 서로 질문을 퍼부었다. "Rev. Moon, Who is he?", "우리가 왜 이런 설교를 오늘에서야 들어야 하느냐? 10년 전에 들었다면 미국을 바꿀 수 있었을 텐데…."라며 만시지탄을 외쳤다. 그들의 그런 태도를 보며 역시 미국 국회의원들은 마음이 열려있으며 진정한 애국정신이 있다는 것을 알 수 있었다.

국회의사당에서 돌아오는 차 안에서 선생은 "내가 하고 싶은 말을 하고나니 속이 후련하다."고 했다. 그러나 이는 시작에 불과했다.

미국을 살리는 부흥의 불길

문선명 선생은 미국에 도착한 후 3년 동안 미국을 일깨우는 강연을 했다. 1972년 링컨센터 강연을 시작으로 1973년 카네기홀 강연 등 주요 도시에서 강연을 했으며, 1974년 2월부터 32개 대도시에서 순회강연을 했다.

선생은 모든 강연을 유료로 개최했으며 신문에 광고를 내고 포스터를 대량으로 부착하는 등 대대적인 홍보를 진행했다. 이러한 움직임은 미국 사회에 새로운 바람으로 인식되었고 많은 사람들이 궁금함을 가지고 강연장을 찾았다.

여러 강연 중에서도 미국을 일깨우는 첫 성령대부흥회였던 뉴욕 메디슨 스퀘어가든(Madison Square Garden) 강연은 지금도 잊히지 않는다. 1974년 9월 18일에 열린 이 강연은 기성교단과 공산주의자들의 극심한

미국 건국 200주년을 기념하여 1976년 양키 스타디움에서 미국을 일깨우며
하늘의 축복을 전한 문선명 선생

반대를 받았다. 입구에서부터 공산주의자들이 플래카드를 들고 시위를 하고 있었으며, 반대 기독교인들이 전단을 나눠주고 있었다. 그러나 지

정석 2만5천 석 외에 임시 5천 석까지 입추의 여지없이 청중들로 가득 메워졌다. 복도의 자리까지 4만 명이 서거나 앉아서 선생의 강연을 기다렸다.

한쪽에서는 반대파들이 표를 미리 사서 들어와 앉아있어 강연을 들으러 온 사람들이 정작 표를 구하지 못해 돌아가기도 했다. 2만 명 정도의 사람들이 입장하지 못하고 돌아가거나 밖에서 선생을 기다렸다.

문선명 선생이 강연을 위해 단상에 오르자 반대자들은 "통일교회는 이단이다!", "이단은 물러가라!"고 외치며 소란을 피웠다. 청중들이 그들을 보고 야유를 보내자 경비원들이 이들을 퇴장시켰다. 선생은 강연의 분위기를 잡기 위해 즉석에서 '산유화'를 부를 것을 제안하며 노래를 선창했다. 청중은 환호와 박수로 화답하고 장내는 수습되었다.

그러나 반대파들은 방해를 멈추지 않았다. 문선명 선생은 이러한 방해에도 아랑곳하지 않고 불같이 뜨거운 말씀을 쏟아냈다. 선생은 하늘의 권위를 가지고 하늘의 말씀을 선포하며 군중을 제압했다. 30분이 되지 않아 2만5천 관중은 압도되기 시작했다. 그때부터는 어떠한 방해의 소리도 들리지 않았다. 오히려 감동의 박수가 연달아 일어났으며 관중은 선생의 말씀에 빠져들었다.

두 시간 말씀하는 동안 선생은 넓은 강연무대를 종횡무진으로 다녔다. 손을 내리치는 제스처는 크고 늠름했다. 예수님이 성전에서 돈놀이꾼들의 책상을 뒤엎던 바로 그 박력과 심정으로 선생은 하늘의 분통을 터뜨렸다. 그러나 구구절절 하시는 말씀은 반대자를 저주하는 것이 아니라 사랑하는 마음을 담은 것이었다. 일부 반대자들의 행태를 보고 가슴 아파하는 것이 나에게도 느껴졌다.

나는 이 기막힌 전 과정을 원고 한 장 없이 통역해내야 했다. 어찌 내가 선생의 심정을 10분의 1이라도 표현했으랴? 그러나 최대한 하늘의 분노와 사랑을 그대로 전하려고 사력을 다했다. 선생이 마지막 인사를 할 때가 되니 나는 다리에 힘이 쑥 빠지고 말았다. 일어나지 못하면서도 나의 마음은 기쁨으로 가득 차 있었다. 이 날 대회는 결과적으로 대승리였다.

다음으로 기억에 남는 강연은 1976년 6월 1일 뉴욕 양키 스타디움에서 목도한 기적이었다. 이 강연은 미국의 건국 200주년을 기념해 '미국의 축복을 기원하는 대회'로 준비되었다. 문선명 선생은 미국이 하나님의 나라임을 각성시키기 위한 계기를 만들고자 했다. 양키 스타디움은 미국에서 가장 유래가 깊은 야구경기장이어서 미국의 역사를 상징하는 경기장이기도 했다.

양키 스타디움 중앙에는 미국 국기를 상징하는 붉은색과 푸른색, 흰색으로 장식한 큰 무대가 설치되었고 무대 뒤 배경에는 'God Bless America!'라고 쓰인 현판이 걸려 있었다. 축제가 시작되려는 오후 4시, 모든 것이 완벽하고 아름답게 준비되어 있었다.

개회선언을 하려는 순간, 난데없이 검은 먹구름이 몰려들면서 돌풍이 불기 시작했다. 강풍이 경기장을 강타했다. 현판은 산산조각 부서져 날아갔다. 그리고 억수 같은 소낙비가 쏟아졌다. 수만 명의 군중이 비를 피해 우왕좌왕하는 모습은 전쟁터를 방불케 했다. 미국 건국 200주년을 기념하여 수많은 사람들이 준비한 정성이, 부서져 날아간 'God Bless

America!'의 현판처럼 한순간에 사라지는 듯했다.

이러한 광경은 너무 기가 막혀서 영화의 한 장면처럼 낯설어 보였다. '실패인가?' 경망스럽게도 그런 생각까지 들었다. 떨리는 마음을 수습해서 대기실의 문선명 선생에게 상황을 보고했다. 그러나 선생은 당황하는 표정 하나 없이 "조금도 염려하지 말라! 대회는 예정대로 열린다!"고 말했다. 그 표정이 너무나 평온하고 태연하였기에 나는 더 이상 어떤 질문도 하지 못하고 무대 위로 올라갔다.

'군중이 흩어져서는 안 된다.' 오직 그 생각으로 무대 위에 올랐을 때 나는 내 눈을 의심할 수밖에 없었다. 관람석에 남아있던 군중들이 모두 일어서서 성조기를 양손에 들고 'We Shall Overcome'을 부르고 있었던 것이다. 온 몸에 비를 맞아가며 한마음으로 부르는 관중들의 합창은 빗소리를 뚫고 스타디움에 울려 퍼졌다.

'We Shall Overcome' 노래를 따라 부르다 나도 모르게 뜨거운 눈물이 왈칵 쏟아졌다. 이제는 합창의 곡목이 바뀌어 'You Are My Sunshine'이 울려 퍼졌다.

> "You are my sunshine, my only sunshine. You make me happy when skies are grey. You'll never know, dear, how much I love you. Please don't take my sunshine away."

어떠한 지휘자도 반주도 없는 노래였지만 이심전심으로 하나가 되어 목청 높여 부르는 노래는 그 자체로 감동이었다. 나 또한 무대 위에서 그들과 같이 노래를 불렀다.

서서히 내 마음 속에 햇빛이 떠올랐다. '실패'를 떠올렸던 마음은 사라지고 온몸 가득 하나님의 햇빛을 받아 따뜻한 기운이 퍼지기 시작했다. 강연은 시작하지도 않았지만 이미 '성공'했다는 것을 알 수 있었다.

그 순간 억수같이 쏟아지던 소나기가 거짓말처럼 딱 멈추었다. 바람도 멈추었다. 그리고 구름 사이에서 햇빛이 비추는 것이 아닌가? 눈으로 보면서도 믿을 수 없는 기적과도 같은 순간이었다. 비를 피하고 있던 수만 명의 군중까지 모두 환호의 소리를 질렀다. 그리고 경기장 가득 'You Are My Sunshine'의 노래가 울려 퍼졌다. 노래를 부르며 사람들은 눈물을 흘렸다. '하늘이 우리의 노래에 응답하셨다.' 모두 그 응답에 감사의 노래를 부르며 한 마음이 되었다.

이윽고 준비되었던 뉴욕시티 심포니오케스트라의 연주가 시작되었다. 베토벤의 '영광'이 울려 퍼지자 관중들은 자리를 닦고 앉기 시작했다. 식전공연이 끝난 뒤 문선명 선생의 강연 순서가 되었다.

> "존경하는 미국의 뉴욕시민 여러분! 하나님께서는 오늘 미국 독립기념 200주년을 보다 거룩하게 축하해주시기 위해, 이 유서 깊은 양키스타디움을 하늘의 바람과 비로 말끔히 청소해주셨습니다!"

선생의 첫 말씀에 관중은 모두 기립하여 우레와 같은 박수를 보냈다. 문선명 선생은 하늘이 미국을 위해 보내준 사람이라는 것을 그 자리에 모인 모든 관중이 느낀 날이었다.

워싱턴 모뉴먼트 대회

뉴욕 양키 스타디움의 열기는 미국의 수도 워싱턴 D.C.로 이어졌다. 1976년 9월 18일 워싱턴 모뉴먼트 광장에서 미국 독립 200주년 기념행사 중 가장 큰 규모의 대회가 준비되었다. 선발대로 미국 워싱턴에 도착해 하늘의 외교관으로 활동을 시작한 지 15년을 맞는 나로서는 감회가 깊은 대회였다.

워싱턴 D.C.는 미국의 수도인 동시에 세계의 수도라고 할 수 있다. 특히 워싱턴 D.C. 국립공원에 세워져 있는 모뉴먼트는 오벨리스크 양식으로, 1885년에 미국 건국의 아버지로 불리는 초대 대통령 조지 워싱턴을 기념하여 세워졌다. 모뉴먼트 내부 벽에는 외국과 미국 각 주, 주요 도시 등에서 증정한 190개의 돌로 만든 조각이 박혀 있어 워싱턴 D.C.의 상징이자 미국의 랜드마크가 되어왔다. 모뉴먼트는 링컨기념관

미국 독립 200주년에 열린 워싱턴 모뉴먼트대회.
무려 30여만 명이 운집하여 역대 미국집회 가운데 최다 인원을 기록했다.

미국 독립 200주년을 기념하며 개최된 워싱턴 모뉴먼트 대회에서 연설 중인 문선명 선생과 통역 중인 저자

과 미국 의회의사당을 잇는 대형 잔디광장 '워싱턴 몰' 한가운데 우뚝 솟아있다. 그래서 이 대형 잔디광장을 '워싱턴 몰' 또는 '모뉴먼트 광장'이라 부른다.

모뉴먼트 광장이 미국의 상징으로 더욱 특별하게 기억된 것은 마틴 루터 킹 목사 덕분이다. 흑인인권운동의 상징과 같았던 킹 목사는 1963년 워싱턴 모뉴먼트에서 링컨기념관에 이르는 광장에서 '워싱턴 대행진'을 했다. 당시 24만 명이 운집하여 흑인들의 평등한 인권을 촉구하면서 그는 'I Have a Dream'이라는 역사에 남을 명연설을 했다.

당시 나는 주미대사관에서 외교관으로 있었기 때문에 그 열기를 충분히 느낄 수 있었다. 킹 목사의 연설은 사람들의 가슴을 울리는 힘을 가지고 있었다. 대행진의 다음 해에 미국에서는, 백인과 흑인의 평등한 인권을 천명한 새로운 공민권법(Civil Right Act)이 생겼다. 모뉴먼트 앞 광장을 가득 메웠던 꿈, 백인과 흑인이 한 형제처럼 살길 바라는 꿈이 미국의 법을 바꾼 것이다. 꿈과 같았던 일이 이뤄지는 것을 보면서 나는 많은 것을 느꼈었다.

자유와 평화를 위한 꿈이 이뤄지는 광장, 모뉴먼트 광장에서 문선명 선생은 새로운 역사적 전환점을 세우고자 했다. 그것은 하나님을 중심한 국가를 만들고자 했던 미국 선조들의 꿈을 일깨우는 것이었다.

드디어 9월 18일, 사람들의 예상과 달리 무려 30만 명이 운집했다. 모뉴먼트 광장에 세워진 역대 기록인 루터 킹 목사(24만 명) 집회, 빌리 그레이엄 목사(16만 명) 집회를 뛰어넘는 것이었다. 미국 역사상 전무후무한 기록을 세우며 그날의 강연은 대성공을 기록했다. 미국 독립 200주년을 기념하는 이 역사적 부흥회에서 문선명 선생은 미국이 '하나님주의'로 돌아가야 한다고 강조했고, 30만 군중은 환호에 환호로써 말씀에 응답했다.

선생은 미국 건국 200주년을 기념하며 미국의 새 출발에 불을 붙였다. 워싱턴 모뉴먼트 대회는 글자 그대로 새 역사요, 미국의 건국정신을 일깨우는 전무후무한 대회였다. "미국이여, 깨어나라!", "하나님주의로 미국의 새 역사를 만들자." 등이 이 대회의 구호였다. 그동안 누구도 세계 초강대국인 미국을 향해 하지 못했던 말이었다. 특히 '하나님주의'는 문선명 선생이 제시한 미국 혁명의 슬로건이었다. 그날 선생이 강조하신 메시지 중 일부를 소개한다.

하나님의 뜻과 미국

존경하는 미국 시민 여러분! 그리고 세계대표 여러분! 오늘 하나님의 이름으로 미국의 독립 200주년을 축하하는 역사적인 워싱턴 대회에 이와 같이 만장의 성황을 이루어주신 데 대하여 진심으로 감사를 드리는 바입니다.

본인은 오늘 '하나님의 뜻과 미국'이라는 제목으로 말씀드리고자 합니다. 하나님은 영원·불변·유일한 절대자이시니 그분의 창조목적도 영원·불변·절대적인 것이며, 하나의 목적으로 통일된 단일 이상세계를 이루는 것이었습니다.

그러나 오늘의 현실은 통일이 아닌 분열과 부조화의 세계, 즉 개인부터가 마음과 몸이 갈라지고 가정·종족·민족·국가·세계 모두가 갈라져 분열과 싸움으로 엮인 혼란상을 이루고 있으니 여기에는 근본적으로 어떤 큰 잘못이 게재되어 있는 것입니다. 그 원인을 종교에서는 인간시조가 당초 하나님을 배반하고 타락한 것이라고 보는 것입니다. 이런 인간을 구원하고자 하시는 하나님께서는 인간을 타락 전 입장으로 원상복귀 시키기 위하여 구세주 메시아를 보내는 것입니다. 고로 구원섭리는 곧 복귀섭리인 것입니다.

세계통일을 위해 하나님이 택한 미국의 사명

이제 기독교와 미국은 일치단결하여 복귀의 성업을 이루어 드려야 하나니, 미국은 여기서 결실한 서양문명을 안고 동양문명을 영합하여 그 위에 중동을 연결시킴으로써 일대 통일문화권을 이루고 지상천국을 완성해야 합니다.

이 세 나라가 일체화하여 손을 잡고 유엔 본래의 사명과 기능을 회복하여 내적으로는 종교를 통일하고 외적으로는 세계통일을 이루어야 합니다. '원 월드 언더 갓(One World Under God, 하나님 아래 하나의 세계)'은 하나님의 영원·불변·절대의 소원이요 목적이시니 반드시 이루어질 것이나 먼저 종교통일을 하고야 가능한 것입니다. 한 아버지인 하나님을 모시고 한 메시아 밑에 하나님주의로 굳게 결속하면 하나님이 같이하실 것인즉 세계복귀, 즉 지상천국 구현은 시간문제입니다.

미국은 지상천국 건설의 기수가 돼야

미국은 지금 인종문제, 청소년 윤락문제, 기독교 몰락과 공산주의 문제 등 여러 가지 심각한 문제들을 안고 있지만 무엇보다도 무신론에 입각한 공산주의의 위협은 가장 심각하며, 이 시간에도 세계 도처에 침식해 들어오고 있습니다. 이것은 단지 미국만의 문제가 아니고 하나님에게 있어 그리고 모든 종교인과 온 자유 세계인들에게 있어 심각하고도 절박한 문제입니다.

여러분! 이 시점에서 하나님은 애절하게 외치시나니 하나님께서 200년 준비하신 미국은 크게 각성하고 하나님께서 분부하신 중차대한 세계적 사명을 다해야 할 것입니다. 그러려면 결국 미국이 철두철미한 하나님주의로 돌아가 하나님주의로 공산세계를 해방하고 지상천국 건설의 기수가 되어야 합니다. 미국은 오늘 각성하여야 합니다. 내일이면 늦습니다.

오늘 이 거룩한 자리에서 우리 다 같이 지상천국의 초석을 놓으십시다. 하나님 역사의 동참자요, 천국의 개척자로 일어섭시다! 통일을 원하는 역군들이여, 오늘 이 자리와 이 역사적인 순간은 우리의 헌신의 자리요 결정의 시간입니다. 우리의 땀과 피와 생명을 바쳐 하나님의 부르심에 답하려 한다면, 바로 여기 이 순간에 하늘과 땅과 인류 앞에 맹세하여 지상천국을 우리의 손으로 이룰 것을 재천명합시다.

프레이저 청문회

미국 내 공산주의자들은 워싱턴 모뉴먼트 광장을 메운 사람들을 보면서 "문선명의 승공운동을 더 이상 방관하면 안 된다. 공산주의 존립기반을 위협하는 그를 저지해야 한다. 저지하지 못하면 암살해야 한다."고 의견을 모았다. 이런 의견을 가진 사람들의 수장은 미국의 하원의원이자 공산주의자였던 도널드 프레이저(Donald M. Fraser)의원이었다.

그는 소련 KGB의 지령을 비밀리에 받는, 영향력 있는 에이전트였다. 소련은 세계적화전략에 문 선생의 승공운동이 문제된다고 보았다. 미국에서 승공운동이 더 이상 번창하면 안 된다고 보고 도널드 프레이저 의원과 그 측근세력을 움직여 문선명 선생을 공격하고자 했다. 문 선생을 이 기회에 척결하지 못하면 미국 적화전략은 수포로 돌아갈 수 있다는 위기감을 가지고 소련 KGB는 비상을 걸었다. 더 세력이 커지기 전에 수단과 방법을 가리지 않고 문선명 선생을 타도해야 한다는 게 그들의 전략이었다.

소련 KGB는 미 하원 외교위 산하 국제관계소위원회 위원장 도널드 프레이저에게 비밀지령을 내렸다. "미국에서 통일교회의 죄상을 드러내는 청문회를 열어라. 통일교회가 이렇게 세계적인 승공운동을 벌이는 배후에는 한국 정부 박정희 대통령의 재정적 후원이 있기 때문이다. 이것만 백일하에 밝혀낸다면 미국에서의 승공운동을 저지하고 통일교회를 한국으로 추방할 수 있다."는 것이 그들의 핵심적인 목표였다.

프레이저 위원장은 이 지령을 수행하기 위해 '한국 정부에 의한 대미정부 공작 의혹조사'를 시작했다. 그리고 통일교회와 한국 정부 각 기관, 특히 중앙정부와의 유대관계를 조사하기 시작했다.

그들의 위세와 권한은 불가능이 없는 듯했다. 미국 하원의 이름을 빌어 미 국무부·법무부·국세청·FBI 그리고 50개 주에 공문을 보내 통일교회의 비리조사를 요청했다. 문선명 선생과 통일교회는 독 안에 든 쥐와 같았다. 도널드 프레이저는 자신이 위원장으로 있는 국제관계소위원회에서 청문회를 개최했다. 한국 정부의 자금이 미국 워싱턴에 있는 한미문화자유재단을 통해 들어온다는 것을 밝히기 위해 나를 첫 번째 증인으로 소환했다. 재단의 설립자이자 사무총장이었던 나를 증인으로 세워 한국 정부가 배후에 있다는 것을 밝히려 했다. 나아가 나는 문 선생 활동의 순수성을 훼손하고 저지하기 위한 첫 목표물이었다. 그들의 최종적인 목표는 문선명 선생을 한국 정부의 앞잡이로, 통일교회를 한국 정부의 로비단체로 격하시켜 미국에서 문 선생과 통일교회를 추방하는 것이었다.

1978년 3월 22일, 프레이저 위원장은 나를 법적으로 소환했다. 자진 출두를 요청했으나 불응하자 법적으로 소환한 것이다. 나는 미 의회와의 피할 수 없는 대결을 앞두고 걱정이 앞섰다. 내가 증언대에 서는 것이 문제가 아니라 문선명 선생과 통일교회에 대한 악의적인 보도가 이어질 것이 우려됐다.

의회 증언을 며칠 앞두고 문선명 선생이 머무는 이스트가든(East Garden, 선생의 미국 공관)을 찾았다. 나는 하나님 앞에 백번 사죄할 일이라 생각하고 참회의 눈물을 흘려가며 선생에게 말씀을 드렸다.

"아버님(통일교회에서는 문선명 선생을 아버님, 한학자 여사를 어머님이라고 부른다), 죄송합니다. 저 박보희가 잘못해서 이와 같은 파국을 야기했습니다. 이게 얼마나 교회에 큰 부담이 되겠습니까. 용서하여 주십시오."

그 말이 끝나기도 전에 천둥 같은 호령이 떨어졌다.

"박보희! 너는 내가 이 순간을 얼마나 기다렸는지 아느냐. 하늘은 너를 골리앗과 대적하는 이 시대의 다윗으로 쓰시려고 부르신 것을 모르느냐? 하늘은 항상 위기를 바꾸어 기회를 만드신다. 미국의회에 가서 하늘이 하시고 싶은 말씀을 네 입을 통하여 말씀하시려고 너를 뽑으신 것이다. 네 이름은 오늘부터 다윗이다. 다윗이 하나님의 이름으로 골리앗을 대적한 것처럼, 너는 하나님과 참부모님의 이름으로 미국의회에 서면 된다. 하늘도 나도 이 날을 기다렸다. 너는 강하고 담대하게 하늘의 이름으로 국회에 들어가면 된다."

그 때 나는 번뜩 정신이 났다. 그 순간 나는 전기스위치가 새롭게 켜

문선명 선생은 어떠한 박해나 고난에도 참사랑의 심정으로 미국을 걱정했다.

진 듯 기쁨과 자신감이 온몸에 흐르는 것을 느꼈다. '아, 선생님은 더 원대한 계획이 있으셨구나.' 마치 보물섬으로 모험을 떠나는 소년처럼 하늘의 계획을 수행한다는 흥분이 가득했다.

그 자리에서 나는, 청문회에서 증언할 원고지 표지에 '다윗 박보희'라고 썼다. 그 모습을 문선명 선생은 기쁜 표정으로 바라보았다. 그리고 나의 손을 잡고 "소신껏 싸워라. 하늘이 너와 함께 하신다."고 말씀해주셨다. 나는 더욱 용기백배하여 새 사람이 되었다. 하나님과 선생님이 나를 믿어주신다면 무슨 싸움이든 이기지 못할 것인가? 나는 전쟁에 나가는 다윗이 되었다.

드디어 청문회의 날이 밝았다. 프레이저 위원장은 재판장석과 같은 중앙의 높은 위원장석에 자리 잡고 개회를 선포했다. 그는 증인을 궁지로 몰아 자기의 정치적 이득을 얻고자 했다. 나는 그의 전략을 꿰뚫어보고 있었다.

프레이저 위원장은 시작부터 "증인은 질문에만 대답하시오. 그 외에는 발언할 권한이 없소."라고 못을 박았다. 그래서 나는 자리에 앉자마자 큰 소리로 외쳤다. "위원장! 내가 먼저 발언하겠소. 당신이 나에게 발언권을 주지 않는 한 나는 당신의 질문에 한마디도 대답하지 않겠소."라면서 바윗돌처럼 앉아 있었다.

프레이저 위원장은 완강히 저항했다. "뭐요? 당신 여기가 어딘지 아시오? 미국 의회요, 의회! 당신, 의회 모독죄로 감옥에 가고 싶소?" 하고 위협했다. 그러나 나는 눈 하나 깜빡하지 않았다. '나는 문선명 선생이 보내신 다윗이다. 죽기를 각오했는데 감옥에 가는 것쯤이야 무엇이 두렵겠느냐.'

드디어 프레이저 위원장이 손을 들었다. 3회 증언 모두 내가 먼저 발언권을 따냈다. 세 차례 증언을 통해서 나는 좌경세력과 공산주의를 엄호·방조해온 프레이저 위원장의 매국적 빨갱이 행위를 낱낱이 폭로했다. 이것이 전 세계에 보도되었다. 그가 상원의원에 출마하려던 미네소타주의 신문에 대서특필 됐다. 특히 한국에서도 '나는 자랑스런 한국인'이란 제목으로 지상파에서 방송됐다.

이 청문회를 통해 문선명 선생과 통일교회의 활동을 저지하려 했던 프레이저의 전략은 반대로 자신의 목을 매는 자승자박(自繩自縛)의 밧줄이 되고 말았다. 이후 그는 상원의원 선거에서 보기 좋게 낙선했다. 문선명 선생은 공산주의와 1차 접전에서 승리하신 것이다.

이후 문 선생은 "프레이저 위원장과의 싸움은 오로지 서전(緖戰)에 불과하다. 미국을 살리려면 다음 1980년 대통령선거에서 하늘이 바라는 후보가 되도록 해야 한다."고 말했다.

프레이저 위원장의 완전패배는 자가당착의 결과였다. 소련 KGB의 지령을 의심 없이 믿은 것이다. 소련 KGB는 통일교회의 승공운동을 한국 정부, 특히 한국 중앙정보부의 공작으로 믿었다. 프레이저 위원장과 그 위원회 또한 그렇게 믿었다. 그래서 그 증거만 찾으면 승리는 따 놓은 당상이라고 생각했다. 그들은 즐거운 마음으로 직권을 남용하며 조사할 수 있는 모든 곳을 구석구석 뒤졌다. 심지어 우리 집의 옷장까지 다 열어젖히고 사진도 찍었다. 그들은 집 어딘가에 감추어 놓은 달러뭉치, 한국 정부가 준 정치자금이 나올 것이라 믿었다. 프레이저 위원장은 3차까지 나에게 발언권을 먼저 주며 여유만만했다. 막강한 미국의 FBI까지 동원되었기에 그들은 승리를 낙관하고 있었다.

'박보희! 네가 오늘까지는 의기양양하지만 한국 정부가 비밀리에 지원한 자금이 발견되는 순간 너는 죽는다. 한국 정부도 죽는다.' 이런 마음으로 나를 바라보았다. 그러나 조사를 거듭 진행해도 그들이 찾는 낭보는 없었다. 프레이저 위원장은 초조해졌다. 당시 그의 최대 관심사는 차기 상원의원 선거였다. 정치자금만 찾아내면 그는 상원의원이 되는 발판을 만드는 것이었다. 그러나 나는 언제나 정직하고 정확한 답변을 거듭해갔다.

그들은 혈안이 되어 우리 집 정원까지 파 가며 한국 정부가 준 정치자금을 찾아내려 했다. 프레이저 위원장은 제3차 청문회 증언까지 참석했다. 나는 정직일변도의 작전으로 모든 질문에 응수했다. 그런데 1978년 4월, 3차 의회청문회 증언을 앞에 놓고 FBI가 우리의 손을 들었다. 통일교회가 한국 정부로부터 받은 정치자금의 흔적이 없다는 결론에 이른 것이다. 통일교회는 정직과 진실로만 대항하고 있다는 것을 인정했다.

미국 FBI가 항복하자 프레이저 위원장의 호언장담은 천길만길 낭떠러지로 떨어졌다. 결국 프레이저 위원회는 통일교회의 진실과 정직을 받아들일 수밖에 없었다. 5차까지 계획되었던 청문회에 프레이저 위원장의 모습은 다시 눈에 띄지 않았다. 프레이저 위원장은 자충수를 둔 것을 인정했다.

청문회 이후 프레이저 위원장은 오직 상원의원 선거에 집중했다. 상원의원이 되면 다시 반한(反韓)노선과 반통일교회 노선을 밝힐지 모를 일이었다. 선거결과가 발표되던 날, 나 또한 긴장된 마음으로 결과를 기다렸다. 전문가들은 8선 의원인 프레이저의 압승을 예상하고 있었다.

그러나 결과는 근소한 차이의 패배였다. 프레이저 위원장의 상원의원 당선의 꿈은 연기와 같이 사라지고 말았다. 프레이저는 결국 자기가 묻힐 땅을 스스로 판 정치인으로 세상의 조롱거리가 되었다. 문선명 선생은 정직과 진실, 이 두 무기로 프레이저 군단을 패배시킨 것이다.

나는 승리의 기쁨에 흥분하여 문선명 선생에게 선거결과를 보고 드렸다. "드디어 프레이저가 낙선했습니다!" 그러나 선생은 차분한 음성으로 "그래, 너무 흥분하지 말라. 이제 패배한 프레이저를 위해 기도하자!"고 말했다. 역시 선생은 성자였다. 승리의 순간, 원수를 사랑하는 마음으로 그를 위해 기도하는 분, 바로 문선명 선생이었다.

댄버리 옥고

프레이저 위원장의 청문회 참패 후 소련 KGB는 이제는 카터(Jimmy Carter) 대통령을 움직여 통일교회를 타도하려고 했다. 카터 대통령은 1976년 대통령으로 출마하면서 도덕주의 정치를 슬로건으로 내세우며 인권을 강조했다. 그의 관점에서 보자면 한국은 군사독재국가이자 인권이 탄압받고 있는 문제국가였다. 그래서 한국에 주둔하는 미군을 철수하겠다는 선거공약을 내세웠다.

문선명 선생은 카터의 그런 입장을 걱정했다. 인권을 강조하면서도 오히려 인권을 유린하고 있는 공산국가 문제에 대해서는 침묵했기 때문이다. 오히려 미국의 도움을 절실히 필요로 하고 있는 주변국가의 인권 문제를 제기하면서 군사적·경제적 지원을 중단하는 것은 문제가 있다고 본 것이다. 소련이 세계를 적화하려는 야심을 가지고 있는 상황에서 카터의 이런 입장은 이용당할 수 있었다.

당시 소련의 공산당 서기장은 레오니드 브레즈네프(Leonid Il'ich Brezhnev)였다. 그는 1976년 5월 소련의 원수가 되면서 향후 5년 안에 세계를 적화시키겠다고 호언장담했다. 세계적화는 마르크스-레닌이 예언한 역사의 필연적 귀결이라고 믿고 있었다.

브레즈네프의 기대는 당시 세계 정치지형으로 볼 때 과장되거나 불가능한 것이 아니었다. 1975년 월남이 적화 통일되면서 세계의 3분의 2가 소련의 영향 아래 놓이게 되었다. 브레즈네프 서기장은 "카터 대통령만 당선된다면 그의 임기 4년 내에 미국까지 적화될 수 있다."고 말하곤 했다.

반면 파죽지세로 밀려오는 소련의 세계침략 야욕 앞에서 미국은 자신이 없었다. 특히 베트남전에서 패전한 이후 미국의 사기는 떨어졌으며 국민들은 피곤함을 느꼈다. 문선명 선생은 미국의 안보의식이 희박해져가는 것을 우려했으며, 그런 측면에서 카터 대통령의 공약을 반대했다. 대통령 취임 이후에도 공식석상에서 주한미군 철수계획과 안보의식에 대해 비판하곤 했다.

소련과 카터 정부에게 문선명 선생의 승공활동은 부담이 되었다. 카터 정부는 선생과 승공운동을 미국에서 뿌리뽑기 위해 법적인 문제가 없는지 조사하기 시작했다. 먼저 뉴욕주 지방검찰청은 문선명 선생 개인과 관련된 기관을 세무조사 했다.

당시 문선명 선생은 미국 내 보수언론사로 〈워싱턴 타임스〉를 설립하기 위해 노력하고 있었다. 이는 웬만한 기업들이 엄두를 낼 수 없을 정도로 재정이 필요한 사업이었다. 한국 정부로부터 재정지원을 받을 것이라는 프레이저 의원의 주장은 이미 사실이 아닌 것으로 판명이 났기 때문에 선생의 개인적인 탈세나 불법적인 자금조성에 조사가 집중됐다.

그러나 문선명 선생은 개인 재산이 하나도 없는 분으로 모든 것을 공적으로 처리하셨다. 〈워싱턴 타임스〉도 선생의 뜻을 따르는 사람들의 기부금과 세계의 통일교회 헌금이 재정기반이었다. 검찰은 "이런 거금을 움직이는데 어떻게 비리가 없을 수 있는가? 뒤지면 반드시 나올 것이다."라며 증거가 나올 때까지 관련 기관과 교회를 모두 뒤지며 괴롭혔다.

호기롭게 조사를 시작했지만 마칠 때는 자신의 잘못을 시인해야만 했다. 선생은 사리사욕과는 거리가 먼 분으로 정직과 진실로 모든 일을 해 오셨던 것이다. 35년 뒤 문선명 선생이 성화하셨을 때 한국 세무당국도 선생의 모든 재산을 조사했지만 사적인 재산이 하나도 없는 것에 놀랐다고 한다.

한국 속담에 태산명동서일필(泰山鳴動鼠一匹)이라는 말이 있다. "태산이 떠나갈 듯이 요동을 쳤으나 뛰어나온 것은 결국 쥐 한 마리뿐이었다."는 뜻으로, 예고는 떠들썩했으나 실제 나타난 결과는 보잘 것 없음을 뜻하는 말이다. 프레이저 청문회 때처럼 이번에도 미 검찰은 온갖 수단을 다 동원해 수사했지만 문선명 선생의 비리를 찾을 수 없었다.

그들은 오랜 조사 끝에 죄를 만들기로 결정했다. 도저히 죄를 찾을 수 없자 궁여지책을 생각해낸 것이다. 검찰은 선생의 이름으로 개설한 예금구좌에서 입금된 수익을 의도적으로 신고하지 않고 탈세했다고 주장했다. 미국은 관례상 교회의 헌금이나 수입을 목사나 종교지도자 명의의 구좌에 입금해둔다. 통일교회 또한 미국의 관례를 따라 선생 명의로 계좌를 개설하여 운영했던 것이다.

선생의 개인 재산이 아니라 교회에서 운영하던 자산 중 일부였기에 종교 관련 수익은 면세가 되었던 것인데, 그동안 세금추징을 하지 않던 부분을 갑자기 고의탈세로 죄명을 만들어 기소하다니 상상할 수 없는 일이었다. 백번 양보하여 만약 그것이 개인구좌였다면 세금을 추징하면 될 일을, 아무런 통보 한번 없이 탈세혐의를 씌워 미국 정부가 형사재판을 연다는 것은 이해할 수 없는 일이었다. 이에 법무부 소속 탈세범죄 전문가들이 만장일치로 건의서를 제출하기도 했다.

그러나 실망스럽게도 뉴욕의 대배심은 13개 조항으로 된 기소장을 작성하여 '엉터리 기소'를 진행했다. 그리고 문 선생이 한국으로 가서 미국에 안 계실 때를 기다려 법원에 출두하도록 명령서를 보내왔다. 미국 시민이 아닌 문선명 선생이 재판을 받기 위해 일부러 한국에서 미국으로 오지는 않을 것이라고 생각한 것이다. 그들은 선생이 "내가 왜 미국에서 부당한 재판을 받아야 하는가? 나는 미국 국민도 아니다. 그동안 내가 미국을 위해 얼마나 투입했는데 이럴 수가 있는가? 나는 미국에 안 간다."라고 말하기를 기대했다. 그러면 앞으로 그들은 미국 정부를 비판하는 귀찮은 한국인을 보지 않을 수 있었다. 미국 정부가 바란 것은 선생과 통일교회가 더 이상 미국에서 활동하지 않는 것이었다. 그들은 '엉터리 기소'로 선생이 분노하여 앞으로 미국에 오지 않기를 바랐다.

그러나 그들은 문선명 선생을 알지 못했다. 선생은 오히려 한국에서 소식을 듣자마자 제일 빠른 비행기를 타고 미국으로 왔다. "나는 죄가

문선명 선생의 재판결과에 분노한 미국 종교지도자들은 한마음으로 재판결과에 항의하며 하나로 뭉쳤다.

없으니 두려운 것이 없다. 재판보다 중요한 것은 나의 사명을 계속하는 것이다. 나는 나 자신의 행복을 위해 미국에 온 것이 아니라 나의 사명을 수행하기 위해 왔다. 누구도 나의 천명을 막을 수는 없다."고 말했다.

문선명 선생은 미국 뉴욕법정에 당당하게 출두해서 "재판장! 나는 죄가 없소." 하고 외쳤다. 그러나 미국재판이란 재판장이 결정하는 것이 아니라 배심원에 의해 죄가 결정된다. 이미 정부가 유죄를 결정하고 시작한 재판에서 배심원들은 정치적·종교적으로 중립적이지 않은 결정을 내렸다. 문선명 선생은 1982년 7월 16일 결국 유죄판결로 18개월의 실형을 받았다.

판결 결과를 듣고 나는 정말 기가 막혔다. 선생은 그동안 세계 각지의 통일교회에서 수십억 달러를 조달하여 한 푼도 사적으로 쓰지 않고 〈워싱턴 타임스〉를 창간하는 등 미국을 살려내기 위해 노심초사한 분이다. 그런데 미국 정부는 그런 선생에게 어떻게 18개월의 실형을 언도할 수 있는가? 배은망덕도 이럴 수 있는가?

그러나 문선명 선생은 오히려 이를 하늘의 뜻으로 받아들였다. "하늘이 나를 감옥에 보내신다면 더 크신 뜻이 있을 것이다. 내가 감옥에 가서 고생함으로써 미국이 더 잘되고 소련 멸망을 향해서 전진해주기를 바란다." 이역만리 타국에서 아무 죄 없이 형무소에 수감되어야 하는 상황에서 선생은 이렇게 하늘의 심정으로 말씀하였다. "나를 위해 울지 말고, 미국을 위해 울라."는 그 큰 인격에 다시 한번 절로 머리가 숙여졌다.

미 행정부의 승리로 보였던 판결결과는 다음날부터 전혀 다른 상황을 맞이하였다. 다음날 판결내용이 알려지자 미국의 종교계는 한마음이 되어 분노했다. "이것은 명백하게 부당한 재판이자 종교탄압이다.", "문선명 목사는 억울하다!", "우리 종교계는 이를 좌시할 수 없다!"고 미국의 종교계가 일어선 것이다.

40여 개의 종교단체, 사법연구센터를 위시한 시민단체, 오리건 주를 비롯하여 여러 주의 검찰총장 등 각계각층의 명사들이 '문선명 목사의 상고 지지 탄원서'를 작성하여 대법원에 제출했다. 그러나 문선명 선생을 기소한 법무부는 대법원에 모든 방법을 동원하여 압력을 가했다. 결국 대법원은 재심리를 거부했다.

대법원의 재심거부는 미국의 저명한 목사 천여 명을 워싱턴 의회의 사당으로 모이게 했다. 1984년 5월 30일 60개 종파를 대표하여 모인 이들은 '종교의 자유대회'를 열고 문선명 선생을 위해 힘을 모았다. 유대교의 랍비부터 조셉 라우리 목사, 밥 그랜트 목사 등 기라성 같은 종교지도자가 한 곳에 모인 모습은 그야말로 장관이었다.

마틴 루터 킹 목사의 후계자이자 오바마 전 대통령의 멘토인 조셉 라우리 목사는 "God works misterious way."라면서, 하나님이 문선명 선생을 통해 종교인들을 한자리에 모으고 꺼져가는 그리스도 정신에 불길을 일으키신다고 설명했다. 그의 연설을 들으면서 나는 정말 하나님께서 불가사의한 역사를 하신다는 것을 절감했다. 이것이 선생이 미국에 올 때에 가장 바라셨던 모습이었기 때문이다. 자신을 희생하여 미국 기독교계를 하나로 만든 선생을 생각하니 나도 모르게 눈물이 울컥 나왔다.

그 자리에 모인 사람들은 "우리 다 같이 문 목사와 같이 1주일씩 형무소에 가서 징역을 살자!"고 외치며 백악관을 향해 행진을 시작했다. 그

노도와 같은 분노의 열기를 누가 당할 수 있으랴. 많은 목사들은 쇠고랑을 자기 손에 차고 백악관 앞에서 "문 목사는 무죄!"라고 고함을 질렀다.

대통령 이하 모든 미국 관료들의 간담이 서늘해지는 순간이었다. 그리고 이 분노의 물결이 전국으로 퍼져갔다. 그날부터 '우리는 승리하리라(We shall overcome)'의 노래가 매일 워싱턴에 울려 퍼졌다. 마틴 루터 킹 목사의 인권해방운동이 재현된 것 같은 아름다운 광경이었다.

옥중의 구세주

"더더욱 가정과 교회를 지켜주시옵고, 기독교를 지켜주시옵고, 이 미국과 자유세계를 지켜주시어 저 공산세계까지 구도의 길을 열 수 있게 하여 주시옵소서!" 1984년 댄버리 연방교도소로 출발하기 전에 문 선생은 이렇게 기도를 올렸다.

문선명 선생은 결국 댄버리 형무소에 입감되었다. 입감되던 날 저녁, 만찬을 하시는 선생은 외국여행이라도 떠나는 사람처럼 여유 있게 보였다. 자녀들을 한 명씩 안아주고 어린 자녀들의 머리를 쓰다듬어 주며 작별인사를 하고는 밖으로 나갔다. 선생을 환송하기 위해 모여 있는 통일교회 식구들을 만나기 위해서였다. 나는 선생의 말씀을 통역하기 위해 옆에 섰지만 눈물이 앞을 가리고 목이 메어왔다. 그 자리에 있던 모든 식구(통일교회는 신자를 식구라 부름)들이 슬픔의 눈물을 흘렸다.

선생은 그런 나에게 "그러면 안 돼!" 하고 작은 음성으로 주의를 주었다. 그리고 울고 있는 식구들을 향해 "너희들, 오늘이 슬프냐? 울고 있는 꼴들이 뭐냐? 나는 기쁘다. 나는 오늘처럼 소망에 찬 날이 없다. 하나님의 명을 받고 미국에 와서 이루려던 모든 일이 내가 댄버리에 가게 됨으로써 이루어진 것이다. 나는 이제 통일교회 세계본부를 댄버리로 이동한다. 나는 댄버리 형무소 언덕 너머 새로운 소망을 본다. 신천지가 나를 기다리고 있다."고 말했다.

문 선생은 그렇게 말하였으나 그날부터 나는 죄인의 마음으로 살았다. 선생은 분명 나를 미국의 선발대로 보냈는데 선생이 미국 형무소에 갔으니 이것은 모두 나의 책임이다. "모두 저의 잘못입니다. 모두가 부족한 보좌관인 저의 잘못입니다. 하나님 아버지, 용서해주십시오." 하고 매일 기도했으며 선생을 생각하며 편히 자거나 먹지 못했다.

오히려 선생은 "나는 지옥 같은 북한의 형무소에서도 모범상을 받은 사람이야. 여기 댄버리 형무소는 북한의 흥남감옥에 비하면 낙원과 같다."고 말하며 제자들을 위로했다. 그리고 누구보다 모범적으로 수감생활을 했다. 당시 선생은 연세가 64세인데다 죄 없이 감옥에 갇힌 것을 아는 탓에, 자신에게 배당된 일을 다른 사람들이 돕겠다고 나섰지만 선생은 절대 그런 일이 없도록 했다. 주어진 일을 스스로 할 뿐만 아니라 화장실과 취사장을 솔선수범하여 청소했다.

일반 사람들은 독특한 교리와 사상을 가지고 종교적인 목적 외에 다방면 활동을 하는 문 선생을 보며 의혹의 눈길을 보내기도 하지만, 그를 실제 만나보면 그 사랑과 마음 씀씀이 넘치는 사람됨에 놀라게 된다.

댄버리 교도소의 성자였던 문선명 선생

선생은 어떤 때에는 어부이며 실업가가 되기도 하고, 신문발행인이자 사상가로 활동하기도 하지만 무엇보다도 종교지도자이시다. "그분과 단 하루라도 같이 지내게 되면 곧 그분을 아시게 될 것"이라고 영부인 한학자 여사는 남편을 증거한다. 문 선생이 미국에서 13개월간 옥중에 있을 때 다른 수인들은 그가 안락한 생활을 하고 있으리라고 생각했다. 그러나 그와는 전혀 다른 생활을 했다는 것을 사람들은 곧 알게 되었다.

문 선생은 매일 이른 아침 일어나 3시부터 5시까지 기도했다. 어느 날 교도소 직원이 그의 방에 와서 "문 목사, 당신은 목사이니까 매주 일요일에 예배당을 사용하여도 좋습니다. 어떤 시간이 좋으시겠습니까? 7시, 9시 혹은 11시 어떤 시간이라도 좋습니다."라고 말했다. "3시에도 예배당은 열려 있습니까?"라고 선생이 묻자 교도소 직원은 "물론 문제없습니다. 오후 3시에 당신을 부르도록 하지요."라고 대답했다. 이에 선생은 "아니오. 오전 3시에 그곳을 쓰고 싶습니다."라고 말했다.

선생은 매일 밤 12시에 취침하여 새벽 3시에 일어났다. 이층침대에서 잠이 깨신 뒤에는 새우와 같이 등을 구부리고 침대에 머리를 댄 채 눈물로 기도했다. 그리고 새벽 5시가 되면 부엌에 나가서 수인들의 아침식사를 준비하는 일을 도왔다. 형무소 담당인 그레이엄 목사가 그 이야기를 듣고 감동받아 일요일 새벽 3시부터 5시까지 자신의 교회에서 기도하고 예배를 볼 수 있도록 해주었다. 후에 이 사실이 알려져 수인들도 일요일 새벽 5시에 선생과 함께 기도하기 위해 모여들었다.

수감 중에 많은 목사들이 선생을 예방하기 위해 댄버리를 찾았다. 그 중에서 미국의 유명한 팀 라헤이(Tim Lahaye) 목사가 댄버리 형무소를 찾은 날은 잊을 수가 없다. 그는 수인복을 입으신 문선명 선생을 보는 순간 대성통곡을 했다. "Rev. Moon! Rev. Moon! 이 미국을 용서해 주십시오. 미국이 다 이렇게 나쁜 것은 아닙니다. 그런데 이번에는 문 목사님께 이루 말할 수 없는 결례를 했습니다. 미국이 죄인입니다." 하고 선생을 얼싸안고 울음을 그치지 않았다.

갑자기 일어난 일에 선생은 당황하면서도 "라헤이 목사님, 아닙니다. 나는 감옥에 오게 된 것을 하나님께 감사드립니다. 이런 기회가 아니면 내가 언제 미국의 화장실을 청소해보고 취사장에 걸레질을 하겠습니까. 나는 지금 미국을 청소하고 있다는 감격 속에서 하루하루를 보냅니다. 감사할 뿐입니다."라고 대답했다. 그러나 이 말씀을 들은 목사는 더 큰 소리로 땅을 치며 통곡했다. 아마도 많은 기독교 목사들의 마음이 라헤이 목사와 같았을 것이다.

선생이 수감된 댄버리 제2교도소는 탈주나 충돌의 걱정이 없는 경범죄자들을 수감하는 곳으로 자연 속에 위치해 있었다. 또한 그곳은 매일 오전 8시 반부터 오후 3시까지 면회실에서 면회가 허용되었다. 면회실은 오래된 호텔의 로비를 연상케 하는데 안락의자와 음료 판매기와 샌드위치 판매기도 준비되어 있었다.

한학자 여사의 정성과 참사랑

한학자 여사는 문 선생이 실제로 옥고를 치르게 될 줄은 꿈에도 생각지 못했고, 남편이 연방교도소로 출발할 때에는 정말로 큰 좌절과 아픔을 느꼈다. 후에 신도들이 모인 자리에서 문 선생이 입감했던 날짜 자체를 역사 가운데서 빼 없애버리고 싶었다고 말할 정도였다.

한 여사는 차로 교도소로 이동할 때에 몇 번이고 입술을 깨물며 강하게 마음먹었지만 흐르는 눈물을 억제할 수 없었다.

문 선생은 "나는 현실 속에서도 절대 손해 보지 않으니 걱정 말라."라는 말로 여사를 안심시키고 난 후, "나는 반드시 고난을 승리로 바꾸어 놓을 것이다. 이 고난을 통해 오히려 미국과 세계가 구원받을 수 있는 길이 열릴 것"이라고 예언과 같은 말을 남겼다.

문선명 선생의 영부인이신 한학자 여사는, 선생이 입감되신 다음날

문 선생이 옥중에 수감될 당시 사랑과 정성으로 주위에 감동을 줬던 한학자 여사

부터 하루도 빠지지 않고 비가 오나 눈이 오나 면회하러 가셨다. 매일 가실 때는 누구보다 아름다운 모습으로 단장을 했다. 편안한 얼굴과 따뜻하고 부드러운 음성으로 선생의 기분을 밝게 해드리려 배려하는 것이었다. 그런 한학자 여사의 모습에 주위 사람들이 감동과 은혜를 받았다. 단 하루도 피곤하거나 아픈 기색이 없이 늘 기쁘고 반가운 얼굴로 선생을 만나 뵙는 한학자 여사를 보고 모두 세상에 없는 열녀라고 칭송할 정도였다.

남편인 문선명 선생에게 힘과 용기와 위로를 드리기 위해 열과 성을 다하는 동시에 여사는 특히 선생 주변의 경호와 식사에 깊이 관여했다.

여사의 뜻을 받들어 함께 수감하던 일본인 지도자는 선생이 취침하기 전에 잠을 자고 밤 12시부터 일어나 날이 밝을 때까지 불침번을 섰다. 나중에 그가 문 선생보다 먼저 출소한 이후에는 놀랍게도 교도소 내에 선생을 마음으로 모시고 따르는 사람들이 몇몇 생겨났으며 그들이 번갈아 선생의 경호를 담당했다.

한학자 여사는 음식을 가지고 들어가지 못하는 것을 그렇게 아쉬워했다. 그러니 매일 몸에 좋다 하는 비타민 정제를 한 줌씩 핸드백에 넣어 가고, 그 비타민과 보약을 드시게 했다. 면회소 자판기에서 받아온 치킨수프에 인삼엑기스를 듬뿍 타서 드리기도 했다. 그러나 그 모든 것보다 우선한 것은 한 여사의 지극한 정성이다. 추우나 더우나, 또는 여름이나 겨울이나 교도소를 향하였고, 자녀들과 함께 매일 기도정성을 들이며 일요일이면 금식기도를 올렸다.

선생은 아침 5시가 되어 기도를 마치고는 꼭 공중전화에 가서 '엄마-!' 하고 전화로 부르신다. 이것이 매일 일과의 시작이었다. 이 양위분의 모습은 한참 열렬한 열애 가운데 빠진 젊은 남녀들 사이로밖에 볼 수 없는 로맨스를 방불케 하였다. 선생 양위분은 이렇게 열정적인 사랑으로 한 순간이 아니라 일생을 사신 것이다. 아침면회 후 집으로 돌아갈 때쯤 되면, 선생은 밖에 나와서 부인의 차가 사라질 때까지 전송을 했다.

문 선생과 부부로 맺어진 지 25여 년, 그동안 한 여사는 늘 문 선생과 일과를 같이 해왔다. 아무리 밤늦게 잠자리에 들었어도 새벽 5시면 어김없이 일어났다. 하루에 2~3시간밖에 자지 않는 남편의 일상에 맞추기란 처음에는 여간 힘든 일이 아니었지만, 곧 익숙하고 당연한 생활이 되었다. 어떤 날은 문 선생이 하루 18시간을 계속 얘기한 적도 있다고 하는데, 그럴 때에도 부인은 같이 보조를 맞출 정도로 대단한 인내와 끈기를 가졌다.

나는 매일 한학자 여사를 모시고 댄버리를 오갔다. 선생에게 세계 교회의 여러 상황과 미국에서 진행되고 있는 '종교자유운동'의 상황을 보고했다. 많은 목사들이 선생의 고난에 동참하면서 미국 정부에 대해 항의하는 서한을 보내는 등 활발한 활동을 하고 있다고 보고를 드리기도 했다. 그러나 정작 선생은 한 번도 미국 정부에 대해 부정적인 말씀을 하지 않았다. 수감 전에는 물론이고 수감생활 중에도 불공정한 재판과 정부의 음모를 비판하지 않았다.

매일 댄버리를 오가는 강행군을 이어가고 있던 어느 날, 댄버리를 나서면서 한 여사가 나에게 "가는 길에 이스트 가든으로 오세요."라고 말했다. 이스트 가든은 문선명 선생의 가족이 생활하는 공관이었는데 무슨 중대한 일로 나를 부르시는 것인가? 혹시 무슨 불편하신 것이라도 있으신 것은 아닌가? 걱정스러운 마음으로 이스트 가든에 도착했을 때 나는 깜짝 놀랐다.

저택의 식당에 성대한 만찬이 준비되어 있고 'Happy Birthday'라고 쓰여 있는 현수막이 붙어 있었다. '오늘 자녀분 중 생일이 있었구나. 선물을 준비하지 못하고 왔는데 어쩌나?' 속으로 자책을 하고 있는데 한 여사가 내려왔다. 모두 자리에 앉은 뒤 자녀분들을 향해 "오늘은 박보희 아저씨의 생일이란다."라고 말했다.

그 순간 나는 전기의자에서 전기충격을 받은 것처럼 깜짝 놀랐다. '오

1985년 7월 4일 댄버리 교도소에서 출감하면서 취재기자와 환영 인파를 향해 손을 들어 답하고 있는 문선명 선생

늘이 내 생일이라니?' 문선명 선생이 수감되신 후에는 죄인과 같은 생활을 하고 있어 그날이 내 생일인 줄은 꿈에도 모르고 있었다. 물론 당시의 상황은 생일을 알았어도 챙길 수 없는 때였다. 그런데 한 여사께서 나의 생일을 기억하고 챙겨주시다니 눈물이 한없이 흘렀다.

"박보희 아저씨가 아버님의 법정투쟁은 물론 지금도 가장 수고하고 있어요. 그래서 오늘은 모두 같이 그 노고를 위로해주려고 이 만찬을 준비했어요. 아버님께서 안 계셔서 유감이지만…."

한 여사는 그렇게 말하고는 일어서서 나를 위해 기도를 해주었다.

기도를 하는 분도 우셨지만 나는 쏟아지는 눈물로 정신을 차릴 수가 없었다. 너무 큰 감동과 감사로 눈물을 흘리느라 기록하지 못해 지금은 기도의 내용도 기억나지 않지만 내 일생 잊을 수 없는 귀한 기도였다. 당시에는 오직 '나는 죄인으로 얼굴을 들 수 없는 사람인데 한 여사께서 그 심정을 헤아리고 이렇게 위로를 해주시는구나. 나는 얼마나 행복한 사람인가?'라는 생각만 들었다. 한 여사의 참사랑이 가슴 한가운데에 뜨거운 불길을 일으키고 있었던 것이다.

뜨거운 기도가 끝난 뒤 자녀분들이 한마음으로 생일축하 노래를 불러주었다. 비록 죄인의 자리에 있었지만 그해 생일은 내 평생 잊을 수 없는 귀한 은혜와 축복의 생일이 되었다. 그리고 누구보다 섬세하고 따뜻하게 제자들을 챙겨주시는 한 여사의 참사랑을 가슴에 새겼다.

문선명 선생은 18개월 형을 언도받았으나 모범적인 수감생활로 13개월 만에 감옥을 나왔다. 그리고 그날부터 선생은 미국의 둘도 없는 영웅이었다. 미국에 오실 때 소망한 것처럼 미국의 기독교가 모두 선생의 편이 되었기 때문이다. '아. 놀라워라! 하늘의 섭리여!' 나도 모르게 감탄의 말이 나왔다.

선생의 수감생활이 끝나자 오린 해치(Orrin Grant Hatch) 미 상원의원은 종교위원회 위원장으로서 즉시 청문회를 개최하여 선생의 의로운 수감생활을 전국에 알렸다. "Rev. Moon! Rev. Moon! 우리는 당신을 사랑하오. 우리는 또 당신의 나라 코리아를 사랑하오." 이 말은 미국에서 산울림이 되어 미국 각지에서 메아리쳤다.

문선명 선생이 미국 사회에 일으키는 반향을 보면서 나는 절로 "아. 오묘하여라! 하나님의 승리여!"라는 말이 나왔다. 누가 인위적으로 이

같이 하늘의 축복을 불러낼 수 있겠는가? 그 누가 100년을 미국에서 선교한다 한들 이와 같이 미국인의 사랑과 존경을 한 몸에 받으며 미국의 영웅이 되겠는가? 선생의 생애는 범인(凡人)이 예상할 수 없는 기적의 연속이었다.

공산주의 종언을 위한 일념

문선명 선생의 재판이 한참 진행되는 동안 종교자유 열망이 결집되면서 미국 사회가 떠들썩했다. 그러나 정작 선생은 이런 상황에 아랑곳하지 않고 오로지 하늘이 주신 궁극의 사명을 다하기 위해 노력했다. 그것은 하나님을 부정하는 공산주의를 이 세계에서 끝내는 것이었다.

이를 위해 먼저 문선명 선생은 소련 정부에 이용당하는 카터 대통령이 재선되어서는 안 된다고 보았다. 선생의 결의는 비장했다. 현직 대통령에게 특별한 잘못이 없는 한 연임하는 것이 미국의 관례처럼 되어 있는 상황에서 카터 대통령 낙선운동을 하는 것은 위험한 일이었다. 그러나 선생은 카터 대통령을 낙선시킬 수 있는 후보를 찾기 위해 기도하며 노력했다.

당시 선생의 기도는 단 한가지였다. 밤낮없이 온 정성을 다해 기도했는데 그 기도 내용은 간단했다.

"하나님 아버지, 누가 차기 미국 대통령이 되느냐가 미국과 세계의 운명을 결정하는 것을 아옵니다. 저에게 공산주의를 지구상에서 말살해야 한다는 사명을 주신 것을 감사드립니다. 저를 믿으시고 그 사명을 주심에 감사드리옵니다. 그런데 아버지, 이제 그 사명을 함께 할 미국의 지도자를 보내주시옵소서. 저에게는 동조자가 필요합니다."

얼마가지 않아 선생은 하늘의 대답을 계시로 받으셨다. 하늘이 계시한 인물은 바로 로널드 레이건(Ronald Wilson Reagan)이었다. 레이건 후보는 극우적인 성향을 가진 정치인으로 그동안 대통령 선거에 두 번이나 출마했으나 낙선해 나이가 많았다. 또한 과거 배우를 하여 국민들은 레이건의 말을 '대사를 외워서 말하듯이 진정성이 없다'고 생각하기도 했다. 이렇게 여러 단점을 가진 후보였으나 하늘이 택하신 순간 선생은 그를 물심양면으로 지원하기 시작했다. 당시는 아직 공화당 전당대회도 개최되지 않은 시기여서 우선 공화당 전당대회에서 레이건 후보가 공화당의 대통령 후보가 되도록 정성을 다했다.

1980년 7월, 드디어 공화당 전당대회가 개최됐다. 선생은 레이건 전 캘리포니아 주지사가 다수표로 공화당 대통령 후보로 지명될 때 일어서서 그 자리에 모인 식구들과 같이 박수치며 환호하셨다. 그런 다음 식구들을 향해 말했다.

"공산주의와의 싸움은 하나님이 계시느냐 안 계시느냐, 그것이 싸움의 본질이다. 어느 쪽이 진실이냐? 하나님이 정말 계시지 않는 것이 진실이라면 우리가 아무리 노력해봐야 공산주의한테 지게 된다." 그리고 선생은 한층 높은 소리로 크게 외쳤다.

"나는 하나님을 보았다! 나는 하나님과 대화하였다! 공산주의는 새빨간 거짓말이다! 그런데 공산주의에게 세계를 내줘야 하겠느냐! 공산주의를 이기는 유일한 방법은 이념의 싸움으로 이기는 것이다. 우리가 공산주의를 이길 수 있는 유일한 이념은 하나님주의이다. 우리는 이제부터 하나님주의로 공산주의를 공격하여야 한다."고 공격명령을 내린 것이다.

그리고 미국 선거에 대해서 "나는 그동안 레이건 공화당 후보를 연구했다. 그는 소련을 '악의 제국(Evil Empire)'이라고 외쳤다. 그는 소련과 적당히 사이좋게 지내기 위해서 대통령을 열망한 것이 아니다. 소련을 지구상에서 없앨 목적으로 미국의 대통령이 되려는 것이다. 소련과의 대립은 곧 유신과 무신의 대립이다. 미국은 하나님 편에 서고, 소련은 사탄 편에 섰으니 이 신념으로 일관할 때 우리의 승리는 기정사실이다.

한마디로 레이건 대통령 후보는 여기 서 있는 나와 똑같은 신념을 가지고 미국의 대통령이 되려는 사람이다. 하나님이 특별히 세운 후보가 아닐 수 없다. 너희들은 모두 일사분란하게 이 신념으로 하나가 되어 이제부터 레이건 대통령 선거전에 정면으로 돌입해라. 죽기 아니면 살기의 싸움을 우리는 지금 전개하고 있는 것이다."라고 설명했다.

선생의 음성에는 순정과 열의가 있었고 참사랑이 흘러넘쳤다. 세계 인류를 살리겠다는 사랑의 마음으로 눈물을 흘리며 말씀했다. 레이건

문선명 선생의 뜻을 전하기 위해 레이건 후보와 만난 저자

대통령 후보 선거전은 바로 통일교회의 선거가 되었다.

그러던 중 하루는 선생이 나를 불렀다. 그 때 나는 뉴욕에서 선생이 세운 〈뉴스월드(The News World)〉 신문사 사장이었다. 선생은 나에게 다음과 같은 명령을 내렸다.

"보희! 너는 오늘 당장 레이건 대통령 후보를 만나 하늘의 뜻을 전하고 오너라."

"예!" 하고 대답하고 나는 즉시 오하이오 주에서 유세 중인 레이건 대통령 후보를 만나러 갔다. 가기 전에 나는 선생에게 여쭀다.

"레이건을 만나서 뭐라고 말씀드릴까요?"

선생의 대답은 명쾌했다.

"하나님께서 당신을 40대 미국 대통령으로 결정하셨다고 말해주어라."

나는 그 순간 선생이 하나님의 계시로 레이건을 대통령으로 만들고자 한다는 것을 확실히 알게 되었다.

나는 그를 만나기 위해 〈뉴스월드〉의 백악관 출입기자이자 대통령 후보를 수행취재하고 있던 조셉 샤이너 부장과 사진기자를 대동하고 오하이오 주의 수도 콜럼버스 시에 있는 코마도어 페리 호텔로 갔다. 레이건 후보가 부인 낸시 여사와 함께 나를 반갑게 맞아주었다. 나는 문선명 선생의 비장한 결의를 알기에 내가 레이건 후보를 만나는 이 사명이 얼마나 중차대한지도 알고 있었다. 이 기회를 놓쳐 선생님을 실망시켜드린다면 이것은 천추의 한이 될 것이다. 나는 독특한 전략을 생각해냈다.

나는 그를 만나자마자 "대통령 각하! 당선을 축하드립니다." 하고 인사를 했다. 그러자 레이건 후보는 깜짝 놀라면서 "나는 아직 대통령이 아닙니다. 무슨 착각이라도…?"라고 말했다. 나는 즉시 "착각이 아닙니다. 하나님께서는 당신을 제40대 미국 대통령으로 결정하셨습니다. 문선명 선생이 계시를 받으셨습니다."라고 설명했다.

레이건 후보는 계시라는 말을 듣고 더 놀랐다.

"예? 계시를 받으셨다고요? 하나님과 문선명 선생이 왜 나를 미국 대통령으로 만드려는 것입니까? 조건이 무엇입니까?"

나는 심각하게 "대통령 각하! 조건은 아무것도 없습니다. 하나님과 문선명 선생은 당신을 당선시켜 하나님과 인류의 원수, 공산주의의 종언을 가져오려 하십니다. 그것이 당신의 사명입니다. 그 결심만 있으시면 당신은 틀림없이 다음 대통령이 되십니다. 문선명 선생은 천기(天機)를 읽으시는 분입니다. 이 한 분의 지원은 천운을 가져옵니다. 당신은 당신의 사명이 무엇인가만 생각하시고 선거운동에 임해주십시오."라고 설명했다.

그 순간, 레이건 후보는 희색이 만면하여 내손을 꼭 잡으면서, "아니! 어떻게 문선명 선생이 나를 그렇게 믿어 주는 것입니까! 나는 이제 대통령이 되어야 할 이유를 알았습니다. 나는 하나님의 도움이 필요합니다. 문선명 선생의 기도를 부탁합니다."라고 말했다. 옆에서 낸시 여사도 기쁜 얼굴로 내 손을 잡아주었다.

인사가 끝나자, 나는 준비해 간 스크랩북을 한 장 한 장 넘기면서 그동안 〈뉴스월드〉지가 레이건 후보를 어떻게 지원해왔는지를 설명했다. 레이건 후보의 눈은 휘둥그레졌다. 이것은 신문기사라기보다는 레이건을 선전하는 전단지에 가까웠기 때문이다.

〈뉴스월드〉와 레이건 당선

1980년 11월 4일 대통령 선거일을 하루 앞두고 문선명 선생이 나를 불렀다.

선생은 나를 보자마자 "보희! 내일이 미국 대통령 선거일 아닌가?"

나는 "예." 하고 대답했다.

그러자 "보희, 잘 들어라. 내일 우리 신문에 '레이건 후보, 파격적 대승리'라고 예언을 내라."고 하셨다.

전혀 예상하지 못했던 말씀에 나는 깜짝 놀랐다. 그래서 "꼭 '파격적 대승리'라고 해야만 합니까?"라고 여쭈어 보았다.

선거결과를 전혀 예상할 수 없는 상황에서 '대승리'라는 보도는 위험할 수 있었다. 당시 미국 내 1천700여 개의 일간지는 모두 카터의 승리를 예상하고 있었다. 선거 전에 이루어진 많은 설문조사 결과에서 모두 카터가 승리하는 것으로 나왔기 때문이다. 언론의 예상은 카터의 압승이냐, 근소한 승리냐는 정도의 차이만 있었다.

이미 〈뉴스월드〉는 문선명 선생의 계시와 신념에 따라 '레이건이 승리한다'는 입장에서 보도를 해왔기 때문에 '근소한 표차로 승리할 것으로 예상된다'라고 보도하는 것은 가능한 일이었다. 그러나 아무런 근거도 없이 '파격적 대승리'라고 이미 예언을 하는 것은 언론으로서는 대단한 모험이 아닐 수 없었다.

그러나 이러한 통념을 뒤집어 놓을 듯이 선생은 강력하게 대답했다.

"그렇다! 반드시 '파격적 대승리'라고 해야 한다! 이것은 지축을 흔드는 승리다. 내일 아침 전체 미국 국민이 깜짝 놀라도록 해라."

선생을 모시면서 범인들이 상상할 수 없는 일들이 기적처럼 이루어지는 것을 나는 많이 보았다. 이번에도 나는 선생이 하는 말씀이 이루어질 것이라고 믿었다.

"예! 알겠습니다." 그렇게 대답을 하고 〈뉴스월드〉 신문사로 향했다. '신문사에 가서 뭐라고 설명해야 하나? 기자들의 반발이 심할 텐데 어떻게 설득을 하나?' 나는 눈을 감고 이런저런 생각에 잠겼다. 나는 선생이 살아오신 삶을 보아 믿고 실행할 수 있지만 선생을 모르는 기자들은 '파격적 대승리'라는 헤드라인을 결코 찬성하지 않을 것이다. 혹자는 나를 미쳤다고 할지도 모를 일이었다.

신문사에 도착하자마자 나는 편집회의를 열고 선생의 뜻을 전했다. 예상대로 편집국은 난색을 표했다. "'레이건 파격적 대승리'라는 헤드라인은 쓸 수가 없습니다. 그건 잠꼬대 같은 소리에 불과합니다. 만약 그렇게 헤드라인을 낸다면 〈뉴스월드〉는 세상의 조롱거리가 될 것입니다." 회의만 거듭하는 동안 시간이 흘러갔다. 더 이상 회의만 할 수는 없었다. "그렇다면 일단 최대한 선생의 뜻을 반영하여 기사 초안을 써서 가지고 오세요."

이윽고 편집국에서 표지기사 초안을 가지고 왔다. '레이건 후보, 승리 가능', 레이건이 승리할 수도 있다는 것이 요지였다. 사실 이 기사는 아무 매력이 없었다. 그러나 나는 편집국의 의사를 문선명 선생에게 빨리 전달하는 것이 좋겠다고 생각했다. 그래서 편집국의 기사를 선생에게 보고하러 갔다.

문선명 선생은 아무 말 없이 기사를 바라보았다. 짧은 시간이었지만 나는 긴장되어 숨도 쉴 수가 없었다. 선생은 기사에서 눈을 들어 나를 바라보시더니 "보희, 저 휴지통 좀 가져와! 이것은 휴지통 행이다."라고 하고는 정말 휴지통에 그 원고를 버렸다.

그리고 내 눈을 정면으로 쳐다보면서, "보희. 만일 내일 제3차 세계대전이 일어난다면 신문 헤드라인을 어떻게 쓰겠나?" 하고 질문했다. 사실 나는 머릿속이 복잡한 상태라서 아무 생각도 나지 않았다. 선생이 왜 이런 질문을 하시는지도 생각할 수 없었다.

"예? 제3차 세계대전 말씀이십니까? 그거야 세계의 종말이 아니겠습니까? 물론 배너 헤드라인(banner headline, 신문 전면에 걸친 호외와 같은 큰 표제)으로 주먹만큼 큰 활자를 써야 합니다."라고 무심코 대답했다. 선생이 묻는 진의는 모르고 일차원적인 대답을 한 것이다.

그 말을 들은 선생은 벼락같은 고함을 치며 일대 호령을 하였다.

“보희! 바로 그것이다! 그런 방법으로 이 예언을 해야 해! 이것이 바로 나의 제3차 세계대전이야!”

나는 선생의 태산과 같은 결의를 접하고 다시 한번 온몸에 소름이 돋았다. ‘제3차 세계대전’이라는 말이 머리에서 계속 울려 퍼졌다. 그래서 “예, 알겠습니다!” 하고 서둘러 나왔다. 더 이상 망설일 시간이 없었다.

나는 신문사로 돌아오면서 크게 회개했다.

‘하늘이 기적을 일으키시려 하는데 내가 방해물이 되어서야 되겠는가? 이 싸움이 제3차 세계대전이라 하셨다. 그 말은 곧 레이건의 당선이 제3차 세계대전을 막는다는 말이 아닌가? 오냐! 뜻을 이루어드리자.’

나는 심중깊이 결심하고 신문사로 돌아왔다. 편집국의 분위기는 대단히 부정적이었다. 나는 전 사원을 강당으로 모이게 했다. 거기서 나는 혼신의 노력을 기울여 이렇게 외쳤다. 눈물이 앞을 가렸다. 아마도 이때 연설이 내 일생에서 가장 중요한 연설 중 하나였으리라. 세계의 명운이 걸려있는 연설이었다.

“뉴스월드 사원, 형제자매 여러분!

우리 인생에는 가끔 크게 참다운 용기를 가져야 할 때가 있습니다. 지금이 바로 그런 때입니다. 여러분, 〈뉴스월드〉는 문선명 선생이 세우신 신문입니다. 문선명 선생은 우리의 구세주요, 우리의 참부모가 아니십니까? 우리는 오늘 구세주께서 원하시는 소원을 하나 무조건 이루어 드리고, 내일 기쁘게 자진하여 순교하는 신문이 됩시다. 이렇게 마음먹으면 무엇이 두렵겠습니까? 마지막 신문입니다. 용감하게 내일 신문을 만들어 주십시오. 구세주가 말씀하신 예언은 적중합니다. 제3차 세계대전의 발발로 생각하고, 세계가 놀랄 역사적 신문을 만드십시다. '죽고자 하는 자는 산다.'고 하지 않았습니까. 이 순간 우리는 죽기를 각오하십시다. 그것이 곧 우리가 사는 길입니다."

다행히 이 말에 편집국 직원 모두 감동하고 결심했다. 역시 나의 사랑하는 형제자매들이었다. 그리고 사장이 진두지휘하여 밤새도록 신문을 만들었다.

'News World Prediction, Reagan Landslide'
'뉴스월드 예언, 레이건 파격적 대승리'

제3차 세계대전이 일어나도 이보다 더 큰 활자는 쓸 수가 없으리라. 나는 선생의 뜻을 이루어드린 것이 무엇보다 흐뭇했다.

윤전기는 밤새도록 돌아갔다. 아침 5시에 온 뉴욕 시내에 이 신문이 깔렸다. 나는 제일 먼저 인쇄된 신문 한 묶음을 비행기에 실어 로스앤젤레스로 보냈다. 레이건 선거본부에 있는 조셋 샤이너 기자에게 전해서, 레이건 후보가 일어나자마자 이 신문을 받아보도록 하기 위해서다. 그날이 바로 11월 4일 대통령 선거일이었다.

레이건 후보는 조반석상에서 이 신문을 받았다. 우선 그는 눈을 휘둥그렇게 뜨고 놀랐다. 그러고는 파안대소! 기쁨을 감추지 못했다. 조반을 그만두고 이 신문을 손에 들고 곧바로 기자실로 갔다. 거기에는 미국뿐

투표 당일 〈뉴스월드〉 신문을 들고 기뻐하는 레이건 대통령 후보

아니라 전 세계의 기자들과 TV카메라가 대기하고 있었다. 레이건 후보는 아무 소리 없이 우리 신문, 〈뉴스월드〉를 들이댔다. 기자들은 어안이

벙벙했다. 이 장면을 어찌 사진기자들이 놓치겠는가. 그들이 찍은 사진은 곧 UPI를 위시한 각종 통신사에 의해 전 세계로 전송되었다.

더 중요한 것은 미국 주요 TV방송국의 카메라맨들이다. 이 장면은 그대로 전 미국에 방영되었다. 2억4천만 명의 미국 국민은 투표일 아침에 깜짝 놀랐다! '레이건 파격적 대승리(Reagan Landslide)'라는 대문자가 TV화면에 나타난 것이다. 아직 투표하러 가지도 않았는데 대승리라니, 모두가 할 말을 잃었다.

"뭐, 레이건이 벌써 당선됐나? 아니, 나 아직 투표도 안 했는데…. 이게 어찌된 거야!"

모두 충격과 착각 속에서 혼돈이 일어났다. TV화면을 통해 '레이건 파격적 대승리'라는 글씨는 뚜렷이 보였지만, 이것이 '뉴스월드의 예언'이라는 글씨는 작아서 당시 흑백 TV화면에서는 읽을 수조차 없었던 것이다.

이 조그만 사건은 가장 중요한 투표 당일 아침에 이상한 심리적 파문을 온 미국에 전파했다. '레이건이 이긴다' 하는 일종의 기대감이다. 누구나 그렇지만 특히 미국 사람들은 이기는 편에 서기를 좋아한다. 'Join with the winner'라는 말이 있다. '승자 편에 서라'는 격언이다. 그들은 모두 투표소에 가서 이기는 레이건 편에 표를 던졌다. 특히 시차로 동부보다 3시간 늦은 캘리포니아 주 시민들은 'Reagan Landslide'의 제목을 하루 종일 거듭거듭 보면서 투표했던 것이다. 이것은 선거 전략으로는 초특급전략이었다. 어느 정치전문가는 이를 '천재적 전략'이라고 논평했다.

그날 밤에 개표가 시작되었다. 오후 10시에는 벌써 레이건의 승리가 확실시 되었다. 밤11시가 되니 레이건 후보는 〈뉴스월드〉의 예언대로 파격적 대승리를 거두었다. 예언이 그대로 적중한 것이다. 기적은 일어났다.

선거인단 538명 중 레이건 후보는 489명을 확보했다. 더욱 놀라운 것은 좌편향의 뉴욕 주에서는 레이건이 절대로 이길 수 없다고 모두 단언했는데, 레이건 후보가 뉴욕 주를 석권한 것이다. 그리고 〈뉴스월드〉는 미국에서 레이건의 파격적 대승리를 예언한 유일한 신문이 되었다.

나는 뉴욕 5번가에 있는 본사에서 기자회견을 가졌다. 모두 〈뉴스월드〉가 기적적 예언을 할 수 있었던 근거를 알아보려고 우리 신문사에 모여든 것이다. 기자들은 흥분한 광적인 군중과도 같았다.

사장인 내가 나타나자 기자들은 사방팔방에서 흥분한 목소리로 소리를 질렀다.

"어떻게 알았습니까? 레이건 대승리를 어떻게 알았습니까?"

또 다른 소리가 들린다.

"몇 명에게 전화했습니까? 천 명입니까? 만 명입니까?"

대개 미국의 여론조사는 유권자 수백 명에게 전화하여 그 통계를 가지고 여론조사를 하기 때문에 물어보는 질문이다. 그런데 〈뉴스월드〉가 이 같이 정확한 예언을 할 수 있었던 것은 적어도 수천 명 내지는 수만 명에게 전화조사를 했을 것으로 생각한 것이다. 나는 조용히 대답했다.

"우리 신문사는 그런 방법은 쓰지 않습니다. 그것은 19세기에 사용하는 좀 시대에 뒤떨어진 방법입니다. 나는 딱 전화 한 통을 걸었습니다."

그러자 장내는 또 다시 술렁거렸다. 용감한 기자가 질문을 이어갔다.

"뭐라고요? 전화 한 통만 했다고요? 그럼 누구에게 전화했단 말이오?"

나는 즐거운 마음으로 즉각 대답했다.

"레버런 문에게 전화했습니다."

"예? 레버런 문께요? 아니 그럼 이것은 레버런 문의 예언입니까?"

"그렇습니다. 이것은 레버런 문의 예언입니다."

"아니, 그럼 레버런 문은 어떻게 아셨나요?"

장내는 일순간 조용해졌다. 모두 나의 답변을 듣고자 집중하고 있었다.

"제가 알기로는, 레버런 문께서도 전화 한 통을 거셨답니다."

"뭐라고요? 전화 한 통? 누구한테요?"

"하나님께요! 하나님께 전화 한 통을 거셨습니다."

"예? 하나님께라고요? 정말이십니까?"

"정말입니다. 농담이 아닙니다."

"그래요. 그럼, 하나님 전화번호 좀 가르쳐 주실까요?"

장내에 폭소가 쏟아졌다.

"죄송합니다. 그것은 핫라인(hot line)이었습니다."

모두 박수를 치며 폭소를 터뜨렸다. 기자회견장 분위기는 파티장과 같이 흥겨운 분위기였다. 과학적 근거에 입각한 분석이 아니라 하나님의 계시로 레이건의 압승을 알다니 더 이상 질문할 것이 없었기 때문이다.

그들은 웃으면서 농담으로 들었을지 모르지만, 사실 이것은 농담이면서 진담이었다. 문선명 선생은 계시(hot line)로 레이건 당선을 아신 것이다. 그 외에 어떻게 대답할 수 있단 말인가?

조금 더 덧붙여서 설명하자면, 문선명 선생은 레이건을 당선시켜 주시도록 하나님께 간청하여 이 기적을 얻어낸 것이다. 나는 여기에 한 점도 의심할 여지가 없었다. 나는 레이건 당선의 내막을 너무도 잘 알고 있는 유일한 증인이기 때문이다. 그러니 여기에 또 하나, 이 책을 써야 하는 이유가 있는 것이다. 이는 나밖에는 말할 수 없는 증언이요, 하늘의 비밀이다.

이렇게 기적은 창출되었고, 하나님의 영광은 드러났다. '미국 제40대 레이건 대통령'이 탄생된 것이다. 소설보다도 흥미롭고 기이한 일이었다. 그리고 그 순간, 공산주의 종주국 소련제국이 붕괴될 수 있는 균열이 시작되었다. 하늘은 향후 8년간 레이건 대통령을 소련 해방을 위한 선봉장으로 삼으신 것이다. 사람들은 몰랐지만 참사령관은 하늘이 보내신 사자 문선명 선생이셨다.

소련 브레즈네프 서기장은 레이건 당선소식을 듣고 심장마비로 쓰러졌다. 그의 소망은 카터 대통령의 재선이었다. 카터가 재선되면 세계적화는 자동적으로 이루어질 것이라는 소신이 있었던 것이다. 그에게 레이건 당선은 재앙과 같았다.

소련 적화전략에 맞선 〈워싱턴 타임스〉

미국의 제40대 대통령을 결정하는 드라마는 로널드 레이건 후보의 승리로 끝났다. 1981년 1월 20일 레이건 대통령은 미국의회 웅장한 건물 앞에서 역사적인 취임식을 올렸다. 레이건 정부는 특별히 선생을 위해 자리를 준비했다. 문선명 선생은 나와 제자 몇 사람을 대동하고 대통령 취임식에 참석해 취임연설 전체를 들었다.

취임식 다음날부터 레이건 백악관은 고립무원의 처량한 상태였다. 미국 내에서 레이건 행정부를 지원하려는 언론이 없었기 때문이다. 당시 미국에는 보수적인 논조를 가진 언론이 없었다. 그나마 128년의 전통을 이어왔던 보수일간지 〈워싱턴 이브닝 스타(The Washington Evening Star)〉가 유지되었더라면 백악관에게는 천군만마가 되었을 것이다. 그러나 아쉽게도 〈워싱턴 이브닝 스타〉는 출판계의 왕자로 불리는 뉴욕의

〈타임 라이프(Time Life)〉 잡지사에서 운영하다가, 1년에 3천500만 달러의 적자를 내고 1981년 8월 파산하고 말았다.

〈워싱턴 이브닝 스타〉가 폐간되자 워싱턴 D.C.는 좌익언론인 〈워싱턴 포스트(The Washington Post)〉의 독주체제에 놓이게 되었다. 당시 〈워싱턴 포스트〉는 '프라우다 오브 더 웨스트(Prauda of the west)', 즉 '서방의 공산당 기관지'라는 별명을 가질 정도로 좌편향적 보도를 했다. 레이건 정부는 마치 성벽 없이 적진에 노출된 신세와 같았다. 좌익언론의 주도 아래 레이건 정부에 대한 비판기사의 공격이 지속적으로 이루어졌기 때문이다.

이러한 사태를 수습하기 위해 레이건 대통령은 미국의 보수적인 재벌총수 5명을 백악관에 초청, 〈워싱턴 이브닝 스타〉 부활이나 보수성향 일간지를 창간하려는 모임을 가지기도 했다. 그러나 그 자리에 모인 재벌들은 하나같이 거부의사를 밝혔다. 보수성향의 일간지는 적자를 면할 수 없어서 〈타임 라이프〉의 전철을 밟을 것이 명약관화했기 때문이다. 적자수렁 속에 빠질 것을 알면서 언론을 창간할 수는 없었다. 재벌의 입장에서 상업적 이익이 보장되기는커녕 적자가 날 일에 무모한 투자를 할 수도 없었다. 미국을 위하는 애국심으로 언론을 창간하여 운영하겠다는 마인드를 가지지 않았던 것이다.

레이건 대통령을 당선시키기에 온갖 정열을 기울여 오셨던 문선명 선생은 이러한 상황을 심히 우려했다. 하루는 나를 보면서 "이 넓은 미국에 어찌 진정한 애국자가 없을 수 있겠느냐. 역시 신문은 미국 사람이 하는 것이 좋아. 그리고 신문을 아는 전문가가 해야 돼. 어디선가 그런

〈워싱턴 타임스〉 본사

사람이 나오겠지." 하고 말했다. 선생이 얼마나 미국과 레이건 정부를 걱정하는가를 느낄 수 있었다.

그러나 기다림은 시간만 낭비하는 것이었다. 워싱턴 포스트사는 이 기회를 놓치지 않고 워싱턴이라는 언론시장에 아무도 침입하지 못하도록 독점하기 위하여 〈워싱턴 이브닝 스타〉의 시설과 윤전기를 전부 헐값으로 매수했다. 그 윤전기가 필요해서가 아니다. 그 윤전기를 사 놓으면 설사 누가 신문사업을 하려 해도 새로운 윤전기를 주문해서 신문출판을 할 때까지 적어도 2~3년은 걸리기 때문이다. 결국 〈워싱턴 이브닝 스타〉의 부활 가능성을 완전히 봉쇄하기 위한 조치였다.

이 소식을 들은 문선명 선생은 "이대로 가면 미국은 망한다. 미국이 망하면 세계가 망한다. 어찌 이를 좌시할 수 있겠느냐. 통일교회를 희생시키는 한이 있더라도 이제는 우리가 워싱턴에 '승공일간지'를 만들 수밖에 없다. 이대로 가면 레이건 대통령은 질식 고사하고 만다."고 말했다.

문선명 선생은 하나님과 교신한 후 드디어 비장한 결단을 했다. "워싱턴에 일간지를 창간해야 한다!" 그 결단은 곧 현실로 실현되었다. 1982년 정월 초하루 뉴요커에서 개최된 신년 예배에서 문선명 선생은 옆에 서서 통역하고 있던 나를 향해 "오늘 나는 뉴욕의 뉴스월드사 사장으로 있는 박보희를 워싱턴 일간지의 사장으로 임명한다. 그 일간지의 이름은 〈워싱턴 타임스〉라고 한다. 오늘 당장 내가 뽑은 200명의 엘리트를 데리고 워싱턴으로 내려가라. 새로운 일간지를 만드는 것이다. 우리는 시간이 없다. 오늘부터 행동을 개시하라. 그 일간지의 초판이 3월 1일까지 나오도록 해라."고 말했다.

그 자리에 운집한 2천여 명의 우리 식구들은 선생의 위대한 결단에 함성으로 화답했다. 그리고 기립박수가 터져 나왔다. 그러나 정작 이 설교를 옆에서 통역하던 나는 식은땀이 이마에서 줄줄 흘러내렸다. 그것은 전혀 예상치 못한 청천벽력과도 같은 작전명령이었다. 아무것도 준비된 것이 없는데 두 달 안에 신문을 만들어야 한다. 그날 밤 잠이 오지 않았다.

다음날 나는 선발된 200명을 데리고 명령대로 아무것도 준비되지 않은 워싱턴으로 갔다. 워싱턴에는 신문을 만들기 위해 하나도 갖춰진 것이 없었다. 사무실은 물론 인쇄기 하나, 책상 하나, 컴퓨터 한 대도 없었다. 더욱 걱정스러운 것은 문선명 선생이 선발한 200명 가운데는 〈뉴욕 타임스〉나 〈워싱턴 포스트〉를 한 번도 사본 적이 없는 신문의 문외한도 있었다. 최악의 상황이었지만 우리의 전진을 멈출 수는 없었다. 우리는 사방팔방으로 신문을 아는 전문가 찾기에 총력을 기울였다.

그것은 전쟁이었다. 3월 1일까지 58일 만에 신문을 만들기 위해서 200명은 동분서주했다. "기적은 하늘이 일으키신다. 우리는 하늘의 도구가 되자!" 그런 결심으로 한마음이 되어 불가능한 도전을 했다. 모두 하늘의 섭리에 동참한다는 감격으로 긍지를 가지고 임했다.

다행인 것은 선생이 주신 '워싱턴 타임스(Washington Times)'라는 제호를 사용할 수 있었던 것이다. 미국 신문에서 가장 권위 있게 사용되는 제호는 '타임스'와 '포스트'였는데 워싱턴에는 〈워싱턴 포스트〉만 있고 〈워싱턴 타임스〉는 없었다. '워싱턴 타임스'라는 제호는 예전에 누군가 상표등록을 해두었는데 바로 그해(1982년) 상표등록의 시효가 끝나 누구든 쓸 수 있는 상태였다. 문선명 선생은 마치 이를 알고 있었던 것처럼 제호를 만드셨다. 그야말로 몇 억불의 가치가 있는 귀중한 이름을 하나님께서 선물처럼 주신 것이다.

우리는 우선 내셔널 프레스 클럽(National Press Club) 지하층을 대관해 창간본부로 만들었다. 워싱턴에 신문을 만드는 시설이 하나도 없었으므로 모든 편집에 관한 절차는 뉴욕으로 전송하여 〈뉴스월드〉 편집실에서 담당했다.

우리는 영향력 있는 신문 전문가를 편집국장으로 모시기 위해 노력했다. 매일 언론분야의 거물들을 찾아다녔다. 그 누구도 다음날 어떤 운명이 찾아올지 아는 자가 없었다. 언론전문가들은 우리 아이디어를 듣고 "Are you kidding? (누구 놀리는 거요?)"이라고 말했다. 차가운 거절이었다.

우리는 하늘이 준비한 인재를 만나기를 포기하지 않았다. 그리고 캘리포니아 세크라멘토 일간지의 편집국장인 저명한 언론인 제임스 웨일런(James Waylon)을 찾아갔다. 그를 만나 하루밤낮 식음을 전폐하고 선생의 뜻을 설파했다. 그는 드디어 〈워싱턴 타임스〉의 초대 편집국장으로 일해 보겠노라고 승낙했다. 제임스 웨일런이 편집국장을 맡자 언론인재들이 하나둘 참여했다. "〈워싱턴 타임스〉라는 보수지가 생기지 않으면 레이건 행정부가 너무도 불쌍하다, 애국자들이라면 이 때 일어서야 한다."는 외침에 의용군들이 응답한 것이다. 그들은 미국을 사랑하는 진정한 우국지사(憂國之士)들이었다.

드디어 2월 28일이 되었다. 다행히 우리는 〈워싱턴 타임스〉의 모형판(prototype)을 만들 수 있었다. 58일 만에 이룬 기적이었다. 이후 〈워싱턴 타임스〉의 첫 시내보급판(premier edition)이 시중 상점마다 화려한 얼굴을 드러낸 것은 5월 17일이었다. 완벽한 준비를 마치고 창간호를 낸 것이다. 신문에 있어 '창간'이라는 말은 참 무섭다. 한번 창간하면 그 다음날부터 연일 신문이 쏟아져 나와야 한다. '준비가 아직 안 되었습니다.'라는 것은 신문에서 있을 수 없는 일이다.

〈워싱턴 타임스〉가 1982년 5월 17일 고고지성(呱呱之聲)을 울렸을 때 이 신문이 지속적으로 발행되리라고 믿은 사람은 아무도 없었다. 128년의 위대한 신문역사를 가지고 있던 〈워싱턴 이브닝 스타〉가 넘어질 때, 이제는 그 누구도 워싱턴에서 보수지를 창간할 수 없을 것이라고 생각

〈워싱턴 타임스〉 본사를 방문한 문선명 선생과 저자.

했던 것이다. 그들은 문선명 선생을 이길 수 없는 싸움에 도전하는 신문 문외한이라고 조롱하거나 가련하게 여겼다. 그러나 6개월도 못 갈 것이라고 했던 신문이 수십년이 지난 오늘까지 발행되면서 혁혁한 신문역사의 새 기록을 세우고 있다.

25주년 창간 기념식에는 워싱턴의 기라성 같은 인재들이 다 모이고 조지 부시 전 대통령이 참석해 축사를 했다. "처음부터 〈워싱턴 타임스〉는 망설이지 않고 기성언론에 도전했습니다. 80년대에 신문들은 레이건 대통령과 저를 '핵무기 대학살로 미국을 인도하는 지도자들'이라고 불렀습니다. 그들이 우리를 비아냥거린 것을 지금도 잊지 못합니다. 그런데 그러다가 재미있는 일이 벌어졌습니다. 총을 한 방도 안 쏘고 자유가 승리했습니다. 〈워싱턴 타임스〉가 있기에 가능한 일이었습니다. 저는 이 점에서 〈워싱턴 타임스〉의 창시자이신 문 총재님께 이와 같은 신문사를 창간하신 데에 대해 감사를 표하고자 합니다. 이 분 아니고서는 〈워싱턴 타임스〉가 존재할 수 없었을 것입니다. 우리 모두는 당연히 이 분께 존경을 표시해야 합니다."라고 진심을 담아 축하와 감사의 마음을 전했다.

영국의 마거릿 대처 총리도 영상메시지를 보내며 "〈워싱턴 타임스〉의 25주년을 기념하면서 저도 기쁜 마음으로 이 신문사에 만복을 빌고자 합니다. 한 가지 아쉬운 것은 제가 여러분들과 같이 이 행사에 참석하지 못하는 점입니다. 날카로운 논평, 훌륭한 보도, 확고한 판단의 25년은 분명히 경축할 만한 이유입니다. 이 신문은 쉬울 때보다 어려울 때에 보수주의의 목소리를 들리게 해주었습니다. 항상 이렇게 하는 게 쉽지 않습니다. 신문의 창시자이신 문선명 박사님께서 〈워싱턴 타임스〉를 창설하셨을 때에도 쉽지 않았고 지금도 쉽지 않을 것입니다. 그런데 적어도 우리가 확신할 수 있는 것은 〈워싱턴 타임스〉가 살아있고 번영하는 한, 보수주의적 견해가 흐려지지 않을 것이라는 점입니다."라고 축하했다.

〈워싱턴 타임스〉는 워싱턴에 일어난 하나의 기적이었다. 이 기적은 오로지 문선명 선생 한 사람이 미국을 살리고 레이건 대통령을 성공시키기 위한 애국충정에서 시작된 승리였다. 〈워싱턴 타임스〉 창간 후 수개월 동안 백악관은 아무런 반응 없이 침묵을 유지하며 그 향방을 관망했다. '〈워싱턴 타임스〉는 통일교회의 선교지일 수도 있다.'는 것이 백악관의 제일 큰 우려였다. 그러나 얼마 지나지 않아 레이건 대통령은 "이것은 우리의 천우신조다. 〈워싱턴 타임스〉가 우리를 살려내기 위해 필사적으로 노력해왔음을 높이 찬양하고 감사해야 한다."고 논평했다.

우리는 아침에 신문이 나오면 우선 부지런히 백악관부터 배달했다. 그러나 백악관이 필요한 수백 부의 수효를 우리 배달원이 시간에 맞춰 배달할 재간이 없었다. 백악관은 리무진을 우리 신문사에 보내어 신문이 인쇄기에서 떨어지자마자 백악관에 필요한 부수를 제일 먼저 실어갔다. 그야말로 'hot off the press'였다. 백악관에서는 아직 신문지에 기름도 채 마르지 않은 뜨끈뜨끈한 신문을 읽는 것이었다.

백악관의 대통령 사저는 건물 3층에 있다. 역대 대통령은 사저에 있는 침실에서 반드시 그 날 일어나는 상황을 각종 신문을 통해서 파악하고 조반석상으로 내려온다. 이것이 대통령이 아침을 맞이하는 하나의 관례였다. 저명한 모든 신문들이 백악관에 배달되고 그 첫 부가 3층으로 올라온다.

영부인 낸시 여사는 한참동안 관례를 그대로 유지하면서 레이건 대통령을 관찰, 연구를 시작했다. 이상하게 레이건 대통령이 침실에서 〈워싱턴 타임스〉를 읽으신 날은 밝은 표정으로 기분 좋게 식당에 내려오며 "낸시! 오늘은 왜 이렇게 커피 맛이 좋지?" 하고 찬사를 퍼부었다. 그런데 〈뉴욕 타임스〉나 〈워싱턴 포스트〉를 침실에서 읽고 오는 날은 아침부터 표정이 좋지 않고 화가 나 있었다. "낸시! 오늘 조반은 왜 이렇게 맛이 없어? 이거 먹고 내가 일할 수 있겠나?" 하고 심각하게 비판을 가하는 것이었다. 낸시 여사는 깊이 생각하게 되었다. '내 사명은 레이건 대통령의 건강을 도모하는 것이다. 아침에 읽으시는 신문이 그 날의 컨디션과 건강에 직결된다.' 낸시 여사는 이런 결론에 이르렀다.

그 다음날부터 다른 모든 신문은 백악관 3층에 올라오지 못하도록 하고 오로지 〈워싱턴 타임스〉만 대통령 침실에서 보도록 했다. 다른 신문들은 조반 이후 보도록 한 것이다. 그 날부터 백악관 3층의 하루는 화평하고 화목한 웃음소리로 시작된다. 낸시 영부인은 이 신문효과를 백 퍼센트 믿고 다른 신문이 침실로 오지 않도록 더욱더 신경을 썼다. 레이건 대통령은 8년 임기 동안 자기 침실에서는 목사가 성경을 읽듯이 〈워싱턴 타임스〉만을 읽고 내려왔다.

하루는 레이건 대통령이 〈워싱턴 타임스〉를 찾을 수가 없었다. 아침 회의에 나간 레이건은 특별보좌관인 마이클 디버에게 "마이클, 어째서 오늘 아침에는 〈워싱턴 타임스〉가 내 방에 오지 않았지?" 하고 넌지시 질책했다. 마이클 디버는 그동안 〈워싱턴 타임스〉가 몇 번에 걸쳐 자기 기사를 좋지 않게 쓴데 대해 앙심을 품었던 것이다. 그래서 어떻게든지 〈워싱턴 타임스〉가 아닌 다른 신문이 침실에 놓이도록 노력했다. 마이클 디버는 크게 당황해 "아마 오늘 아침 배달이 늦어서 대통령 침실까지 오지 못한 것 같습니다. 내일부터는 그런 일이 절대로 없도록 하겠습니다."라고 대답했다. 이렇게까지 되니 레이건 대통령 임기 8년 동안 〈워싱턴 타임스〉를 읽는 것으로 아침 첫 일과를 시작했던 것이다.

한 번은 또 이런 일도 있었다. 고르바초프 대통령의 미국 초도방문이 있었을 때 그의 인기가 상승일로에 있었고 여론도 거기에 호의적이었다. 그래서 미국의회는 상하양원 합동회의에서 고르바초프 대통령이 연설하는 게 좋겠다는 결론을 내렸다. 백악관도 이에 대해서는 호의적이었다. 그런데 문선명 선생은 이 사실을 알고 고르바초프 의회연설에 부정적인 의견을 표명했다.

"소련 대통령이 누구냐! 세계를 적화하여 세계를 지배하려는 세력이 아니냐! 공산주의자들이 지금까지 죽인 사람의 수효가 얼마냐! 신성한 미국 민주주의 전당인 의회의사당에서 그 소련 대통령 고르바초프가 연설을 하게 하다니! 이것은 언어도단이다. 이는 어찌 보면 미국이 소련에 굴복하는 것과 같다. 용납할 수 없는 처사다."라고 말했다.

즉시 〈워싱턴 타임스〉는 문선명 선생의 뜻을 담아 대서특필로 반대하는 기사를 냈다. 그랬더니 여론이 변화되기 시작했다. "〈워싱턴 타임스〉의 말이 백번 옳다.", "공산주의자에게 신성한 의회의사당을 모욕하게 만들지 말라."는 의견이 봇물처럼 터져 나왔다. 결국 민주당 의원들도 모두 고개를 숙이고 고르바초프 대통령의 상하양원 합동회의 연설은 취소되고 말았다.

이 일이 있은 뒤에는 새벽 4시가 되면 또 하나의 리무진이 우리 신문사 앞에 들어섰다. 하나는 백악관에서 온 리무진이요, 또 하나는 소련대사관에서 온 리무진이다. 그들도 백악관과 같은 수효의 〈워싱턴 타임스〉를 사서 급히 소련대사관으로 달려가 수십 명이 신문 번역작업에 들어갔다. 그래서 아침 9시에는 소련 크렘린에서 레이건 대통령이 읽은 내용과 같은 〈워싱턴 타임스〉를 읽게 되었다. 〈워싱턴 타임스〉가 세계적 신문으로 부상한 것이다. 세계를 좌우하는 미소 양대국 정상이 우선

1982년 5월 17일에 발간된 〈워싱턴 타임스〉 창간호에 기념사인 하는 문선명 선생

적으로 〈워싱턴 타임스〉를 읽고 일과를 시작한다. 그만큼 신문의 위상을 드러내는 일도 없을 것이다. 승리 중에 이보다 더 큰 승리가 어디 있겠는가.

〈워싱턴 타임스〉의 명성이 이 수준에 이르게 되니 다른 미국의 유명 신문들의 질시 또한 높아졌다. "닉슨 대통령을 권좌에서 끌어내렸다!"고 큰소리치는 〈워싱턴 포스트〉로부터 세계 최고의 신문으로 자랑해왔던 〈뉴욕 타임스〉 등 많은 신문들이 〈워싱턴 타임스〉의 몰락을 기다렸다. 막대한 자금이 투입되어야 하는 신문발행을 언제까지 할 수 있겠는가. 〈워싱턴 타임스〉의 무모한 출혈작전이 한계에 도달하기를 바라고 있었던 것이다.

설상가상으로 〈워싱턴 타임스〉가 미국의 3대 일간지 중 하나로 꼽히게 되니 다른 신문들의 질시는 더욱더 커져만 갔다. 그러나 〈워싱턴 타임스〉는 흠잡을 곳 없는 완전한 신문으로 더욱 자리잡아가고 있었다. 전체 신문의 디자인인 'over all' 전미경연대회 1등상을 두 번이나 받기도 했다.

동시에 〈워싱턴 타임스〉는 레이건 행정부의 외교정책을 전적으로 지원했다. 미국의 외교정책을 진단하고 그 방향을 제시하여 레이건 행정부를 인도하기도 했다. 그 예를 어찌 일일이 열거할 수 있으랴. 특별히 〈워싱턴 타임스〉와 문선명 선생은 미소 냉전시대의 최대쟁점이었던 전략방어계획(SDI, Strategic Defence Initiative, 적의 미사일을 우주공간에서 저격하는 방어시스템 구축)을 세우는데 결정적 기여를 했다.

미소 냉전의 승패를 가른 전략방어계획(SDI)

전략방어계획은 1983년 어느 날, 뜻하지 않게 걸려온 전화 한 통에서 시작됐다.

"예? 누구시라고요! 미국 중앙정보국 부국장실이라고요? 부국장님께서 문선명 선생과 직접 전화통화를 원하신다고요?"

그것은 놀랍고 이상한 일이었다. 미국 중앙정보국 부국장이 문선명 선생과 통화를 원할 일이 무엇이 있는가? 나는 즉각 선생에게 보고했다.

문선명 선생은 일언지하에 부국장을 직접 모시고 오라고 했다. 그는 다름 아닌 대니얼 그레이엄(Daniel O. Graham) 3성 장군이었다. 나는 두 분의 스케줄을 조정해 조용한 곳에서 비밀리에 만날 수 있도록 했다. 또 통역을 위해 처음부터 끝까지 배석하여 회담 내용을 지금도 정확히 기억한다. 장군은 이렇게 말문을 열었다.

“갑작스럽게 연락드려 큰 결례가 되지 않았는지 모르겠습니다. 만약 그렇다면 용서하십시오. 사실은 국가적 중대 사안이어서 이렇게 결례를 무릅쓰고 연락드렸습니다. 오히려 제가 총재님을 오래 전부터 아는 처지라면 오늘 이렇게 돌연히 방문하는 것은 불가능했을 것 같습니다.

‘대륙간탄도미사일’을 막을 레이저 신무기를 개발한 뒤 문선명 선생을 찾아온 대니얼 그레이엄 장군.

지금 미소 간에 벌어진 중대한 전략적 결정은 소련의 핵무기, 즉 대륙간탄도미사일(ICBM, Intercontinental Ballistic Missile) 공격을 어떻게 막아낼 수 있느냐 하는 문제입니다. 한두 발은 탄도요격미사일(ABM, Anti-Ballistic Missile)로 막아낼 수 있을는지 모르겠지만 백발, 천발의 단위가 되면 사실상 방어가 불가능합니다.”

그레이엄 장군의 말은 실로 놀라운 것이었다. 사실 1945년 제2차 세계대전이 종식된 이후 약 40년 동안 미소 냉전시대는 핵무기 경쟁시대이기도 했다. 1945년 핵무기를 개발한 미국은 군사적으로 독점적 지위를 계속 유지할 수 있을 것으로 생각했지만 소련은 첩보기관을 총동원하여 미국 핵개발에 참여했던 과학자들을 유인했다. 그 결과 1949년 첫 핵실험에 성공할 수 있었다.

소련의 핵실험 성공은 냉전시대 핵무기 개발경쟁의 시작을 알리는 신호탄이었다. 이후 미국과 소련은 경쟁적으로 핵무기를 개발했으며 '대륙간탄도미사일(ICBM)' 개발 이후에는 핵무기를 사용하는 세계대전 발발이 현실화되었다. 이후 누가 먼저 전쟁을 일으키든 세계인류가 공멸할 수 있다는 위기감이 조성되었으며 '공포의 균형'이 냉전시대 내내 이어졌다.

특히 1983년은 '대륙간탄도미사일'을 미국에서 2천145기, 소련에서 5천678기를 보유하고 있어 소련이 군사적으로 우위에 서있던 시기였다. 레이건 대통령은 만약의 경우를 대비해 소련이 핵무기로 선제공격을 하는 것을 어떻게 막을 수 있는가를 신중하게 검토했다. 만약 소련이 '대륙간탄도미사일'로 공격을 시작한다면 이를 방어할 수 있는 방책이 없었던 것이다. 1~2발의 유도탄은 우주에서 격추시킬 수도 있으나 백발, 천발의 유도탄이 연속적으로 미국을 향해 날아온다면 이를 막을 방법은 없었다. 이를 어떻게 방어할 것인가 하는 당면문제를 해결하기 위해 미국의 전략가들은 노력하고 있다는 사실은 나도 알고 있었다.

그레이엄 중장은 바로 그 부분을 이야기하고 있는 것이었다. 통역을 하는 동안 나도 모르게 이마에 땀이 맺혔다. 대화 내용의 무게 때문에 숨소리조차 크게 느껴졌다. 그레이엄 중장은 말을 이어갔다.

"사실 저는 중앙정보국을 떠나서 레이건 대통령의 지원 아래 '하이 프런티어(High Frontier)'라는 사설전략연구소를 개설했습니다. 그런데 천우신조라고나 할까요. 대량의 핵무기 공격도 능히 막아내고 소련의 전략을 백지화할 수 있는 신무기 개발에 착수했고 모의실험에 성공했습니다. 그것은 레이저 광선무기라고 할 수 있습니다. 이 광선무기는 유도탄에 대하여 백발백중입니다. 만약 이 무기가 현실화되면 소련의 핵무기 방어에 신기원이 될 수 있습니다. 이것은 본인이 설립한 하이 프런티어 전략연구소의 개가입니다.”

그레이엄 중장은 여기까지 말한 뒤 숨을 크게 들어 마시고 문선명 선생의 반응을 기다렸다. 나 또한 침묵하면서 ‘단순히 자기 연구소의 성공을 자랑하기 위해 온 것은 아닐 것이다. 분명 중장은 선생에게 바라는 것이 있다.’라는 생각이 들었다. 짧은 순간이었지만 선생의 말씀을 듣기 위해 숨죽이고 있는 그레이엄 중장의 긴장이 그대로 느껴졌다.

문선명 선생은 중장에게 핵심을 정확하게 물으셨다.

“장군! 미국의 운명을 건 중대사인데 어찌 이 문제를 본인에게 가지고 오신 것입니까?”

장군은 대답했다.

“그것이 중요한 대목입니다. 중요한 발명을 했지만 우리 연구소 이름으로 그 결과를 발표할 수 없기 때문입니다. 만약 우리 연구소에서 이런 무기를 개발했다고 발표하는 날에는 아마 저는 그날로 암살당할 것입니다. 소련 KGB가 이런 중요한 문제를 놓치겠습니까? 그들은 연구소 책임자인 저를 암살하는 것이 최상의 해결이라 생각할 겁니다. 아직은 이 전략이 미국의 공식적인 국방정책이 되어 있지 않기 때문입니다. 그래서 저는 이 사안을 레이건 대통령께 보고를 드렸습니다.”

“레이건 대통령에게 보고를 했다.”는 중장의 말을 듣는 순간 나는 온몸이 긴장되었다. 보고를 한 다음 문선명 선생을 찾아왔다는 것은 분명 미국 정부에서 요청하는 역할이 있다는 의미였다. 분위기를 파악했는지 그레이엄 중장은 "레이건 대통령께서는 총재님의 〈워싱턴 타임스〉를 참 고맙게 생각하고 계십니다."라고 말을 이었다.

문선명 선생은 단도직입적으로 이렇게 반문했다.

"그러면 본인이 도와드릴 일이 있다는 말씀입니까?"

장군은 두 주먹에 힘을 주고 이렇게 응답했다.

"예! 총재님, 총재님이 해답을 가지고 계십니다. 권위 있는 언론기관, 예를 들면 〈워싱턴 타임스〉와 같은 명성이 있는 신문이 특종기사(SCOOP)로 발표하면 소련은 속수무책이 될 수밖에 없습니다. 이 신문 배후에는 문 총재님이 계시다는 것을 알기 때문입니다. 이 신무기의 기밀은 아무도 모릅니다. 만약 이 방어무기가 미국의 공식적인 국방전략이 되면 소련은 방어대책이 없어집니다."

"그러면 이 새로운 발명이 미국과 세계의 운명을 구할 수도 있다는 말씀입니까?"

"예! 바로 그것입니다."

그레이엄 중장의 대답에 문선명 선생은 너무나 기쁜 표정으로 밝게 미소를 지었다. 암살위협에 시달릴 수 있는 상황인데 그런 걱정은 안중에도 없는 것 같았다. 선생은 오직 하나님께서 주신 사명만 생각하는 분이기에 이번에도 그 부분만을 생각하리라. 그 생각이 끝나기도 전에 "본인은 이 신문사는 물론 내 재산과 생명까지라도 바쳐 미국과 세계를 구하고 싶은 사람입니다."라고 선생이 말했다.

"물론 저는 총재님이 어떤 분인지 너무 잘 알고 있습니다. 그렇지 않고서야 제가 어찌 오늘 여기 올 수 있었겠습니까? 총재님의 말씀을 들으니 제가 죽었다가 다시 살아난 것 같은 기분입니다."라고 그레이엄 중장이 말했다.

"그러면 이제 어디서부터 출발을 해야 할까요?"

"내일 기자 두 사람을 이 전화번호로 연락하게 하십시오."

"그레이엄 장군, 당신은 애국자 중의 애국자입니다."

"아니요, 그것은 너무 과찬의 말씀입니다. 저는 미국의 종입니다. 문선명 총재님을 만나지 못했더라면 이 일을 어떻게 했겠습니까? 저는 총재님을 만나러 올 때 거절하시는 것은 아닌가 하여 등에서 식은땀이 났습니다."

"걱정하지 마십시오. 나는 이 일을 지원하게 되어 너무 기쁩니다. 하나님의 가호가 당신과 레이건 대통령의 머리 위에 있을 것입니다."

회담은 화기애애한 분위기에서 성공적으로 끝났다. 그로부터 일주일이 지났다. 세상은 감사하게도 조용했다. 회담이 있은 지 8일째 되는 날, 〈워싱턴 타임스〉는 특종기사의 포문을 열었다. 이와 같은 특종에 미국은 물론 세계가 깜짝 놀랐다. 그레이엄 장군은 대서특필된 SDI 관련기사를 보고 감동을 받아 눈물을 흘렸다고 한다. 특종기사를 접한 백악관 또한 축제분위기였다.

사실 그레이엄 장군이 설명한 '광선무기'는 아직 개발 초기단계에 있었다. 절대적인 파괴력을 가진 레이저 사출장치 하나가 개별적인 목표를 가진 10만 개의 광선을 발생시켜 고속 미사일 1천 개 이상을 파괴할 수 있는 완전한 레이저 무기를 개발하기 위해서는 천문학적인 예산이 투입되어야 한다. 그러나 개발만 된다면 가공할 위력을 발휘할 수 있는 것이다. 레이저 광선의 속도는 1초에 7만5천 킬로미터, 즉 지구를 7바퀴 반이나 돌 수 있다. 소련의 탄도미사일(ICBM)이 소련 기지에서 미국의 상공에 도달하려면 최소한 30분 정도 걸리는데 그 시간 동안 레이저 광선은 종횡무진 우주에서 날아오는 탄도미사일을 모두 격파할 수 있다. 레이저 광선무기에게 30분은 너무 긴 시간이다. 1천 발이 날아오든 2천 발이 날아오든 5분이면 격파가 끝난다.

광속으로 움직이는 레이저 광선무기로 우주에서 핵무기를 파괴할 수 있는 것이다. 그것은 큰 축제가 열릴 때 불꽃놀이를 하는 것과 같다. 우주에서 열리는 불꽃축제와 같은 것이다. 국력을 기울여 핵무기를 개발해온 소련의 군사전략을 한순간에 무위로 돌릴 수 있는 발명이라 할 수 있었다.

사실 그동안 미국은 물론 전 세계는 핵무기의 공포에 시달려 왔다. 1983년 당시 전 세계에 배치된 핵무기는 이미 6천 개를 넘어서고 있었다. 이것은 히로시마를 백만 번 넘게 파괴할 수 있는 파괴력을 가지고 있었다. 핵무기로 인해 인류가 종말을 맞을 수 있다는 공포는 극심한 스트레스를 주었다. 핵무기를 개발하지 않는다고 하더라도 이미 개발한 핵무기가 너무 많았다. 미국인들은 매일 밤 핵무기의 악몽에 시달리고 있었다.

SDI 광선무기가 현실화되면 더 이상 핵무기의 악몽에 시달리지 않아도 된다. 미국이 핵무기를 막을 수 있는 핵우산을 만드는데 성공한다면 다른 나라도 방어를 위한 광선무기를 갖추어 핵무기 공포에서 벗어날 수 있을 것이다.

그레이엄 장군이 이 계획을 레이건 대통령에게 보고했을 때 대통령은 두 손을 들고 환영했다. 핵무기의 악몽에서 미국은 물론 세계를 구할 수 있었기 때문이다. 그의 얼굴에는 행복과 기쁨의 미소가 가득했으며 오랜 걱정에서 벗어난 안도감으로 흥분해 있었다. 그날부터 레이건 대통령은 SDI를 통해 궁극적으로 소련을 굴복시킬 수 있는 전략을 뚜렷이 세웠다.

그러나 처음에 이런 계획이 알려지자 레이저 빔으로 소련에서 날아오는 핵미사일을 파괴한다는 구상은 공상과학영화와 같은 비현실적 계획이라는 여론이 많았다. 심지어 어떤 언론에서는 레이건 대통령이 예전에 영화배우였던 경력을 들어 할리우드가 만들어낸 황당한 발상이라고까지 비난했다.

〈워싱턴 타임스〉는 이러한 여론에 굴하지 않고 SDI 프로젝트가 어떤 단계까지 실험에 성공했는가를 구체적으로 보도하여 현실적으로 실현 가능한 구상이라는 것을 부각시켰다. 또 핵무기의 공포에서 인류를 구할 수 있다는 점을 중심으로 미래평화를 위한 진정한 대안이라는 것을 강조했다. 진실을 알게 된 미국 국민들은 SDI 구상에 박수갈채를 보냈다. 미국의 영공에 한 발의 소련 유도탄도미사일도 용납하지 않겠다는 전략이었기 때문이다. 이러한 방어전략은 그 당시 인기를 모았던 영화 '스타워즈'에 나오는 우주병기의 이름을 따서 '스타워즈'라고 불리기도 했다.

이후 SDI 전략계획은 〈워싱턴 타임스〉의 전폭적인 지원에 힘입어 국회의 예산승인을 얻으며 승승장구 전진했다. 드디어 1983년 3월 23일

레이건 대통령은 백악관에서 특별방송을 통해 SDI의 존재를 세계에 알리고 세계인들의 박수갈채를 받았다. 레이건 대통령은 그 직후 그레이엄 장군을 통해 문선명 선생에게 심심한 감사와 기쁨을 전달해왔다.

문선명 선생이 가장 기뻐한 것은 소련이 가진 수천 발의 원자탄을 모두 속수무책으로 만든 것이었다. 물론 대니얼 그레이엄 장군은 "원하시면 소련도 SDI계획을 추진하도록 하십시오. 이것은 남을 공격할 수 없는 순수한 방어형 무기입니다. 공격에는 무용지물인 무기입니다."라고 말했다. 그러나 소련은 SDI개발에 소요되는 막대한 비용을 부담할 수 없었다. 설령 개발한다고 하더라도 미국이 선제공격을 하지 않는 한 아무 쓸모없는 계획이 되고 마는 것이었다. 이미 소련의 경제는 파산직전에 있었기에 직접적으로 대항할 수 있는 방법이 없었다.

결국 소련은 근본적인 정책의 변화를 모색했다. 대결을 지양하고 상호공존 하는 정책으로 외교전략을 전환하기 시작했다. 무기의 경쟁이 아닌 평화공존의 전략, 즉 페레스트로이카(perestroika, 개방)와 글라스노스트(Glasnost, 개혁) 쪽으로 전환할 수밖에 없었던 것이다.

오늘날 많은 역사가들은 SDI전략이 소련의 멸망을 촉진시켰다는 주장에 동의한다. SDI전략이 미국 국방정책으로 채택된 이후 미국이 미소 정상회담을 주도했기 때문이다.

일례로 1986년 10월 아이슬란드 레이캬비크에서 미소 정상회담이 열렸을 때였다. 중거리 미사일을 제한하는 쌍방합의를 도출해내기 위한 정상회담이었다. 두 정상은 전략핵무기 50퍼센트 감축 등 상당부분 합의를 이뤘지만, 미국이 추진하던 전략방어계획(SDI) 때문에 막판에 회담이 결렬되었다. 고르바초프는 우주에서 탄도미사일을 격추하는 SDI 폐기를 요구했지만, 레이건은 받아들이지 않았다. 당시 회담에서 소련의 정상급 지도자들은 SDI라는 말만 들어도 즉시 얼굴을 좌우로 흔들었다. SDI만은 안 된다는 입장이었다. 결국 이 정상회담에서 모든 합의사항이 결렬되고 말았다.

이후에도 레이건 대통령은 정상회의마다 SDI를 자랑스럽게 등장시켰다. 그럴 때마다 소련은 이를 거부하고 회담은 결렬되고 말았다. 회담의 결렬은 소련을 압박했고 전략적 방향을 선회하도록 유도했다. 미국이 핵무기를 막을 수 있는 핵우산을 개발하는데, 소련은 아무 대책을 세울 수 없었기 때문이다. 결국 소련은 굴욕적인 개방을 하였다.

소련 역사 연구로 저명한 마틴 메이리아 교수는 《소비에트의 비극》에서 "소련에게 제일 큰 문제는 경제의 쇠퇴였다. 이 때문에 미국의 방위력 증강, 특히 SDI의 기술적 비약에 대항할 가능성이 전혀 없었다. SDI가 실제로 소련의 탄도미사일을 방어할 수 있는가 여부는 큰 문제가 아니었다. 그보다 더 중요한 것은 SDI를 무시할 수도, 대항할 수도 없는 기술적·경제적 도전에 직면한 소련의 상황이었다. 소련은 속수무책이었다. 이러한 도전을 피하는 오직 하나의 방법은 대결이 아닌 화해였다. 소련 군사관계자나 정치분석가는 소련이 군비경쟁, 특히 SDI에 관하여 절반도 따라갈 수 없었던 것이 '페레스트로이카'의 강력한 방아쇠가 되었다는 점에서 대개 의견이 일치하고 있다."고 서술하고 있다.

일반적으로 SDI전략이 소련을 압박하고 변화시켰으며 이런 전략을 선택한 미국이 공산주의 종주국 소련을 멸망시켰다고 생각한다. 그들은 상황의 표면만 보고 판단한 것이다. 누구보다 상황을 정확하게 알고 있는 대니얼 그레이엄 장군의 생각은 조금 다르다. 그는 SDI가 완벽히 성공한 후 나를 오찬에 초대하여 "오늘 SDI의 성공은 문선명 총재님 덕분이다. 문 총재님과 〈워싱턴 타임스〉가 없었더라면 이는 불가능한 작업이었다. 그리고 어쩌면 나는 벌써 죽었을지도 모른다. 그만큼 SDI는 폭발적 위력을 가지고 있었다. 아무도 다치지 않고 성공적으로 SDI에 관한 정책이 입안될 수 있었던 것은 모두 문선명 총재님 덕분이다."라고 진심으로 감사의 마음을 전했다. SDI전략을 적극적으로 지원하여 소련을 변화시킨 것은 문선명 선생이었던 것이다.

제2부

문선명-고르바초프 만남

소련을 사랑으로 품고, 사상으로 이기다

5년 이내 소련제국 붕괴 예언

1976년 '위 머스트 고 투 모스크(We must go to Moscow)!'를 외친 후 문선명 선생이 걸어온 길은 지속적으로 소련을 압박해 공산주의 체제를 포기하게 하고 개방시키는 것이었다. 이후 소련을 방문하여 고르바초프와 단독회담을 할 때까지 14년의 기간은, 어렵고 힘든 길이었고 평범한 사람들이 이해할 수 없는 파격의 연속이기도 했다.

종교의 자유를 위해 댄버리 감옥에 수감되기도, 막대한 자금이 소요되는 〈워싱턴 타임스〉를 창간하기도 했다. 1985년 8월, 문선명 선생은 또 한번 세계가 놀랄 선언을 한다. 바로 '공산주의의 종언'을 선언한 것이다.

선생이 창설한 세계평화교수협의회(PWPA)의 제2차 국제회의가 스위스 제네바에서 개최될 예정이었다. 선생은 이 국제회의의 주제를 '소련 공산제국의 종언'으로 할 것을 제안했다. 국제회의 의장인 몰튼 카플란(Molton A. Kaplan) 박사는 주제를 듣고 깜짝 놀랐다.

카플란 박사는 시카고대학 정치외교학과 교수이자 전략연구센터 소장을 역임한 국제정치학의 권위자였다. 그는 정치학자로서 '소련 공산제국의 붕괴'라는 주제로 세미나를 여는 것은 불가능하다고 생각했다. 그도 그럴 것이 당시 소련은 경제적으로 어려움에 봉착해 있기는 했으나, 정치적으로는 여전히 공산세계의 종주국으로서 막강한 영향력을 행사하고 있었다. 공산세력은 팽창일로에 있었으며 세계적화의 물결 또한 거침없었다.

오히려 자유세계는 적화의 물결을 막기 위해 절치부심했다. 젊은 세대들이 좌경화되고 있었기 때문이다. 이런 상황에서 누가 감히 소련 공산제국의 몰락을 말할 수 있을 것인가? 만에 하나 그럴 가능성이 있다고 해도 학자들의 학문적 연구는 철저한 분석을 토대로 이뤄져야 해서 섣부른 예언을 할 수는 없었다.

다급해진 카플란 박사는 문선명 선생을 만나기 위해 댄버리 형무소를 찾아왔다. 그리고 국제회의 주제를 바꿔줄 것을 요청했다. 세계평화교수협의회의 시드니 후크(Sydney Hook)와 로버트 콘퀘스트(George Robert Acworth Conquest)같은 저명한 학자들이 카플란 박사에게 회의주제를 거듭 바꿔야 한다고 요구한 것도 설명했다. 물론 선생은 요지부동, 뜻을 접지 않았다.

그러자 학자는 예언자가 아니기 때문에 '소련 공산제국의 종언'이라는 단정적이고 예언적인 표현보다는 '소련 공산제국의 종언 가능성'이라

선생은 공산주의와 마찬가지로 민주주의도 근본적인 약점이 있다고 지적, 하나님 중심사상을 가져야 한다고 주장하였다.

고 하여 '어쩌면(maybe)'으로 표현하는 것이 좋겠다고 제안했다. 그러나 선생은 단호히 '가능성'이 아니라 명약관화한 사실로 발표해야 한다고 다시 한번 강조했다.

"이것은 역사의 정해진 귀결입니다. 이것을 믿지 못한다면 아예 의장직을 내놓으십시오. 나는 하나님의 뜻을 전하는 것입니다."

결국 카플란 박사는 반신반의하면서도 문선명 선생의 뜻을 따르기로 했다. 그동안 선생이 일으킨 기적과 같은 변화를 알고 있었기 때문에 소련 멸망은 믿을 수 없었지만 선생을 믿고 따르기로 한 것이다. 더구나 선생은 한 번도 세계평화교수협의회 세계회의의 주제나 세부사항에 대해 직접 관여한 적이 없었기 때문에 이번의 일이 특별하다는 것을 박사도 느낄 수 있었다.

결국 박사는 예정대로 소련 공산제국이 향후 5년 내에 종언을 고하여 냉전체제가 종식될 것을 예견하기 위해 스위스 제네바로 갔다. 그런데 국제회의가 열릴 호텔에 도착해보니 건너편에 소련대사관이 있었다. 제네바는 중립 지역이었기 때문에 소련대사관이 활발한 활동을 하고 있었던 것이다. 게다가 그 대사관은 유럽의 모든 대사관 중에 제일 큰 대사관이어서 막강한 위용을 자랑하고 있었다. 그런 소련대사관을 보니 더욱 자신이 없어지고 위축되었다. 혹시 소련 스파이가 국제회의 내용을 듣고 출국하기 전에 자신을 해치는 것은 아닌지 무서운 생각까지 들었다. 그러나 단호한 얼굴로 자신을 바라보던 문선명 선생과 자애로운 미소로 응원하던 한학자 여사를 생각하며 국제회의를 무사히 마칠 수 있었다고 한다.

카플란 박사는 "사실은 1983년 한국에서 PWPA 1차 국제회의가 열렸을 때 문선명 선생은 세계에서 온 학자들을 앞에 두고 예언적이라 할 수 있는 강연을 하셨다. 선생은 '소련 체제는 3년 이내에 흔들리고 7년을 넘기지 못한다.'고 하셨는데 그 말씀은 솔직히 너무 대담하다고 느꼈다."고 회상했다. "1985년 제2차 국제회의에서는 내가 공동의장을 맡아 학자들이 생각할 수 없는 소련제국의 붕괴를 선언했다. 솔직히 나는 소련제국이 멸망하려면 적어도 10년 이상 걸릴 것으로 생각했다. 그러나 선생의 뜻을 따라 5년 이내에 멸망한다고 발표했다. 그런데 그 후, 정말 수년을 기다리지 않고 소련의 붕괴가 가시화되었다. 나는 문선명 선생의 선견지명에 다시 한번 놀라지 않을 수 없었다. 만약 그때 선생의 뜻을 따르지 않았다면 나는 역사적으로 과오를 남겼을 것이다."라고 덧붙였다.

그의 말처럼, 곧 소련은 균열을 일으켜서 쇠퇴의 길로 접어들었다. 선생의 예언처럼 1989년 11월 9일 동독의 동베를린 국경 50여 개 초소가 차례로 개방되면서 28년 만에 냉전의 상징인 베를린 장벽이 무너졌다. 또한 1991년 12월에는 1922년부터 존속해오던 거대한 공산국가권인 소비에트연방의 해체가 선언되기에 이르렀다.

카플란 박사는 후에 문선명 선생에 대해 "저는 지난 25년 이상 국제과학통일회의, 세계평화교수아카데미, 월간지 《세계와 나(World and I)》 등과 같은 몇몇 활동들에 참여하면서 문선명 선생과 긴밀하게 연결되어 있었습니다. 선생이 평화를 위해 했던 가장 위대한 공헌은 그가 행한 어느 특정한 분야에 국한되는 것이 아니라 그의 내면에 자리 잡고 있는 심정입니다. 문선명 선생과 같이 일하면서 선생에 대한 생각이 변화되었고, 이를 통해 나는 선생이 진정 어떤 분인지 알게 됐습니다. 그는 너무나 크고 놀라운 심정의 소유자입니다. 그 심정으로 모든 인류를 사랑합니다. 그 심정은 너무나 커서 그에게 상처를 준 이들까지도 사랑할 수 있습니다. 그 심정으로 선생은 매일 하루에 3시간만 자고 21시간 동안 보다 나은 세상을 만들기 위해 활동하고 있습니다."라고 증언하기도 했다.

여러 경험을 통해 카플란 박사는 문선명 선생의 진의를 잘 이해하고 있었다. 그의 말처럼 선생은 소련을 사랑하는 심정으로 공산주의 체제를 종식하고 소련이 진정한 자유와 행복을 누리기를 소망했던 것이다.

고르바초프의 등장

문선명 선생은 어떻게 소련의 변화를 예언할 수 있었을까? 1976년 선생이 "다음 대회는 모스크바에서 한다."고 선언하기 전부터 소련의 지각변동이 내부에서부터 일어날 것을 아셨다고 생각한다. 14년 동안 소련에서 일어난 변화는 지각변동이라고 할 만큼 상상할 수 없는 것이었다.

그도 그럴 것이 동서냉전은 1970년대부터 1980년대 전반까지 10년 동안 절정에 있었다. 동서냉전은 용어는 '냉전'이었지만 사실은 총소리만 없는 열전이었다. 여기저기서 국지전과 대리전이 발발하며 동서의 뜨거운 힘겨루기가 이어졌다. 당시 소련의 핵심권력자였던 브레즈네프 서기장(재직 1964~82년, 1977년부터 최고회의간부회의장 겸임)의 뚜렷한 의지는 세계적화라는 투쟁목표에 집중되었다. 그는 소위 '브레즈네프 독트린'을 선언하고, 그것을 세계적화의 기본전략으로 삼았다.

1990년 4월 11일, 크렘린궁에 초대된 세계평화언론인협회 창시자인 문선명 선생과 고르바초프 대통령이 악수하고 있다.

'브레즈네프 독트린'은 어느 국가든지 일단 사회주의(공산주의)국가가 되면 그 나라는 자의로 소련의 영향권을 벗어날 수 없으며, 공산진영은 공산주의의 전파(혁명의 수출)를 적극 지원한다는 원칙을 고수했다. 즉 어느 나라든 한번 적화되면 그 나라는 소련의 예속 하에 들어간다는 것이다. 공산제국은 소련의 철권 밑에 있어야 하며 만일 자의로 공산권을 이탈하려 하면 소련 군사력의 제재를 받는다.

'브레즈네프 독트린'의 전형적인 사례가 체코슬로바키아에서 일어난 '프라하의 봄' 사건이다. 1968년 알렉산드르 둡체크 공산당 제1서기가 '인간의 얼굴을 한 사회주의'의 슬로건을 내걸고 언론사상의 자유, 복수 정당제 등의 개혁을 추진하여 광범위한 대중의 지지를 얻었다. 이에 위기감을 느낀 소련은 바르샤바조약기구를 동원해 체코 국정에 개입, 자유를 구하는 국민운동을 완전히 압살시켰다. 그리고 1989년까지 체코를 점령했다. 이렇게 무자비한 '브레즈네프 독트린'은 다른 공산제국을 두려움과 공포에 떨게 했다.

브레즈네프 이전에도 동유럽에서는 1956년 헝가리 혁명과 같이 자유를 원하는 움직임이 있었다. 헝가리는 일찍이 소련의 내정간섭으로부터 벗어나고자 했으며, 공산당 일당독재의 문제를 인식하고 자유화 정책을 추진하려고 했다. 그러나 소련은 헝가리의 탈소 움직임을 포착하고 군사력을 동원해 헝가리 국민을 사살하고, 개혁을 주도한 너지 임레(Nagy Imre) 정권을 말살시켰다. 자유를 꿈꿨던 너지는 처형당하고 3천여 명의 국민이 사망했으며 20여만 명이 헝가리를 떠나 망명자 신세가 되었다.

브레즈네프 시절의 소련은 공산제국의 영토를 더욱 확장하여 오대양 육대주에 손을 안 뻗친 곳이 없었다. 세계 곳곳에서 혁명의 붉은 불길이 일어났다. 그리고 여러 나라들이 공산주의의 마수에 쓰러졌다. 소련제국의 판도는 나날이 달라지고 세계지도는 날마다 다시 그려져야만 했다. 세계는 나날이 붉게 물들어갔다.

반면 미국은 월남전에서 고배를 마시고 후퇴함으로써, 베트남·캄보디아·라오스 일대가 공산소련 지배하에 들어갔다. 이 시기는 소련의 전승(全勝)기라 해도 과언이 아니었다. 세계적화의 목표가 눈에 보이기 시작한 시기였다. 의기양양해진 소련은 자유세계의 맹주 미국을 비웃듯이 정규군을 15만 명이나 보내 아프가니스탄을 침공했다. 소련은 너무나 자신만만하고 위세당당 했다.

그런데 1980년대에 들어서면서부터 소련의 운세도 크게 달라지기 시작한다. 소련의 붉은 판도가 커지면 커질수록 소련의 경제력은 위협을 받기 시작했다. 한 나라를 집어삼키면 그만큼 소련종주국의 부담은 커졌다. 소련은 동맹국 쿠바를 위해서 하루 평균 100만 달러씩을 지원해야 했다. 아프리카의 앙골라로부터 시작하여 남미대륙의 니카라과에 이르기까지, 북한·베트남으로부터 시작하여 아프가니스탄에 이르기까지 판도가 넓어졌지만, 소련의 경제력으로는 도저히 이를 감당할 수가 없었다.

소련의 국내경제는 정체되었고 극한적인 상황으로 악화되었다. 그러나 미국과의 군비경쟁에서 절대 우위를 차지하던 소련은 경제적 악화에도 불구하고 핵탄두를 탑재한 대륙간탄도미사일(ICBM) 생산에 남은 자금을 투입하려고 노력했다. 세계적화의 야망을 가진 브레즈네프의 마음은 점점 초조해지기 시작했다. 브레즈네프 구상의 최종목표는 1980년대까지 미국을 적화하는 것이었다. 소련으로서는 미국을 적화하면 승부가 끝난다고 생각했기 때문이다. 그래서 소련의 전략은 어떻게 미국을 적화하느냐 하는 부분에 집약되어 있었다.

미국을 압도적인 핵무기의 힘으로 위협하고 세계 각지에 분쟁을 조장하여 미국을 소모전으로 약화시키는 전략이었다. 미국 내부적으로는 사상전을 대대적으로 펼쳐 여론을 교란시키고 소련을 과대평가해 미국이 더 이상 싸우기를 포기하고 손들게 하려는 작전이었다. 그러기 위해서는 대세를 결정지어줄 핵무기를 미국의 2배, 3배로 가져야 했다. 어려운 경제사정에서도 1980년 초까지는 모두가 브레즈네프의 청사진대로 진행되는 듯했다. 소련의 중추지도부는 그때까지도 회심의 미소를 지을 여유가 있었다.

그런데 미국에 레이건 대통령이 당선되면서 예기치 않은 상황이 시작됐다. '레이건 당선'은 소련의 시나리오에 없는 일이었다. 브레즈네프는 카터 대통령의 재선을 예상했다. 레이건은 공산주의의 전략을 너무도 잘 알고 있는 인물이었으며, 용공이 아닌 반공을 철학으로 가지고 있었다.

레이건 정권의 시작과 더불어 미국 국민의 사기는 일신했다. 미국의 경제는 '레이거노믹스' 정책으로 호황을 되찾았다. 또 레이건은 선거공약대로 군사력의 재건에 열을 쏟아 미국의 국방력은 활성화됐다.

그리고 드디어 소련에 치명타를 가하는 날이 왔다. 1983년 3월 23일, 앞에서 설명했던 전략방어계획(SDI)이 미국의 공식적인 국방정책으로 선언되었다. SDI는 그동안 소련이 필사적으로 우위를 점하려고 펼쳐왔던 핵무기 증강노력을 하루아침에 수포로 만드는 파괴력을 가지고 있었다. SDI는 북미대륙에 '핵우산'을 씌운 것과 같았다. 이것이 실현되면 소련이 핵탄두를 탑재한 대륙간탄도미사일을 아무리 많이 가지고 있어도 아무 소용이 없었다. 소련 지도층은 눈앞이 캄캄해졌다.

SDI구상을 접한 소련당국의 당황스러움은 이루 형용할 수가 없었다. 당시 소련의 악명 높은 KGB(국가보안위원회) 의장이었던 안드로포프는 미국에서 SDI에 대한 여론이 좋아지자 마지막으로 KGB의 전력을 다해 미국의 SDI정책화를 저지하려고 노력했다. 당 서기장으로 취임한 뒤에도 집요하게 레이건 정권을 방해하는 공작을 하고 미국여론을 교란시키는데 여념이 없었다.

그러나 그들의 어떠한 노력에도 결과는 모두 수포로 돌아갔다. 문선명 선생이 있었기 때문이다. SDI를 저지하지 못하자 소련의 미국 적화계획은 차질을 빚었다. 미국을 적화시키지 못하면, 아니 미국을 소련 앞에 굴복시키지 못하면 소련의 세계적화 야욕은 결국 물거품이 되어 사라질 신세였다.

미국 정부가 대소전략에서 대대적인 공세로 나간 이 시기에 소련은 국내 경제뿐만 아니라 정치체제에서도 문제가 노출됐다. 원인은 계속 이어지는 최고 권력자의 죽음이었다. 우선 1982년 세계적화전략을 주도했던 브레즈네프 서기장이 사망했다. 그 뒤를 이어 68세의 안드로포프가 서기장이 되었으나 그 또한 단 1년 집권을 못 넘기고 사망했다. 그 뒤 서기장이 된 72세의 체르넨코도 역시 노약해서 불과 13개월 만에 죽었다.

최고 권력자의 연이은 죽음은 젊은 지도자에 대한 희망으로 이어져 세대교체의 열망이 무르익어갔다. 세대교체를 갈망하는 기운이 고조되면서 소련공산당 중앙위원회 정치국원 가운데 가장 어린 연배였던 고르바초프에게 기회가 주어졌다. 1985년 3월, 54세의 젊은 나이에 고르바초프는 소련의 최고통치자가 되었다. 정치국 안에는 그의 선배들이 많이 있었지만 모두 노약하여 앞서간 안드로포프·체르넨코의 전철을 밟지 않기 위해 가장 젊고 건강한 고르바초프를 택했다.

고르바초프는 1931년 소련 스타브로폴에서 평범한 농민의 아들로 태어났다. 1946년 콤소몰(공산주의 청년동맹)에 가입한 후 능력을 인정받아 1952년 모스크바 대학교에 입학했다. 대학졸업 후 고향 스타브로폴로 돌아가 마르크스주의와 레닌주의를 현실적으로 실천하면서 고향의 인민을 위해 봉사하고자 했다. 특히 제2차 세계대전 후 황폐화된 소련의 농촌을 재건하는데 적극적이었다.

당시 젊은 공산당원들은 근본적으로 스탈린 체제에 대해 반감을 가지고 있었다. 당 간부가 지배층이 되어 인민들을 지도하는 체제는 문제가 많다고 생각했다. 스탈린 독재체제 아래에서 당 간부들은 점점 부정부패에 물들어가고 있었기 때문이다. 대학에서 공산주의 체제의 이상에 대해 공부한 젊은 지식인들은 스탈린체제가 인민을 위한 정치체제로 개혁되어야 한다고 생각했다.

고르바초프 또한 예외는 아니었다. 그러나 고르바초프는 모스크바로 돌아와 공산당간부가 되었을 때 개혁적이고 진보적인 성향을 감추고 보수적인 고위간부들 앞에서 매우 신중하게 행동했다. 안드로포프는 이런 고르바초프의 모습을 높이 평가, 1971년 당 중앙위원회 위원으로 전격 발탁했다. 이후 1978년에는 농업담당 당서기, 1980년에는 정치국원으로 선출되었다. 그는 공산당원으로서 매우 활동적인 모습을 보였고, 곧 소련 공산당 정치국 내에서 가장 영향력 있는 인사 중 하나로 급부상했다. 당시 유리 안드로포프에 이어 콘스탄틴 체르넨코가 노환으로 사망하자, 그는 1985년 3월 15일 소련 공산당의 서기장에 선출되었다.

고르바초프는 당 서기장 취임 후, 레닌 이후 탄생한 소련의 지식인이자 젊은 당원으로서 자기 정체성을 드러냈다. 1985년 4월에 열린 공산당 중앙위원회 총회에서 1970년대 나타난 교조주의, 경제성장의 지연, 민주주의의 제한, 명령행정체제의 경직성 등으로 사회경제적 구조가 위기에 직면했다고 분석했다. 그러면서 사회경제 발전을 가속화하기 위해서는 소련 사회주의 사회를 근본적으로 개혁해야 한다는 구상을 밝혔다. 이후 1986년 2월 공산당대회에서 공식적으로 이러한 개혁을 펼치기 위해 페레스트로이카라는 정치개혁과 글라스노스트라는 경제개방을 펼치기 시작했다. 그는 서방측에 유화적인 태도를 보였으며 당시 미국 대통령이었던 로널드 레이건과 영국 수상 마거릿 대처와 만나기도 했다.

고르바초프의 정치적 지향뿐만 아니라 당시 소련의 현실 또한 개혁을 선택할 수밖에 없었다. 고르바초프가 당 서기장으로 취임할 때 소련은 경제적으로 심각한 위기상황이었다. 대외 정치의 초강대국으로 세계에 군림했지만 내정은 심각하고 절박했다. 소련 국민경제는 파탄에 이르렀고 국민의 사기는 최악으로 떨어져 있었다. 공산당의 지도력은 저하되고, 정부와 관료기구의 부패는 극에 달했다. 세계적화라는 목표는 이미 불가능한 꿈과 같았다. 이러한 현실은 고르바초프를 개혁으로 인도했다. 결국 그는 세계적화의 야욕을 폐기하고 미소 공존과 군축노

선을 걸었다.

위기의 국내 경제를 재건하고 소련 사회를 활성화시키기 위해서는 군사비를 삭감하고 동서체제의 공존, 더 엄밀하게 말한다면 미소 공존의 길을 선택해야 했다. 그는 소련이 처한 위기를 타개하기 위해서는 서방의 지원이 필수적이라고 생각했다.

정권출범 초기에 고르바초프는 공산주의 체제를 포기할 생각까지는 하지 않았다. 군축과 미소공존을 추진하면서 국내 체제를 재건해 다시 초강대국 소련이 되려는 구상을 가지고 있었다. 그러나 공산주의 범위 안에서의 부분적인 개혁으로는 이러지도 저러지도 못하게 되고 차츰 공산주의체제 그 자체의 변혁, 마르크스 레닌주의의 실질적인 부정('실질적인 부정'이란 마르크스 레닌주의의 간판은 내리지는 않지만 실제로는 시장경제와 민주주의의 도입 등 비공산주의적인 정책을 쓴다는 뜻, 중국이 대표적인 예)으로 나아갔다.

고르바초프 서기장은 국내 정책에서는 1986년에 우선 '글라스노스트'라 칭하는 개방정책을 제시했다. 그러나 서방국가에서는 이러한 개방정책을 그 누구도 신용하지 않았다. 모두가 소련이 서방을 기만하여 세계를 적화하려는 위장정책으로만 생각했다. 그러나 차츰 고르바초프의 천부적인 인간성과 외교력이 유감없이 발휘되었다. 고르바초프는 신뢰감을 주는 외모를 가지고 있었으며 대외적으로도 성실성과 설득력, 외교력이 있었다. 그는 점점 서방사회의 주목을 끌고 신임을 받기 시작했다.

고르바초프 서기장은 개혁을 향해 한 걸음씩 거보를 내디뎠다. 이러한 개혁정치는 당시 경직된 소련사회 안에서는 일종의 대혁명이 아닐 수 없었다. 일반적으로 혁명은 군사혁명으로 군이 개입되는 경우가 많다. 이러한 혁명의 원동력은 수뇌부가 아니라 하급 장교, 대개 젊은 열혈청년 장교들이 불의와 부패를 개혁하고자 일으키는 법이다. 그러나 소련의 활로를 개척하려는 이 혁명은 군부도 아니고, KGB도 아닌, 정치 최고위층인 공산당 서기장으로부터 시작된 것이었다.

문선명 선생은 일찍이 소련이 붕괴하는 길은 3가지가 있다고 했다. 첫째는 군사혁명이 일어나서 그 연방정부를 전복하는 길이요, 둘째는 궁지에 몰린 소련이 최후의 수단으로 제3차대전을 일으키며 핵전쟁으로 확대되어 소련은 물론 전 세계 인류가 멸망하는 길이며, 셋째는 소련 최상부 지도부에서 혁신·개혁을 일으켜 '자유의 바람'을 받아들이면 궁극에 가서 공산주의가 소멸하는 길이다. 그중에서 세 번째 길인 내부에서 개혁이 일어나는 것이 가장 바람직한 붕괴의 방법이 될 것이라고 하면서 하늘은 소련이 세 번째 길로 갈 수 있도록 인도할 것이라 말했다.

이 예언은 정확히 적중했다. 하늘은 세계 인류의 멸망을 원치 않으셨기에 소련에 용기있는 젊은 지도자를 내시어 '신소련혁명'을 점화케 한 것이다. 그가 다름 아닌 고르바초프 서기장이었다.

문선명 선생의 소련해방 전략은 어디까지나 '연착륙(soft landing)'이었다. 피를 보아서는 안 된다는 것이다. 핵전쟁만은 어떠한 상황 속에서도 피해야 된다고 말씀했다. 이것은 하늘의 뜻이요, 지상명령이었다. 그리고 지금 돌이켜보면 바로 하늘의 뜻이 이루어진 것이다.

소련해방을 위한 숨은 공헌

문선명 선생은 공산주의 종주국인 소련의 해방을 위해 많은 노력을 했다. 특히 앞에서 제시한 것처럼 소련이 세계적화 야욕을 억제하고 개방정책을 선택하도록 하는데 결정적인 기여를 했다. 선생은 이를 위해 때로는 소련을 제지했지만 동시에 지원하는데도 앞장섰다.

'달리는 말 앞에 당근 매단다.'는 격언이 있다. 선생은 고르바초프 서기장이 한 눈 팔지 않고 곧바로 앞만 보고 개혁정책을 추진할 수 있도록 많은 지원을 했다. 경제개혁·정치개혁·군비감축의 길로 가다보면 자연히 공산주의를 버리게 될 것이었기 때문이다. 선생은 이를 더욱 가속화하기 위해 미국을 비롯한 서방국가의 지원을 독려했다. 이것은 경제적으로 회생 불가능의 상태에 빠진 소련이 공산주의의 늪에서 자발적으로 헤어날 수 있도록 유도하는 최고의 전략이었다.

사실 미국 내에서는 고르바초프가 주도하는 개혁의 진의를 믿지 못하는 보수 세력의 목소리가 높았다. 그동안 레닌과 스탈린 등이 표면적으로는 평화와 공존을 말하면서 실질적으로 세계적화를 주도하는 기만적인 정책을 펼쳐왔기 때문이다. 미국과 소련 사이는 그만큼 불신의 벽이 두껍게 존재하고 있었다.

특히 1989년 1월, 부시 대통령이 취임한 이후 고르바초프 개혁에 대한 입장은 둘로 갈라졌다. 고르바초프 개혁을 레닌식 기만정책으로 단정하는 국가안보담당 스코크로프트(Scowcroft) 대통령특별보좌관 측의 반대의견과, 고르바초프 개혁을 진정한 개혁이라 주장하는 제임스 베이커(James Baker) 국무장관 측의 찬성의견이었다. 부시 정부는 양측의 팽팽한 의견대립으로 명확한 입장을 채택하지 못하고 있었다.

이때 문선명 선생은 부시 대통령에게 지혜로운 해답을 주었다. 선생은 "어느 쪽도 믿을 필요 없다. 고르바초프 앞에 당근을 달아라. 그리고 개혁의 진실도를 재는 잣대를 명백히 설정하라."고 기조를 〈워싱턴 타임스〉를 통해 강조했다. 또한 "누구 말도 믿지 말라. 행동을 믿어라. 오로지 소련의 행동, 곧 실천을 보고 그 진위를 가려라."고 덧붙였다. 이것은 부시 대통령에게 큰 복음과 같았다. 부시 정부는 양자택일의 고민에서 해방되었다.

나아가 문선명 선생은 실제로 '개혁의 진실도를 재는 지표'를 만들고 부시 정권에 제시했다. 드디어 1989년 5월 12일, 부시 대통령은 미국의 외교정책연설에서 '대소외교의 기본방침'을 천명하고 고르바초프 개혁의 평가기준을 명백히 선언했다.

그 평가기준의 주요 골자는 외교정책면에서 ① 동구권 공산제국의 자결권 존중(브레즈네프 독트린의 포기), ② 핵무기를 위시하여 재래무기를 포함한 대폭적인 군축의 실시, ③ 쿠바·니카라과에 대한 군사원조 중지, ④ 테러국가 리비아와의 관계단절, ⑤ 중국의 영토 보존(대만의 자결권 보장), ⑥ 마약과 환경문제 등 지구적 과제에 대한 미국과 공동보조 등이다.

소련 내정 면에서는 ① 자유정당주의와 정치적 복수(複數)주의의 확립으로 공산당 일당독재의 종식, ② 인권중시의 정책, ③ 언론출판의 자유, ④ 유대계 소련인의 자유로운 출국 등이 있었다.

이는 철저하고도 무거운 잣대였다. 부시 대통령이 공표한 잣대는 "고르바초프 서기장이여, 서방의 협조를 원하거든 이것부터 실시하여 그 진의를 보여 달라."고 하는 외침이었다. 이는 "세계적화의 야욕과 공산당 일당독재를 포기하고 자유세계에 입적하라!"는 최후통첩이었다. 뜻밖의 일이지만 고르바초프 서기장은 이 지표대로 개혁을 추진했다. 공산주의 체제변화는 이때부터 한꺼번에 벌어지기 시작했다.

변화는 한순간에 시작되었지만 이를 위한 준비는 치밀하게 오랫동안 이루어졌다. 국제안전보장협의회의 세인트루이스 선언은 1983년 워싱턴 타임스 사장실에서부터 부시 정권의 '대소 외교 기본정책'은 태동되었다고 단언한다. 당시 나는 문선명 선생이 그 한 해 전에 창설한 워싱턴 타임스의 사장으로 시무하고 있었다.

하루는 귀한 손님이 찾아왔다. 그는 유태인 학자로서 국제문제, 특히 국가안보문제의 최고권위자였다. 그의 이름은 조셉 처바 박사(Dr. Joseph

Cherba)로 미국 공군대학의 교수이자 미공군정보국 중동·소련문제 특별 고문과 레이건 대통령 외교고문, 미국 군비관리 군축국 상급 정책고문 등을 역임했다.

처바 박사는 나에게 "나는 〈워싱턴 타임스〉가 창간된 이후 사는 보람을 느끼고 있습니다. 나는 이 신문이 오늘날 냉전구도의 승리에 있어 결정적 역할을 할 수 있음을 확신했습니다. 문선명 선생은 공산주의를 해방하실 수 있는 유일한 인물이요, 소망입니다. 그런데 나는 오늘 문 선생에게 하나의 제안서를 가지고 왔습니다. 제안의 핵심은 국제안보협의회(ISC, International Security Council)의 창설입니다. 신문만 가지고는 모자랍니다. 정부의 정책수립자들에게 '공산주의를 이기는 정책과 이론'을 만들어줘야 합니다. 그러지 않고는 모두가 그림의 떡입니다. 나에게 그 소임을 주십시오. 나는 필생의 사업으로 이 일을 담당하겠습니다."라고 말했다.

나는 처바 박사의 제안에 크게 감동했다. 그는 문제의 핵심을 정확하게 알고 있었기 때문이다. 나는 즉시 뉴욕으로 가서 문선명 선생에게 그 제안서를 제출했다. 판단이 빠르신 선생은 처바 박사의 제안을 수용하여 일언지하에 국제안보협의회 창립을 허가했다.

국제안보협의회(ISC)는 공산주의를 해방으로 이끄는 또 하나의 원자탄 같은 무기였다. 그 후 8년 동안 공산주의 종주국 소련의 해방이 있기까지 ISC는 미국 굴지의 싱크탱크로서 승공이론을 중심으로 구체적인 외교·국방정책을 마련해 정부 정책수립에 제안했다. 얼마나 많은 일을 해냈던가. 정부가 생각지도 못하는 기발한 아이디어를 내어 그것을 실행 가능한 정책으로 제안해주니, 정부에게 얼마나 고마운 일이었는지 모른다. 세계도처에서 얼마나 많은 국제회의를 가졌던가. 미국은 물론이요, 세계의 저명한 안보문제 전문가와 학자들 중 ISC와 관계하지 않은 사람이 거의 없었다.

〈워싱턴 타임스〉의 한상국(韓相國, 전 노르웨이 대사) 부사장이 ISC추진 과정에서 산파역으로 처바 박사를 도와 그 조직을 이끌어오는데 헌신했다. 그리고 이 국제안보협의회는 1989년 3월 29일부터 31일까지 3일간 미국의 미주리주 세인트루이스에서 백악관의 요청에 의하여 '소련 변화의 평가'라는 주제로 국제회의를 가졌다. 여기에는 미국은 물론 국제적으로 이름난 서방측 안보담당, 공산주의문제 담당 전문가 등 18명이 모였다. 이 회의는 진실로 양보다 질에 치중한 세계최고 권위자들의 모임이었다.

이 회의에서 고르바초프 개혁과 앞으로 소련의 전망, 그리고 특히 미국이 취해야 할 대소외교정책에 대한 집중토론이 있었다. 물론 문선명 선생의 기본원칙을 바탕으로 회의는 진행되었다. 그리고 여기서 만들어진 정책이 소련 평가의 잣대를 제시하는 소위 '당근정책'이었던 것이다.

ISC는 이 회의의 마지막에서 '세인트루이스 선언'을 발표했다. 거기에는 소련의 개혁을 평가하는 10개조의 지표가 제시되어 있었다. 이 지표에 합치되면 그 개혁은 진정성이 있지만, 그렇지 못하면 그 개혁은 기만적인 정책이라는 것이다.

그 10개조의 잣대는 ① 브레즈네프 독트린의 포기(동구제국에 대한 소련의 간섭 포기), ② 소련의 군사 재계획의 대폭축소(핵무기의 조달, 근대화를 포함), ③ 쿠바·니카라과·앙골라·아프가니스탄·베트남·에티오피아 등 공산주의정권에 대한 군사원조 중지, ④ 군비관리협정의 성실한 준수(ABM 조약위반의 중지 포함), ⑤ START(전략병기 삭감협상)에 SDI의 제한이나 금지를 포함시키지 말 것(소련의 SDI전략 봉쇄를 막기 위함), ⑥ 베를린장벽의 제거, ⑦ 소련으로부터의 자유왕래를 포함한 헬싱키조약 준수, ⑧ 소련 국내정치개혁(일당독재의 포기, 복수정당제, 사법의 독립, 자유로운 노조활동 허용), ⑨ 미국에 대한 기만정보·허위선전의 중지, ⑩ 국제테러 지원의 즉각 정지 등이다.

이는 10개 지표가 준수되면 소련은 서방의 대폭지원을 받을 수 있다는 제안이었다. 그러나 이 조항들에서 보듯 세인트루이스 선언은 소련에게 그동안 소련이 펼쳐왔던 핵심적인 정책을 포기하라는 것과 같았다. 즉 세계적화의 야욕은 물론 공산당 일당독재, 마르크스 레닌주의도 포기하라고 엄하게 촉구하고 있었다.

이러한 정책건의가 기초가 되어 5월 12일 부시 대통령의 '대소외교 기본정책'이 수립되었고 '당근정책'이 실행되기 시작했다. 더 중요한 것은 위에 제시된 10개 조항은 사실은 문선명 선생의 구상이라는 것이다. 그 구상이 세계 석학들에 의하여 논의되고 정리되어 ISC의 전문적인 의견으로서 제시되었다. 이 세인트루이스 선언은 제2차 세계대전시의 포츠담 선언과도 비슷한 역할을 했다.

페레스트로이카

1989년 8월 고르바초프 개혁의 첫 시험이 다가왔다. 폴란드에서 키슈차크(Czesław Kiszczak) 수상이 사임하고 반공자유노조투쟁을 펼쳐오던 '솔리다르노시치(Solidarność, 연대)'운동의 지도자였던 마조비에츠키(Tadeusz Mazowiecki)가 비공산당원으로는 처음으로 총리로 취임했다. 마조비에츠키는 바웬사와 각별한 유대를 맺고 있었던 지도자다. 1989년 정부와 연대노조의 협상과정에서 중재자 역할을 수행한 결과, 연대노조를 합법화시키고 자유총선을 시행시켰다. 그리고 6월에 실시된 선거에서 연대노조가 압승을 거두자, 8월 24일 마조비에츠키는 솔리다르노시치, 공산당 그리고 군소정당들이 참여한 연립내각의 총리로 취임했다. 동유럽 최초로 비공산당 정권이 탄생한 것이다.

비공산당원인 마조비에츠키가 총리로 취임하자 전 세계는 고르바초프의 대응을 주목했다. 1956년 헝가리의 악몽을 떠올렸기 때문이다. 과연 고르바초프는 마조비에츠키의 폴란드 정부를 묵인할 것인가? 공산당 일당독재에 종지부를 찍고 브레즈네프 독트린을 포기할 것인가? 소련의 군사적 개입이 임박했다는 두려움이 동유럽을 뒤덮었다. 그러나 고르바초프는 마조비에츠키 정부에 간섭하지 않았다.

이어 10월에는 헝가리가 복수정당제와 대통령 책임제를 도입하고 국명을 헝가리 인민공화국에서 헝가리 공화국으로 바꾸었다. 헝가리가 공식적으로 공산주의 노선을 포기하고 이를 세계적으로 천명한 것이다. 고르바초프는 이번에도 침묵하면서 간섭하지 않았다.

드디어 지축을 흔드는 날이 왔다. 1989년 11월 9일 '베를린 장벽'이 무너진 것이다. 이미 동독은 헝가리와 폴란드를 경유하여 서방으로 탈출하는 국민이 속출하고 있었다. 결국 동독의 호네커(Erich Honecker) 정권은 동유럽을 덮친 자유화와 민주화의 파도에 눈 깜짝할 사이에 굴복하고 말았다. 그리고 이어진 크렌츠(Egon Krenz) 정권은 즉각 베를린 장벽의 통행을 허용했다.

1961년부터 동서 베를린의 경계선에 만들어진 베를린 장벽은 1989년까지 동서냉전의 핵심적 상징이었다. 이 베를린의 장벽이 무너지는 것은 공산세계 붕괴의 전조라 해도 과언은 아니었다. 온 세계는 베를린 장벽이 붕괴되었다는 소식에 깜짝 놀랐다.

베를린 장벽 붕괴의 충격은 지축을 흔들었으며 세계인을 깊은 감동과 충격으로 몰아갔다. 이제 '공산주의 종말'은 비현실적 망상이라 생각했던 사람들도 다시 생각해보지 않을 수 없게 되었다. 더욱 놀라운 것은 그 당시 고르바초프 서기장이 동독 건국 40주년 기념행사에 참석하기 위해 동독에 와 있었던 것이다. 그는 동독의 개혁을 종용하고 개혁에 완강히 반대하는 호네커 서기장을 퇴임에 이르게 했다.

같은 해 11월 10일에는 불가리아의 공산당 강경파 지프코프(Todor Zhivkov) 서기장이 사임했는데 그 배후에도 고르바초프 서기장의 영향력이 컸다. 고르바초프는 동유럽에 부는 거센 민주화의 바람을 강력하게 지지했다.

체코슬로바키아에서는 후사크(Gustav Husak) 대통령이 사임하고, 1989년 11월 하벨(Vaclav Havel)이 반체제연합인 '시민포럼'을 조직해 공산독재체제를 무너뜨렸다. 피 한 방울 흘리지 않는 일명 '벨벳혁명'으로 민주화 시민혁명이 가능할 수 있었던 배경에는 고르바초프의 후원이 있었다. 특별히 1989년 12월 고르바초프는 로마교황과 회견하기 위해 이탈리아를 방문했을 때 체코슬로바키아의 정치개혁운동인 '프라하의 봄'이 정당한 개혁이었다고 지지했다. 이는 1968년 '프라하의 봄'이 일어났을 때, 소련군이 주축이 된 바르샤바조약기구 군의 탱크가 무참하게 체코슬로바키아를 진압했던 것을 비판하는 것이었다. 즉 브레즈네프 독트린을 포기한 것이다.

후에 고르바초프는 '프라하의 봄'을 보고 페레스트로이카의 영감을 얻었다고 회고했다. '프라하의 봄' 30주년을 맞아 한 일간지와의 인터뷰에서 "체코슬로바키아의 전체주의에 반대하는 저항정신에 영향 받아, 구소련의 근본적인 개혁정책을 개시하기 위한 용기와 힘을 얻게 됐다." 고 밝히기도 했다.

루마니아의 전개도 극적이었다. 니콜라에 차우셰스쿠(Nicolae Ceausescu) 대통령의 잔인한 장기 독재정치에 신음하고 있던 루마니아 국민은 연일 대규모집회를 열고 독재자를 쫓아내고자 했다. 12월 22일, 차우셰스쿠 내외는 관저로 밀려오는 군중이 두려워 헬리콥터를 타고 도망갔다. 그러나 금방 체포되어 25일 크리스마스에 45분간의 군사재판 후 즉각 처형됐다. 이 장면이 온 세계에 방영되었을 때의 기억이 새롭다. 고르바초프는 루마니아에 대해서도 소련의 페레스트로이카를 본보기 삼아 개혁하도록 촉구했지만, 차우셰스쿠 대통령은 전혀 귀를 기울이지 않았다. 그 결과 끔찍한 말로를 맞은 것이다.

그해 12월 2~3일, 지중해 몰타에서 열린 미소 정상회담에서 부시와 고르바초프 양 정상은 긴 세월에 걸쳐서 세계 인류를 공포의 구렁텅이에 빠지게 했던 미소냉전의 종결을 공식적으로 선포했다. 이로써 미소 핵전쟁의 악몽은 지나갔으며, 공산주의 소련의 패배가 명백해졌다.

이렇게 다사다난했던 1989년, 1년 동안 연속적으로 발생된 사건들은 고르바초프 서기장의 개혁의지가 진심이라는 것을 알려주었다. 그는 진정 소련과 공산권 제국의 자유화·민주화를 원하고 있으며, 이러한 개혁에 자유세계의 협조를 구하고 있었다. 이런 과정을 통해 그는 그동안 반신반의했던 서방으로부터 지지를 확보할 수 있었다.

그러나 고르바초프 서기장의 국내 인기는 저조했다. 보수파가 반격하면 언제든지 실각할 수 있었다. 고르바초프가 아직 소련의 전부는 아니었다. 개혁에 엉거주춤한 태도를 가진 군부는 여전히 막강한 힘을 가지고 있었다.

이 때 문선명 선생은 고르바초프 대통령을 살리는 것이 소련을 해방하는 길의 절반이라고 언명했다. 이제는 고르바초프를 직접 만나서 그를 반대하는 보수파와 호시탐탐 기회를 노리는 군부의 손으로부터 그를 보호할 결심을 한 것이다. 그것은 하늘의 축복을 그에게 주어서, 고르바초프가 천운을 갖도록 하는 것이었다. 그렇게 해주실 수 있는 분은 문선명 선생과 한학자 여사 내외분 외에 아무도 없었다.

문선명 선생은 나를 불렀다. 그리고 1990년 모스크바에서 제11차 언론인대회와 정상들이 모이는 세계평화회의, 중남미통합기구(AULA)까지 합하여 초대형급 회의를 개최하라고 지시했다. 거대한 하늘의 섭리가 모스크바로 향하고 있었다.

모스크바로 가는 길

동구권 대격변이 일어났던 1989년 한 해 전인 1988년, 우리나라는 88 서울올림픽으로 세계의 주목을 받고 있었다. 그 해 1988년 9월 고르바초프는 소련 최고회의 간부회의장에 취임하여 국가원수가 되었다. 그 즈음 문선명 선생은 소련의 중진언론인 5명을 한국의 한남동 공관으로 초청하여 만찬을 같이했다. 만찬이 끝난 뒤에 선생은 이들에게 조용히 심각한 심정을 토로했다.

"나는 소련을 죽이려고 하는 사람이 아닙니다. 나는 소련을 살리고 고르바초프 대통령을 도와서 소련이 새로운 체재로 갈 수 있도록 개혁운동을 지원하고 싶은 것입니다. 소련은 제2의 개혁이 필요합니다. 지금 공산주의 정권은 내가 예언한 바와 같이 조만간 멸망합니다. 이는 나의 확고한 신념입니다. 나는 이신전심으로 고르바초프 대통령이 평화로운 개혁을 원하고 있음을 알고 있습니다. 그런데 소련 내부에서는 군부가 이러한 개혁을 막을 것이라는 여론이 파다합니다. 군부가 제2의 개혁을 막는다면, 그 때는 소련 제1차 공산혁명 때와 같이 막대한 인명이 살상됩니다. 나는 이것을 원치 않습니다. 고르바초프 대통령도 개혁은 원하되 많은 인명을 해치는 개혁은 원치 않는다고 생각합니다. 여러분이 나의 메시지의 좋은 전달자가 되어 주십시오.

나는 고르바초프 대통령을 사랑합니다. 이제 만나러 갈 것입니다. 그러기 전에 나는 고르바초프 대통령과 정신적 소통과 사상적 교류가 있었으면 좋겠다고 생각합니다. 다 같이 힘을 합쳐서 소련에 더 이상의 비극이 오지 않고 평화적으로 제2의 개혁이 이루어졌으면 합니다. 도와주시겠어요? 그 일을 해내실 분은 미하일 고르바초프 대통령뿐이라고 생각합니다. 이왕 여러분이 여기까지 오셨으니 뭐 감출 거 있어요? 숨길 거 있어요? 우리 다 같이 털어놓고 이야기한 진심이 고르바초프 대통령에게 전달되게 해주시겠습니까?"

선생의 말씀을 들은 5인의 중진 언론인들은 모두 기쁜 표정으로 손을 들고 "다 다(예 예)." 하고 외쳤다. 비탈리 고비시 편집국장은 자신 있는 어조로 "말씀의 취지를 잘 알겠습니다. 저도 백퍼센트 그 의견에 동의합니다. 그리고 총재님의 그 의견과 소련을 위한 사랑, 또 고르바초프 대통령에 대한 그 사랑은 반드시 저희들이 책임을 지고 대통령에게 전달하겠습니다. 우리가 여러 번 대통령과 토론을 했었지만 대통령의 의

견도 바로 그것입니다. 어떻게 하면 소련의 국민들이 죽지 않게 평화적인 개혁을 할 수 있는가, 자나 깨나 그것만이 그 어른의 고민입니다. 나는 고르바초프 대통령이 문선명 총재와 같은 동지를 얻으신 것을 가슴 깊이 축하드리며 환영하는 바입니다. 그 때가 빨리 오도록 해주시기 바랍니다."

그의 말에는 소신과 신념이 넘쳐흘렀다. 나머지 4인도 모두 고개를 끄덕였다. 한국에 와서 이런 소리를 한 것을 KGB가 듣는다면 이들 다섯 사람 모두 당장 목숨이 달아날 수도 있었다. 통역을 하는 나는 진땀이 났다. 그러나 그들은 태연했다. 이미 소련도 많이 변했다는 것이다. "우리는 소련 개혁의 동지입니다!"라고 외치면서 이제는 백일하에 내놓고 할 수 있는 시대가 되었다고 그는 말했다.

그들은 모두 문선명 선생의 따뜻한 사랑과 뜨거운 열정에 감동받아 손을 잡고 악수를 하면서 마음의 동지가 되었다. 이들은 문 선생의 신임을 받는 소련의 동지가 되었다. 비탈리 고비시는 그 이후 계속해서 우리 언론인대회 본부로 문 선생에게 고르바초프 대통령의 근황을 전해왔다.

1989년 9월 이후부터 문선명 선생은 고르바초프 대통령과 은밀한 밀담을 주고받았다. 이러한 과정이 있었기에 모스크바 대회는 성공리에 진행될 수 있었다. 뿐만 아니라 크렘린궁에서 두 분이 만날 때에는 이미 오래 사귄 친구처럼 처음부터 어색함 없이 다정하게 만날 수 있었던 것이다. 이와 같은 배후의 교류가 소련이 막대한 인명손상 없이 평화적으로 제2혁명을 이룩할 수 있는 동력이 되었던 것이다.

고르바초프 혁명의 결정타는 1990년 초에 일어났다. 고르바초프 서기장의 또 하나 개혁의 거탄이 우선 2월에 폭발되었다. 공산당 중앙위원회 총회가 새로운 정치 강령을 채택하고, 소련 헌법 제6조와 제7조의 개정을 결정한 것이다. 그 내용은 공산당 일당독재를 포기하고 복수정당제를 용인하는 것과 '민주집중제'(공산당 중앙이 전권을 행사하는 상위하달시스템)를 개정하는 안, 그리고 당과 정부를 분리시켜 대통령제를 도입하는 것 등이었다.

여전히 '마르크스 레닌주의를 견지'한다는 기본 입장을 유지하고 있었지만 공산주의의 근간을 흔들 정도로 파격적인 정책임에는 틀림없었다. 소련은 공산당 일당독재의 역사적 종지부를 찍고 복수정당제를 기반으로 하는 자유화, 민주화로 나아가 역사적 체제전환의 국면에 돌입한 것이다.

1990년 3월 15일, 크렘린궁전에서 열린 소련 임시 인민대의원대회는 1천878표 중 1천329표의 찬성표로 고르바초프를 초대 대통령으로 선출했다. 임기는 5년이었다.

그리고 그 해 6월 1일, 고르바초프 대통령은 워싱턴을 방문, 부시 대통령과 나란히 앉아 일련의 군축에 관한 미소 합의 조인식을 가졌다. 여기서 부시 대통령은 "조금 전까지만 해도 어떤 사람들은 미국과 소련의 국민들은 영원히 대립해야 할 숙명이라고 생각했었다. 그러나 고르바초프 대통령과 나는 지나온 역사에 도전하며 새로운 일보를 내딛기 위해 지속적 미소 협력관계를 구축하지 않으면 안 된다. 미소 간에는 많은 일이 합의되어 있지 않으며 앞으로도 합의에 이르지 못하는 사안이 있을 수 있다. 그러나 우리는 하나의 진실을 믿고 있다. 그것은 세계가 학수고대하고 있는 인류의 염원, 냉전을 종식시켜야 한다는 것이다."라고 언명했다.

이에 고르바초프 대통령은 "중요한 것은 보다 좋은 국제환경, 보다 신뢰가 있는 국제관계, 폭력이 없는 세계를 향하여 미소 양국이 노력할 것을 서약했을 뿐만 아니라, 그것을 실천하고 있다는 사실이다."라고 답했다. 이어 "생각한 것보다 많은 이야기를 한 것 같다. 나도 인간인지라 지금 다소 감상적이 되어 있는지도 모른다. 아무튼 미소 양국은 성공을 위해 대단한 노력을 하고 있다. 두 나라 국민에게 축하를 보낸다. 부시 대통령과 악수하며 서로의 노력을 축하하고 싶다."고 말했다. 그리고 부시 대통령 측을 향하여 악수를 청했다.

서로 바라보는 두 사람의 눈에는 진심어린 눈물이 반짝이고 있었다. 제일 앞에 배석해 있던 부시 대통령의 부인 바바라 여사를 비롯한 내빈 모두는 큰 감동을 받았다. 이는 세계평화를 향한 서곡이었다.

문선명 선생의 소련 입성

문선명 선생과 고르바초프 대통령이 만나 악수하는 장면은 1980년대에만 해도 상상할 수 없는 실현 불가능한 이미지였다. 선생은 '하나님주의'를 중심으로 소련을 공산주의로부터 해방하기 위해 노력해오셨으며, 고르바초프 대통령은 이러한 노력의 결실을 맺어야 하는 중심에 있었다. 그래서 선생은 필생의 소신과 피땀을 흘리는 노력을 다해 고르바초프 대통령의 개혁을 음으로 양으로 지원했다.

그럼에도 불구하고 문선명 선생의 소련 방문은 쉬운 일이 아니었다. 자유세계가 고르바초프를 불신하고 그 본의를 왜곡하여 생각했던 것처럼, 소련 또한 선생을 적대시하고 불신했다. 세계적인 승공운동가를 믿는 것은 쉬운 일이 아니었다.

소련제국주의의 전승시기에 공산주의자들은 세계적으로 적화전략을 방해하는 세 사람의 원수를 꼽았다. 소련 KGB는 이 3대 거인의 암살을 사명으로 알고 있을 정도였다.

원수 중 첫째는 물론 레이건 대통령이다. 레이건만 없으면 세계적화는 맡아놓은 것이었으나 그의 방해로 적화전략이 중단상태를 맞았기 때문이다. 둘째는 로마교황이다. 로마교황은 일찍이 공산주의를 인류의 적이요, 하나님의 적이라 선포했다. 셋째가 문선명 선생이다. 문선명 선생은 소련이 제일 무서워하는 존재였다. 왜냐하면 마르크스 레닌주의를 쓰러뜨릴 사상을 가지고, 전 세계적으로 승공운동을 전개하여 도처에서 공산주의를 수세로 몰고 있었다. 이 당시에는 그들이 아직 두익사상의 진의를 알고 있을 리가 없었다.

소련 KGB의 사명은 이러한 공산혁명의 3대 주적을 제거하는 것이었다. 그리고 이들은 그 사명을 착실히 실천에 옮겨갔다.

1981년 3월 30일, 레이건 대통령 저격사건이 있었다. 레이건 저격사건은 정신병을 앓던 25살의 대학중퇴생 존 힝클리가 미국 워싱턴의 힐튼호텔 앞에서 레이건 대통령에게 6발의 총격을 가했던 사건이다. 당시 레이건은 가슴에 총탄을 맞았지만, 즉시 조지워싱턴대 병원으로 옮겨져 수술을 받고 목숨을 건졌다. 대통령을 수행하던 제임스 브래디 백악관 대변인을 비롯하여 경호원과 경찰도 총을 맞았다. 특히 브래디 대변인은 하반신 불수가 됐다. 현장에서 잡힌 힝클리는 영화배우 조디 포스터를 짝사랑해오다 자신의 존재를 알리기 위해 저격을 시도했다는 동기를 밝혀 충격을 주기도 했다. 그러나 많은 사람들은 힝클리의 배후에 KGB가 있다고 생각했다. 아직 정확하게 밝혀진 바는 없지만 여러 가지 심증

이 있었기 때문이다.

같은 해 5월 13일, 로마에서 요한 바오로 2세의 저격사건이 있었다. 요한 바오로 2세는 성베드로 성당 앞에서 일반 알현을 하고 있던 중 한 남자가 쏜 총에 맞았다. 4발 중 2발이 교황에게 명중했고, 교황은 피를 흘리며 쓰러져 그 즉시 인근 병원으로 옮겨졌다. 교황은 구사일생으로 생명을 보존했다. 교황을 저격한 남자는 현장에서 검거됐다. 23살 터키인 메흐메트 알리 아그자였다. 그는 이슬람을 제외한 타종교에 철저히 배타적인 터키 극우파단체 '회색늑대'에 속해있는 인물이었다. 경찰은 메흐메트의 배후를 조사했지만 알아내지 못했고 결국 단독 범행으로 결론 내렸다. 하지만 2006년 이탈리아 상원의원 파올로 구찌안티는 교황 저격사건의 배후로 구소련 비밀 첩보조직 KGB를 지목했다.

1988년에는 일본 적군파 기쿠무라 일당이 미국에 파견되어 문선명 선생의 여름 별장을 폭파시키려는 계획을 수행했다. 그러나 이 계획은 하늘의 보호로 미연에 방지되었다. 4월 12일 기쿠무라 일당이 소화기 및 폭탄을 차에 싣고 뉴저지 주의 고속도로를 달리는 도중, 불시에 경찰의 검문을 받고 폭탄이 발견되어 체포된 것이다. 아무 사전정보도 없이 실시한 통상검문에서 엄청난 테러계획이 발각된 것이다. 이것을 보고 누가 하늘의 보호를 의심할 자 있으랴.

암살을 노릴 정도의 적대적인 상황 속에서 문선명 선생의 진의를 소련에 납득시키는 일은 처음에는 불가능한 일처럼 생각되었다. 그러나 차츰 희망의 서광이 비쳤다. 1989년 3월 미국 워싱턴에서 열린 '제10차 세계언론인회의'에서 모스크바를 향한 구체적인 진전이 시작된 것이다.

소련군인과 악수를 나누는 문선명 선생

'제10차 세계언론인회의'에 처음으로 소련 언론인대표 12명이 참석했다. 이를 본 서방세계도 깜짝 놀랐다. 이 12명의 참석명단 중에 거물급 저널리스트가 있어 더욱 놀랐다. 찬조연설자로 초청된 비탈리 고비시는 소련 정부기관지 〈이즈베스티야(Izvestiya)〉의 편집국장이며, 고르바초프 대통령의 최고전략가 중 한 사람이었다. 그는 고르바초프 대통령의 연설문 담당으로 그림자처럼 따라다녔으며 미소 정상회담을 수행한 최고실력자 중 한 사람이었다.

비탈리 고비시는 "글라스노스트와 페레스트로이카로 소련이 무엇이 달라졌느냐?"는 질문에 "내가 레버런 문의 회의에 왔다는 이 자체가 극적인 변화가 아닌가?"라고 되물어서 참석자들을 감동케 했다.

고비시를 위시한 12명의 소련언론인은 '제10차 세계언론인회의' 개회식 기조강연을 통해 문선명 선생의 말씀을 듣고 그 새로운 사상에 신선한 충격을 받았다. 또한 언론인회의에 모인 저명한 세계 언론인들을 보고 다시 한번 놀랐다. 나는 주최단체인 '세계언론인협회' 회장이었고, 이 회의의 의장이었다. 그래서 적극적으로 소련언론인들과 깊은 친교를 맺으며, 문선명 선생을 증언할 충분한 기회를 만들었다.

사실 이들과 나는 초면이 아니었다. 이들이 회의에 참석하기까지 '세계언론인협회'에서는 수차례에 걸쳐 미국언론인들의 소련방문을 계획, '진상조사투어(fact-finding tour)'를 했었다. 이들은 모두 모스크바에서 만났던 구면으로 그곳에서 이미 문선명 선생을 알리는 기회가 있었다.

그러나 이번에는 이들이 문선명 선생의 초청으로 직접 미국에 와서 선생의 말씀을 듣고 선생의 세계기반을 자기 눈으로 직접 보게 된 것이다. 특별히 이들 12명의 소련 언론인들은 뉴욕에 있는 선생의 공관으로 초청되었다. 오찬을 같이하면서 선생은 이들에게 일생 잊을 수 없는 말씀을 해주었다. 이 자리에서 소련 언론인들은 선생의 깊은 심정을 느끼게 되었다. 그리고 그들은 소련을 구출해주실 분이 바로 문선명 선생인 것을 깨달았으리라.

이 때 우리는 제11차 '세계언론인회의'의 모스크바 개최를 집중적으로 토의했다. 그리고 그들은 여러 가지로 심사숙고한 끝에 본국 정부에 건의하겠다고 약속했다.

"워싱턴에서 열렸던 것 같은 언론인회의가 모스크바에서 열린다면 이를 제일 환영할 분이 고르바초프 서기장일 것입니다."라고 그들은 자신 있게 말했다. "지금 글라스노스트, 페레스트로이카 정책이 필요로 하는 것이 바로 이와 같은 언론인회의가 아니겠습니까?"라고 덧붙이기도 했다.

고비시는 이번 방미 내용을 고르바초프 서기장에게 보고하겠다고 말했다. 그 말은 우리를 안심시켰지만, 소련제국이 그렇게 간단히 문선명 선생에게 문을 열리라고는 아무도 생각지 않았다.

소련으로 돌아간 고비시는 약속대로 방미 내용을 모두 고르바초프 서기장에게 보고했다. 아마 서기장의 반응은 호의적이었던 것 같다. 얼마 지나지 않아 소련 측의 태도변화를 느끼게 하는 움직임이 차츰 표면화되었다.

첫째, 소련의 주간지 〈신시대(1989년 7월 21일호)〉에 고비시의 논문이 게재되었다. 그런데 그 논문 제목이 재미있었다. '어떻게 적을 친구로 만드느냐?'가 그 제목이었다. 부제는 '새 빛으로 비춰본 문선명 목사'였다. 논문의 결론에서 고비시는 "우리는 이데올로기의 차이를 넘어섰다. 문 목사와 그 신자들은 우리의 동맹자들이다."라고 단언했다.

둘째, 소련의 외교전문잡지 〈더 리베줌(1989년 제24호)〉의 '종교 및 사회란'에 문선명 선생의 영부인 한학자 여사의 인터뷰기사가 등장했다. '내 남편과 통일교회'라는 제목으로 대서특필된 이 기사는 문선명 선생 양위분의 인격과 통일교회를 긍정적으로 전한 소련언론 최초의 기사가 되었다.

셋째, 세계언론인협회는 그 해(1989년) 9월 초순부터 소련의 중진언론인 5명을 극동지역 방문에 초청했는데, 소련 측은 이러한 제안을 흔쾌히 받아들였다. 단장은 소련 관용 노보스티 통신사 북미편집장 나탈리아 야고브레바 여사였다. 그녀를 필두로 〈이즈베스티야〉의 비탈리 고비시 편집국장, 소련 국영 텔레비전 및 라디오 총방송국 화리드 무로고프 앵커, 주간지 〈더 리베줌〉의 블라디미르 요단스키 부편집국장, 그리고 고르바초프 대통령 수행 수석 텔레비전 블라디미르 구세프 카메라맨 등 5명이 방문단이 되었다.

이들은 처음으로 한국을 방문했다. 우선 한국의 발전상을 보고 감탄을 표현하기조차 어렵다며 놀랐다. 또 리틀엔젤스예술회관(현 유니버설 아트센터)에서 청아한 어린이들의 아름다운 춤과 노래를 부르는 공연을 보고 눈물을 흘리기도 했다. 이것이 계기가 되어 나중에 '리틀엔젤스'는 초청을 받아 소련에서 공연을 했고, 그 공연 장면이 국영방송을 통해 소련 전역에 방영되었다.

이들 소련언론인들은 한국을 떠나기 전날, 서울 한남동에 있는 문선명 선생 공관에 초청되어 한학자 여사가 친히 준비한 한국 음식을 즐기면서 어린아이들처럼 기뻐했다. 식사 후에 문선명 선생은 이들에게 단도직입적으로 "내가 모스코바에서 언론인회의를 열고, 직접 참석하면 여러분이 나를 환영하겠습니까?" 하고 물었다.

그들은 모두 손뼉을 치면서 "다-다!(예-예)" 하고 소리쳤다.

이어 선생은 웃으면서 "나를 죽이려 하던 소련 정부를 내가 완전히 믿을 수 있을까?" 하고 농담조로 말했다. 이에 고비시는 정색하며 "그것은 제가 책임을 지겠습니다. 고르바초프 서기장의 이름으로 제가 선생의 신변을 보장하겠습니다."라고 외쳤다.

소련 언론인 방문단 일행은 그 다음날 일본으로 가서 5일 동안 일본에서 체류했다. 그 후 일행은 대만·중국·북한을 방문했다. 그러나 그들의 극동방문에서 가장 감동이 컸던 곳은 역시 한국과 일본이었다. 특히 일본에서는 통일교회 간부와 신도들이 그들을 극진히 대접했다. 9월 15일 동경에서 환송만찬이 있었다. 그런데 예정시간이 30분이 지나도 일행이 회장에 나타나지 않았다. 주최 측이 걱정하며 기다리고 있으니 일행들이 그제야 허둥지둥 달려왔다. 그러면서 하는 말이 소련대사관에서 제11차 세계언론인회의 모스크바 개최에 대하여 소련 정부의 정식허가를 받아오느라고 늦었다고 했다.

드디어 소련 정부는, 더 정확하게 고르바초프 서기장은 제11차 세계언론인회의 모스크바 개최를 허가한 것이다. 그뿐만이 아니다. 소련 정부의 관용통신사 노보스티 통신사가 세계언론인협회와 공동주최하기로 결정했다. 이렇게 해서 제11차 세계언론인회의 모스크바 개최가 현실화됐다. 고르바초프 서기장은 문선명 선생이 소련에 오실 것을 알고 이 회의의 개최를 승낙한 것이다. 이 뉴스는 이들 언론인 일행이 일본을 떠나기 전에 문 선생에게 드리고 가고 싶었던 최고의 선물이었다.

그날 저녁 만찬은 자연스럽게 모스크바회의 개최결정 축하연이 되었다. 이 자리에서 야고브레바 단장은 인사말을 통하여 "일본에 와서 크게 강렬한 인상을 받은 것은 통일교회 젊은 멤버들의 진심어린 환영이었다. 나는 그들의 모습을 보면서 지금도 이런 젊은이들이 있는가 생각하며 크게 놀랐다. 열매를 보면 그 나무를 알 수 있다는 말이 있다. 나는 여기 젊은이들을 보며 문선명 총재의 사상과 교육이 어떠한 것인가를 충분히 볼 수 있었다."며 감격의 눈물을 흘렸다.

아마도 그 눈물에는 자유를 억압받아 자신의 감정을 표현하지 못하고 사는 소련의 젊은이들을 불쌍하게 생각하는 마음과, 문선명 선생 내외분에게 받은 감동에 대한 감사가 담겨 있었을 것이리라. 이 만찬에서 일본 〈세계일보〉 논설위원장(전 산케이신문 논설부위원장) 이노우에 시게노부(井上茂信) 씨는 환송인사를 통해 이렇게 말했다.

"여러분이 왜 일본에 오셨는지를 저는 잘 압니다. 패전국 일본이 어떻게 해서 이와 같은 경제번영을 이룩하였는지 그 비밀을 찾으러 오셨지요. 제가 가르쳐 드리죠. 그것은 가족을 사랑하고, 회사를 사랑하고, 사회와 국가를 사랑하는 일본인의 사랑의 정신입니다."

그 말을 들은 야고브레바 단장은 다시 단상에 뛰어올라 마이크를 잡고 이렇게 외쳤다.

"부디 그 사랑을 우리 러시아에도 나눠주세요."

아무도 예상하지 못한 극적인 장면이었다.

극적인 감동과 아름다운 화합의 기반 위에 제11차 세계언론인회의 모스크바 개최가 확정되었다. 개최 일정은 1990년 4월 10일부터 3일간, 장소는 소련에서 국제회의장으로 가장 유명한 모스크바 국제무역센터, 회의명은 제11차 세계언론인회의, 제3차 세계평화를 위한 정상회의, 그리고 제9차 중남미통합기구회의(AULA)였다. 이 대회를 통틀어 '모스크바 대회'라 칭하기로 했다.

세계를 놀라게 한 사상최대의 국제회의는 워싱턴 모뉴먼트광장 대회로부터 14년 만에 이루어지게 되었다. '모스크바 대회'의 예언은 이렇게 적중된 것이다. 그러나 1976년 당시 그 누가 이렇게 모스크바 대회가 이루어지리라고 상상이나 했을까. 하늘은 정말 오묘하게 역사하신다. 문선명 선생은 정말 위대한 사상가요, 위대한 사랑의 실천가였다.

제3의 길, 좌익도 우익도 아니다

'소련이 변하면 세계가 변한다.' 이것은 변함없는 문선명 선생의 소신이었다. 그리고 '소련제국의 종언', '세계 공산주의의 해방'이야말로 메시아 구세주로 오신 선생의 최대 사명이라고 굳건하게 믿고 있었다.

그러나 '하나님은 없다'는 무신론에 입각하여 '과학적 사회주의'를 기치로 교묘한 철학과 논리로 포장된 공산주의(마르크스 레닌주의)는 그때까지 다른 무슨 방법으로도 분쇄할 수가 없었다. 이 사상은 오로지 '하나님이 계시다'는 것을 실증하는 방법이 아니고는 이길 도리가 없는 것이었다. 'God or No God?', 즉 '하나님은 존재하는가? 존재하지 않는가?'라는 질문에 대한 답변으로 어느 쪽이 진리인가를 판가름하여 공산주의를 일소해야 하는 것이었다.

문선명 선생은 공산주의를 해방하는 것이 선생의 책임이라고 생각하

우익도 좌익도 아닌, 두익사상을 설파하시는 문선명 선생

고 그 일전을 각오하고 있었다. 선생은 공산주의의 철학인 변증법적 유물론의 한계를 폭로하기 위한 사상을 정립했다. 그것이 메시아의 사상이자 문선명 선생의 사상인 '승공사상'이다. 이 승공사상은 통일사상(통일원리, 하나님주의)을 근간으로 공산주의를 이기기 위한 이론적 체계를 갖춘 사상이다.

중요한 것은 승공사상은 공산주의를 모두 죽이는 멸공사상이 아니며 공산주의를 반대하는 반공사상도 아니다. 승공사상은 공산주의의 모순을 밝혀 공산주의를 해방하는 사상이다. 공산주의자들이 자신이 가진 사상으로부터 깨어나 거짓된 무신론의 쇠사슬에서 해방되어 진리로 살려주고자 하는 사상이다.

인간에게는 양면이 있다. 내적인 면은 정신이요, 마음이다. 이것은 하나님과 대화하며 진리와 선을 추구하는 '종적이며 정신적인 나'이다. 외적인 면은 육체이다. 나의 육체는 하나님이 창조하신 물질세계와 대화하고 이를 주관한다. 그러므로 이것을 '횡적이며 육체적인 나'라고 한다. 완성한 인간은 이 종적, 횡적인 두 가지 기능을 원활하게 발휘한다. 곧 심신일체(心身一體) 이상을 이룬 인간이다.

그런데 이 심신일체 이상에는 반드시 질서가 있다. 그것은 인간에게 있어 마음은 주체요, 육체는 대상이란 뜻이다. 그 말은 주인인 마음에 대하여 몸은 종이란 뜻이다. 마음은 선생이요 몸은 제자이며, 마음은 부모요 몸은 자녀라 하겠다. 이렇게 하나님 창조본연의 주의와 사상은 신본주의도 인본주의도 아닌 정신과 육신이 혼연일체가 되는 주의이다. 이와 같은 하나님 창조본연의 주의가 바로 하나님주의요, 두익사상인 것이다.

하나님주의, 두익사상은 이원론적 패러다임에 의해서 갈라진 하나님과 인간, 만물을 하나로 통합·통일시키는 창조본연의 하나님의 사상이자 조화의 사상이라 할 수 있다. 그래서 2천년 전 예수님의 위치가 머리였던 것과 같이, 그 위치에 서서 이 사상을 세상에 밝히고 이러한 사상으로 우익과 좌익을 모두 해방하려는 분이 곧 문선명 선생이다. 그 분의 사상이 하나님주의요, 두익사상인 것은 더 말할 나위도 없다. 하나님주의, 두익사상은 곧 재림주의 사상인 것이다.

문선명 선생은 미국에서 1976년 양키 스타디움, 워싱턴 모뉴먼트광장 등 큰 대회에서 하나님주의를 대담하게 선포했다. 그 이후에도 세계도처에서 기회 있을 때마다 이러한 사상을 설파해 왔다.

1984년 6월 26일 미 상원 헌법소위원회에서 '종교의 자유' 청문회가 열렸을 때도 선생은 다음과 같이 말씀한 바 있다.

"오늘날 우리 세계 속의 최대의 대립은 미국과 소련의 대립이 아니며, 자본주의와 사회주의와의 대립도 아니며, 민주주의와 공산주의의 대립도 아닙니다. 그것은 하나님을 믿는 자와 하나님을 부정하는 자의 대립입니다.

공산세계는 하나님을 부정하는 세계이며, 인류의 꿈을 실현하는데 실패했습니다. 그런데 자유세계도 물질만능에 허덕이고 하나님을 저버리며 세계문제에 속수무책입니다. 오늘날 민주와 공산, 양대 세계가 모두 어두운 혼돈 가운데 있습니다. 새 '비전'이 어디선가 나타나야 합니다. 그것은 하나님을 중심으로 한 세계관이어야 합니다. 본인은 그 새 이념이 하나님주의(Godism)임을 선포합니다. 이 이념이야말로 새로운 해답을 제시해 줄 것입니다."

1983년 11월, 미국 시카고에서 열린 '제12차 과학통일회의(ICUS)'에서는 민주주의도 공산주의도 실패한 주의라고 지적하면서 인류가 '제3의 길'로 가야 함을 분명히 말씀하셨다. 제3의 길은 새 진리에 입각한 하나님주의요, 두익사상인 것이다.

"근본적으로 민주주의와 공산주의는 인류의 공통적인 문제해결의 욕망으로부터 발전되었지만 민주주의는 이러한 과업에 성공하지도 못했을 뿐 아니라 공산주의의 파괴활동을 극복하거나 저지할 수 없음이 판명되었습니다. 공산주의는 이에 반하여 세계문제를 완전히 해결할 수 없었고 아이러니컬하게도 공산주의는 인류에게 더욱 큰 문제만 야기시켰습니다.

그러면 민주주의와 공산주의는 왜 해결책이 못 되는가? 두 사상의 주의 깊은 분석은 둘 중 어떤 것도 궁극적인 의미에서, 진리의 핵을 갖지 못하고 있습니다. 민주주의가 정치제도의 근간으로서 공헌을 할지 모르나 결코 명확하고 포괄적인 세계관은 아닙니다. 공산주의는 포괄적이고 체계적인 세계관을 가지고 있으나, 그것은 거짓 가설과 왜곡된 사실에 근거를 두고 있습니다.

여기에서 필요한 것은 '제3의 길' 또는 '제3의 주의'입니다. 세계에 새로운 비전을 주고 희망을 줄 수 있는 새로운 진리운동입니다. 그 진리는 하나님의 절대적 가치에 뿌리를 둔 완전하고 조직적인 세계관, 그것이 바로 통일사상이요, 그 운동이 통일운동입니다. 지금 우리에게는 새로운 신문화혁명이 일어나고 있으며, 많은 학자들과 전문가가 여기에 참여하고 있습니다.

민주주의와 공산주의의 결함을 보면 이 신문화혁명은 하나님을 중심으로 한 절대가치 위에서만 가능한 것을 알 수 있습니다. 그것은 결코 변화하는 현상에 입각한 상대적 가치에서는 창출될 수 없습니다. 이러한 사상은 우주적이며 절대적인 것이 아니면 안 됩니다. 그것은 보편적 불변의 진리이어야 하며 하나님과 인간과 우주와의 궁극적 관계에서 생성되지 않으면 안됩니다."

이 말씀을 보면 하나님주의, 두익사상은 하나님만도 인간만도 우주만물만도 아닌 하나님과 인간과 만물이 창조원리적 융합통일에서 나오는 절대적 관계를 천명하는 주의와 사상임을 알 수가 있다. 천지인(天地人) 조화의 사상인 것이다.

처음에 소련 지도자들을 만나 이러한 문선명 선생의 두익사상을 전했을 때 많은 지도자들이 큰 관심을 보였다. 그들은 처음에는 문선명 선생을 극열우익분자로 규정하고 어떻게든 소련을 굴복시키려는 음모를 가지고 있거나 서구식 민주주의를 소련에 이식하려는 정치적 동기로 접근하고 있다고 생각했었다. 그런데 두익사상을 들으면서 문선명 선생의 진의가 그렇지 않다는 것을 알게 되었다.

소련 공산주의자들은 문선명 선생이 자신들을 좌익에서 우익으로 일방적으로 전향시키려는 것이 아니라 좌익에서 중앙으로, 즉 두익으로 오라는 것을 이해했던 것이다. 그들은 문선명 선생의 동기가 정치적인 것이 아니라는 것을 알게 되었으며, 선생의 사상이 얄팍한 편의적 이론이 아닌 것을 알고 우선 놀랐다. 그리고 문 선생의 소련접근 동기를 의심하지 않게 되면서 안심하게 되었다.

한편 문선명 선생은 소련 공산주의의 해방은 그들이 종교적 신앙으로 신봉하는 마르크스 레닌주의가 원래 거짓과 허상 위에 세워진 사상누각(砂上樓閣)임을 각성케 하는 것이 선결과제라고 했다. 마르크스 레닌주의는 원래 그들에게 일종의 꿈을 주는 사상이었다. 이상사회를 건설할 수 있다는 꿈이었다. 이 꿈이 그들의 순수한 열정을 불러 일으켰기에, 그들은 공산혁명에 매진했던 것이다. 이러한 꿈은 그들의 종교가 되었다. 맹목적 신앙의 종교, '붉은 종교'였다.

문선명 선생은 마르크스 레닌주의자들이 꿈꾸던 이 이상이 사실은 하나님주의, 곧 두익사상에 의하여 실현될 수 있다는 것을 보여주려고 했다. 그들이 꿈꾸었던 세상이 나쁜 것이 아니기에 그 꿈을 버리지 않아도 된다고 강조했다. 다만 그 꿈은 마르크스 레닌주의로 이루어질 수 없으며 하나님주의와 두익사상으로 이루어진다는 것을 알려주려고 했다.

사실 진정한 공산주의자들 중에는 전쟁도 빈곤도 차별도 없는 이상세계에 대한 집념을 가슴에 간직한 지성인들이 많다. 만일 통일원리·하나님주의·두익사상이 그들이 바라는 그 이상을 실현할 수 있는 최상의 이론임을 알게 되면, 누구보다도 뜨거운 정열을 가지고 지상천국과 신문화세계의 창건을 위해 의연히 궐기할 것이다. 이것이 문 선생의 확신이었다.

선생의 승공사상은 처음부터 '공산세계를 구원하고 사탄까지도 구원한다.'는 하나님의 참사랑에서 출발했다. 이 사상만이 공산주의 종주국 소련을 녹이고도 남는 깊이와 폭을 가지고 있었다. 문선명 선생은 인류구원의 공생애 노정을 출발하면서 이미 소련 공산주의 종주국의 해방을 중대한 목표로 삼았다. 그리고 1990년, 소련 고르바초프 대통령과의 회담은 이 목표와 사상 아래 준비되고 쌓아온 실적 위에 핀 아름다운 꽃이었다.

모스크바 세계언론인대회

1990년 4월 8일, 아침을 맞는 마음은 긴장되는 한편 흥분되었다. 1976년 워싱턴에서 "모스크바로 가야 한다."고 말씀한 후 지난 15년 동안 문선명 선생이 걸어온 노정이 떠올랐다. 여러 고비가 있었지만 한 번도 선생은 포기한 적이 없었다. 그리고 마침내 선생이 모스크바에 당당하게 입성하는 날이 왔다. 누구도 상상하지 못했던 역사적인 사건을 앞두고 감격스러운 마음이 가득했다.

모스크바대회 실행위원장으로 먼저 모스크바에서 대회를 준비하고 있던 나는 공항 귀빈실로 향했다. 문선명 선생과 한학자 여사 양위분 일행은 팬아메리칸 항공(Pan American World Airways)편으로 미국 뉴욕을 출발해 오전 10시 35분 모스크바 공항에 도착예정이었다. 귀빈실에는 이미 소련 측 주최단체인 노보스티통신사의 알베르트 블라소프 사장

등 중역들이 나와 있었다. 그리고 워싱턴 언론인회의에 참석했던 낯익은 인사들도 나와 있었다. 이들은 가족을 기다리는 것처럼 화기애애한 분위기에서 선생을 기다렸다. 이례적으로 선생 양위분의 경호를 위해 KGB의 고급간부 한 사람이 배치되어 대기 중이었다.

마침내 선생이 귀빈실에 들어서자 블라소프 사장이 환영인사와 더불어 악수를 청했다. 이어 소련언론인 방문단 단장으로 한국에 왔던 나탈리아 야고브레바 노보스티 북미 편집장이 문선명 선생에게, 고르바초프 대통령 비탈리 고비시 보좌관이 한학자 영부인에게 각각 꽃다발을 증정했다. 귀빈실에 모였던 모든 환영객과 입추의 여지없이 들어선 취재기자단들은 일제히 환영의 박수를 보냈다.

감격적인 순간이었다. 감격의 뜨거운 심정이 나의 전신을 흔들었다. 나도 모르게 두 볼에 주르륵 뜨거운 눈물이 흘렀지만 감추려 하지도 않았다.

'아! 이것이야말로 20세기의 기적이 아닌가?'

문선명 선생은 일찍이 북한 공산정권 하에서 핍박과 고문을 당했다. 몇 번이고 사선(死線)을 넘었던 선생은 공산치하의 흥남감옥에서 2년8개월 동안 수감되기도 했다. 극한 상황에서 생존한 선생은 세계적인 승공운동을 펼쳐왔다. 결국 공산세계에서 '세계 인민의 적'이라는 악명을 얻었고 소련 KGB의 제거대상 3인 중 1인으로 암살위협에 시달렸다. 일본 적군파가 미국까지 와서 선생을 암살하려던 계획이 천우신조로 발각되기도 했다. 공산주의 최대의 적이었던 선생이 소련의 수도 모스크바에서 환영의 꽃다발을 받는 장면은 영화 한 장면처럼 보였다. 세계를 정복하고 미국을 몰락시키겠다고 공언해왔던 공산주의자들이 누구보다 기쁜 표정으로 선생을 맞이하고 있었다.

이것은 기적이자 살아계시는 하나님의 역사였다. 하나님께서 역사하지 않았다면 이루어질 수 없었던 기적을 앞에 두고 새삼 감사의 기도가 우러나왔다. 하나님의 실존을 실감하지 않을 수 없었던 것이다.

공항 밖에는 소련 정부에서 외국 국가원수 방문시 사용하는 리무진과 에스코트하는 경찰차 행렬이 대기하고 있었다. 이윽고 문선명 선생 양위분이 리무진에 승차했다. 국빈급 예우로 에스코트 경찰이 사이렌을 요란하게 울리며 출발했다.

공항에서 영빈관까지는 차로 약 30분 정도 걸리는 거리였다. 그러나 우리는 그 거리를 15분 만에 달렸다. 모스크바 대로에는 노란색으로 표시된 중앙선 레인이 있다. 이 중앙로는 아무도 쓰지 못하고 오로지 대통령과 국가원수급 국빈만이 쓰는 길이다. 경찰 에스코트는 선생을 그 중앙통로로 모셨다. 구세주이자 인류의 참부모로 오신 문선명 선생 양위분을 모시고 모스크바 '황금로'를 달리는 기분은 이루 형용하기 어려웠다.

소련 정부에서 직접 운영하는 국가원수급의 영빈관 전체를 이번 대회기간 중 선생과 일행의 숙소로 사용했다. 위층은 선생 양위분이 사용하고 아래층에는 정상회의에 참석하는 전직 대통령과 수상들이 사용했다. 문선명 선생은 영빈관 숙소에 도착하자마자 배웅나왔던 소련관리들을 일일이 악수해 환송을 했다. 그리고 영빈관 거실에서 교회지도자들을 세우고 기도를 올렸다.

"평생 소원했던 이 날을 있게 해주신 하나님 아버지 감사합니다. 이제 하늘에 반역해왔던 공산주의 그리고 그 종주국 소련이 아버지 앞에 무릎을 꿇었사오니, 부디 이 나라 이 민족을 긍휼히 여겨주시옵소서."

눈물을 흘리며 올리는 간곡한 기도였다. 누구 하나 오열하지 않는 사람이 없었다. 모두가 한 마음으로 하나님께서 소련을 사랑해주시기를 간구했다. 기도를 마친 선생은 자리에 앉으면서 의미심장한 말씀을 했다.

"이제 진실로 공산주의는 끝이 났다. 그뿐만이 아니다. 세속적 인본주의도 끝났다. 21세기를 이끄는 새 비전은 새 이념으로부터 나온다. 바로 그것이 하나님주의요, 두익사상이다. 이 새 이념에 의하여 지구촌, 인류한가족의 비전이 나타나는 것이다. 이제부터 소련을 본격적으로 돕지 않으면 안 된다."

소련을 사랑하고 도와야 한다. 문선명 선생의 모스크바 입성 제일성(第一聲)이었다. 승공운동을 해왔던 선생의 최종목표는 소련을 사랑하는 것이었다.

이어 고르바초프 대통령에 대해서도 "그가 해야 할 제일 중요한 것은 정신부흥이다. 새로운 신관(神觀)에 의한 가치관의 부흥을 해야 한다. 이제 소련의 운명은 고르바초프 대통령이 내 말을 얼마나 받아들이느냐에

제11차 세계언론인회의 전경

달려 있다."고 하셨다.

과연 고르바초프가 문선명 선생의 말에 귀 기울일 것인가? 문 선생은 소원하셨던 모스크바에 입성했지만, 고르바초프 대통령을 만날 수 있느냐는 아직 결정되지 않은 상황이었다. 모스크바에 언론인회의를 개최하기 위해 왔지만, 그 이상으로 고르바초프 대통령을 만나려는 목적이 있었다.

문선명 선생은 고르바초프 대통령과의 회담을 하나님의 섭리로서 크나큰 의의가 있다고 강조했다. 하나님 마지막 섭리의 완성기에서 실현해야 하는 세계적 차원의 상봉인 것이었다. 선생은 이 만남을 구약성경에 나오는 '에서'와 '야곱'의 상봉으로 비유했다. 세계사적인 '에서'의 입장에 있는 고르바초프 대통령과 세계사적인 '야곱' 입장에 있는 문선명 선생이 만나는 것으로 설명했다.

구약성서에 나오는 에서와 야곱은 아브라함의 아들 이삭에서 태어난 쌍둥이 형제이다. 형 에서는 아담가정의 장남인 가인과 같은 입장으로 하나님보다 사탄의 사랑을 받는 편이었고, 동생 야곱은 아담가정의 차남인 아벨과 같은 입장으로 하나님의 사랑을 받는 편이었다. 즉 형 에서는 사탄 편을 대표하고 동생 야곱은 하늘 편을 대표했다.

야곱이 하란에서 21년 동안 지낸 뒤 고향으로 돌아올 때 에서는 야곱을 죽이려고 하였다. 야곱이 자신의 축복을 빼앗아갔기 때문이다. 야곱은 이런 에서의 분노를 이해하고 이를 사랑으로 풀기 위해 노력하였다. 에서가 야곱의 진정을 알고 서로 포옹하였을 때 가인과 아벨의 기나긴 투쟁의 역사는 종식되고, 하늘의 새 역사, 곧 이스라엘 선민의 역사가 시작되었다.(창세기 25장 19절~35장 15절)

에서와 야곱의 역사는 인류 최초의 가정이었던 아담가정으로 올라간다. 아담가정에서 형 가인은 하나님의 사랑을 더 많이 받는 동생 아벨을 살해한다. 동생 아벨은 자신을 죽이려는 형 가인의 마음을 헤아려서 사랑으로 그 한을 해방시켜 주어야만 했다. 그러나 아벨은 가인의 분노를 이해하지 못했고 사랑하지 못해서 결국 살인 당하게 되었다.

에서와 야곱은 과거 아담가정에서 형제인 가인과 아벨 사이에서 일어난 비극을 되풀이하지 않고 화해와 사랑의 역사로 복귀해야 하는 사명이 있었다. 이것은 하나님의 간절한 바람이자 소원이었다. 야곱은 이런 하나님의 소원을 완벽하게 성취하였다.

야곱의 사랑 앞에서 에서는 자연 굴복되었고 마음속에 야곱을 죽이려던 원한 또한 깨끗이 사라졌다. 야곱의 사랑의 승리는 아벨이 실천하지 못했던 것을 이루게 하였다. 나아가 하나님께서 사탄을 굴복시킨 것을 의미하여 하늘 편의 기쁜 승리가 이루어진 것이다. 세계적인 에서와 야곱의 화합, 그곳에서 평화세계가 시작될 수 있었다.

세계적 에서의 입장에 선 고르바초프 대통령이 문선명 선생을 두 손을 들어 환영하며 모시려면 그 역시 고르바초프의 선택이 있어야 했다. 나는 고르바초프 대통령 측근과 이 문제에 대해 여러 차례 상의했다. 모두 전적인 협조를 약속했지만 막상 누가 고르바초프 대통령을 설득하는가가 문제였다.

두 사람의 적합한 인물이 있었다. 그중 한 사람은 소련공산당 중앙위원회 정치국원이면서 중앙위 서기로 있던 알렉산더 야고브레브였다. 그는 글라스노스트와 페레스트로이카 정책 창안자의 한 사람이며, 고르바초프의 참된 동지였다. 그는 소련이 살 길은 개혁의 길밖에 없다고 굳건하게 믿고 있었다. 나는 이 사람에게 글라스노스트와 페레스트로이카 정책이 성공하는 길은 소련이 문선명 선생을 모시는 것임을 진정을 다해 설명했다. 그는 내 말을 믿었다.

또 한 사람이 있었다. 그는 소련 과학아카데미의 부위원장으로서 세계 물리학계의 회장인 유리 오시프얀 박사였다. 그는 고르바초프 대통령의 막역한 친구로 대통령고문으로 임명될 정도로 신임을 받았다. 특별히 박사는 나와 친분이 두터웠다. 미국에 자주 와서 잘 알게 됐을 뿐만 아니라, 문선명 선생의 청년운동만이 공산주의 이후의 소련을 살릴 수 있다고 믿는 사람이었다.

문선명 선생이 모스크바에 도착한 4월 8일에도 고르바초프 대통령과의 면담일정은 불확실했다. 당시 고르바초프 대통령은 세계 유명인사 중의 명사였다. 그의 인기와 명망은 대단해서 만나기 힘들었다. 고르바초프 대통령은 어떤 세계 지도자를 만나는 것보다 힘들어서 하늘의 별따기였다.

4월 9일, 앞서 말한 두 사람은 같이 고르바초프 대통령을 면담했다. 대통령이 만사를 제쳐놓고 문선명 선생을 만나야 한다고 건의했다. 후에 들은 이야기지만 두 사람은 문선명 선생을 만나는 것이 왜 소련에 유익한가를 서로 열을 올리며 설명했다고 한다. 고르바초프 대통령이 가장 믿는 두 사람의 열성적인 건의에 고르바초프 대통령은 대단히 감동했다. 문선명 선생을 꼭 만나봐야 할 사람으로 깊은 인상을 받은 것이다.

나중에 알게 된 일이지만, 고르바초프 대통령은 특히 두 가지 일을 듣고 문선명 선생의 인격을 크게 존경했다고 한다.

첫째, 문선명 선생이 중국에 투자하고 있는 '팬다자동차공업(광동성 혜주시)'에 대한 보고였다. 선생이 같은 공산국가인 중국에 2억5천만 달러를 퍼부어 아시아 제일의 자동차공장을 지었다는 설명과 사진을 보고, 그는 신선한 인상을 받았다. 더군다나 그 시기는 공산 중국이 국제여론에서 강렬한 지탄을 받았던 '천안문(天安門)사태' 이후였다. 서방세계는 모두 중국에 대한 투자를 철회하며 후퇴하는데 문선명 선생은 "어려울 때 도와주는 것이 참 도움이 아니냐. 이때야말로 중국을 도와줄 때다."

라며 오히려 그 투자를 서두르셨다. 그 이야기는 고르바초프 대통령에게 큰 감동을 주었다.

둘째, 미국의 댄버리 형무소에 수감되었던 일에 대한 보고였다. 미국 정부가 선생을 핍박하며 형무소에 수감했지만 선생은 그런 수난 가운데서도 미국을 용서했다. 그 뿐만 아니라 미국을 위하여 〈워싱턴 타임스〉를 창간, 미국을 위한 사심 없는 투자를 한다는 것이었다. 선생이 공산국가라 하여 원수를 갚으려는 분이 아니며 사심 없이 대의를 실천하는 분이라는 점에 크게 감동했다.

면담 후 9일 오후에 나는 역사적인 전화를 받았다. 오시프얀 박사였다.

"대통령께서 문선명 선생 양위분을 크렘린궁전에서 영접하기로 하셨습니다. 날짜는 4월 11일 오전 10시, 장소는 크렘린궁전 대통령 집무실입니다. 처음에는 전직 국가원수급 28명과 더불어 접견할 것이고, 그 이후 별도로 문선명 선생과 단독회담을 가지시기로 하였습니다."

수화기를 놓은 후 나는 그 자리에 주저앉아 "하나님 감사합니다. 감사합니다."를 연발할 따름이었다.

1990년 4월 10일, 제11차 세계언론인회의, 제3차 세계평화를 위한 정상회의, 제9차 중남미통합기구회의, 이른바 모스크바 대회가 개막했다. 이날 오전, 모스크바 세계무역센터에는 당초 예상보다 많은 사람들이 참석했다. 세계 약 70개국에서 약 500명의 지도자와, 소련지도자 500여 명 등 약 1천여 명의 참석자가 대회장을 가득 메웠다. 헤드 테이블에는 문선명 선생 양위분을 위시하여 소련의 최고 간부와 전 세계에서 온 정

제11차 세계언론인회의에서 기조연설하는 문선명 선생

상급 참석자들이 자리를 잡았다.

국제회의로는 초대형 회의였다. 1,000여 명이 발휘하는 영향력은 수십만 군중집회와는 비교가 안될 만큼 컸다. 회의는 영어와 러시아어로 진행되었다. 개회식을 시작하며 주최측 대표로 알베르트 블라소프 노보스티 통신사 사장의 환영인사가 있었다. 다음으로는 회의집행위원장으로서 내가 인사말을 했다. 그리고 코스타리카의 로드리고 카라소 전 대통령이 창설자 문선명 선생을 소개했다.

우레와 같은 박수소리와 함께 역사적 순간이 다가왔다. '붉은 제국' 소련의 수도 모스크바에서, 선생이 세계인류를 향해 말씀하시는 것이다. 평생 바라시던 순간이 아닌가. 선생은 이 역사적 단상에서 먼저 따뜻한 감사의 말씀을 전했다. 이어서 '참통일과 하나의 세계'라는 제목으로 기조강연을 하셨다.

"친애하는 의장단, 존경하는 전직 국가원수 및 수상·귀빈 그리고 신사 숙녀 여러분.

이 역사적 '제11차 언론인회의'를 여러분과 더불어 소련의 수도, 이 모스크바에서 개최하게 된 것을 무한한 영광으로 생각합니다.

금번 이 대회의 주제는 '지구규모의 통신과 협력의 촉진'으로 이와 같은 주제를 토론할 장소로서 소련보다 더 적절한 곳이 없습니다. 또한 이번에는 세계의 평화를 추구하는 '제3회 세계평화를 위한 정상회의'와 '제9회 중남미통합기구 회의'가 동시에 이곳에서 이루어지고 있습니다.

이번 소련 방문은 본인에게 있어 따뜻한 정을 느낄 수 있는 기회가 되었습니다. 소련 정부, 특히 노보스티 통신사 간부 여러분의 따뜻한 환영에 대하여 먼저 감사의 뜻을 표합니다. 본인과 본인의 아내와 가족까지도 여러분이 보여준 친절에 대하여 큰 감명을 받았습니다.

지금 이 자리에 계시는 전 국가원수 및 수상과 각국의 귀빈 여러분들께서도 본인과 같이 주최국 소련에 대하여 깊이 감사하고 계시리라 믿습니다. 그 감사의 표시로 다 같이 박수를 보내십시다."

우렁찬 박수가 장내를 진동시켰다.

"최근 나는 소련의 언론인으로부터 사회·경제·정치적 발전의 전제조건으로 영적 르네상스의 중요성에 대하여 질문을 받았습니다. 본인은 이 자리를 빌려 이 점에 관하여 몇 가지 본인의 견해를 설명하고자 합니다.

우선 이와 같은 영적 르네상스는 대단히 중요합니다. 그를 위해서는 인간이 놓인 상황에 대하여 보다 깊은 철학적 종교적 이해가 필요합니다. 이것은 통신이나 언론과는 직접적인 관계가 없을지도 모릅니다. 그러나 이는 우리가 진정한 세계평화를 수립해 가는데 대단히 필요하며, 바로 이것이야말로 본인이 생애를 바쳐 탐구하고 발견하고 가르쳐 온 진리의 본질인 것입니다."

이렇게 전제하고, 선생은 가르침의 근본인 통일원리의 핵심을 간략하게 정리하여 대단히 종교적이고 정신적인 메시지로 전했다. 하나님의 천지창조 이상과 최초 인류인 아담과 해와의 타락, 메시아를 보내는 하나님의 구원섭리, 그리스도가 인류의 참부모로 강림하여 참부모주의 시대가 도래함을 밝혔다. 그리고 사회적·경제적·정치적 발전의 전제조건으로써 정신적, 영적 부흥이 중요함을 강조했다.

"본인에게는 소련이 도덕적·경제적 르네상스를 수행하는 모습이 눈에 보입니다. 그리고 그것은 전 세계에 극적인 영향을 끼칠 것입니다. 본인은 그 르네상스를 장려하고, 지원하기 위해 할 수 있는 한 최선을 다할 것입니다. 본인은 여러분의 조국과 인민을 마음속으로부터 사랑하고 있습니다. 여러분은 지금 새 소련혁명에 착수하고 계십니다마는, 그것은 총탄 없는 무혈의 혁명이 아니면 안 됩니다. 곧 그것은 마음과 혼의 혁명이어야 합니다.

이 거대한 소련연방은 극동에 있는 나의 조국 한국과 국경을 같이 하고, 서쪽으로는 서양문명의 발상지인 유럽의 심장부까지 뻗어 있으니, 본래 소련은 유럽과 아시아의 가교가 되도록 운명 지어진 나라입니다. 지금 우리들은 지구라고 하는 하나의 집안에 살고 있는 하나의 지구가족이라 생각하지 않으면 안 됩니다.

하나님의 축복이 소련 국민 여러분께 있기를 기원합니다."

선생의 말씀은 멋진 설교이자 선언이었다. 그 말씀은 원자폭탄처럼 소련 위에 선포되었다. 참석자들은 온 세포를 집중하며 말씀을 경청했다. 장내는 물을 끼얹은 듯이 고요했다. 이윽고 말씀이 끝나자 모두 감동과 경이에 찬 눈으로 일어서 문선명 선생에게 기립박수를 보냈다.

말씀을 들은 500여 명의 소련 참석자 중에는 소련 외무차관, 고르바초프 대통령고문, 소련 공산당 중앙위원회 국제부 차장, 소련공산당 중앙위원회 외교정책고문, 소련최고회의 경제개혁위원회 부위원장, 소련과학아카데미 부회장, 소련국제정세 최고위원회 의장 등이 있었다.

소련국영 TV방송의 보도국장은 "레버런 문의 말씀은 소련공산당 간부들이 생전 처음 듣는 설교였다."고 말했다.

주최 측 대표 노보스티 통신사의 블라소프 사장은 의미심장한 말로 이 회의를 평했다.

"본질적으로 이번 회의는 냉전이 이미 종결되었다는 증거다."라고 했다. 여기서 주목해야 할 것이 있다. 공산주의와의 투쟁을 위해 일생을 바쳐 온 문선명 선생이 아니신가. 참석자들은 선생의 반공사상으로 공산주의에 대한 저주의 말이 뜨거운 화염처럼 튀어나올 것을 기대하고 있었다. 소련의 정책을 비판하고 고르바초프 대통령의 각성을 촉구할 것으로 생각했던 것이다. 그러나 예상과 달리 소련이나 공산주의에 대한 비난의 말씀이 없었다. 그저 참 진리를 토로한 것뿐이다. 고르바초프의 이름은 한 번도 언급되지 않았다. 원수를 공격하여 그들이 해방되는 것이 아니다. 진리를 주어야 그들이 해방되는 것이다. 선생은 어디까지나 적극적이고 긍정적인 길을 가신다. 그들을 욕할 시간이 있으면 그 시간에 한마디라도 더 진리를 가르치고 싶으신 것이다.

'진리를 알지니, 진리가 너희를 자유케 하리라.'는 요한복음 8장 32절의 말씀처럼 선생은 진정한 '사랑의 메신저'요 '진리의 사도'였다.

세계사적 단독회담

1990년 4월 11일, 청명하게 맑은 하늘에는 구름 한 점 없었다. 마치 세계사에 길이 남을 단독회담을 축하하는 것 같은 날씨였다. 단독회담이 화해와 조화, 희망의 새로운 시대를 여는 전환점이 될 것을 알려주는 전조 같았다.

오전 10시, 소련 정부에서 보낸 리무진을 타고 문선명 선생 양위분은 크렘린궁에 도착했다. 리무진 뒤를 따르는 버스 한 대에는 전 세계에서 온 각국 전직 대통령과 수상 28명이 탑승하고 있었다. 세계에서 온 지도자들은 대통령 집무실이 있는 청사 앞에서 모두 하차하여 큰 회의테이블이 있는 접견실로 안내되었다. 문선명 선생 양위분이 상석에 착석한 뒤 테이블 양옆으로 전직 국가원수들이 자리를 잡았다.

이윽고 고르바초프 대통령이 얼굴 가득 미소를 지으며 등장했다. 고

1990년 4월 11일, 크렘린궁에 초대된 세계평화언론인협회 창시자인 문선명 선생 양위분과 28개국 전현직 국가원수들

르바초프 대통령 뒤에는 공산당 중앙위원회 이반 푸로로프 서기를 위시하여 비서실장·속기사·통역 등이 대동했다. 문선명 선생 일행은 일제히 박수로 대통령을 환영했다. 전직 국가원수들이지만 대부분 처음으로 고르바초프의 얼굴을 보는 사람이 많았다. 문선명 선생 또한 고르바초프와 첫 만남이었다.

고르바초프 대통령은 우선 세계언론인회의와 세계평화정상회의, 그리고 중남미통합기구회의가 동시에 모스크바에서 열리게 된 것을 크게 환영하면서 설립자인 문선명 선생에게 감사의 뜻을 표했다. 그런 다음 그는 열정적으로 글라스노스트, 페레스트로이카 정책의 성공을 설명했다. 그리고 “소련 사회는 이제 재편의 단계에 들어와 구체적으로 행동할 시기에 와 있다. 이와 같은 기운에 편승하여 이제부터는 뿌리째 뽑는 개혁을 진행하고 싶다.”고 결연히 말했다. 나아가 “이제 우리는 새로운 세계질서 구축을 향해 전진해야 한다.”며 미래에 대한 희망을 표명했다. 그는 러시아어로 말했고 영어로 통역이 되었다.

대통령의 말이 끝나자 문선명 선생이 말씀을 시작했다.

일순간 긴장이 흘렀다. 무슨 말씀을 하실 것인가? 모두 귀를 기울이는 순간 선생은 “사진과 TV에서 뵙는 것보다 훨씬 젊어 보이시고, 미남이십니다.”라고 덕담을 건넸다. 장내에 일장 폭소가 쏟아지고 긴장이 눈녹듯이 사라져 분위기가 부드러워졌다. 고르바초프 대통령도 미소를 지으며 “스파시바! 스파시바! (감사합니다)”라고 대답하더니 “사실은 격무에 너무 시달리는 바람에 늙어가는 것도 잊어버리고 있었다.”고 농담으로 응수했다.

다시 문선명 선생은 “세계 각국에서 온 고명한 대표단을 대신해 고르바초프 대통령께 경의와 찬사를 드립니다. 우리가 모스크바에서 이번 회의를 개최하게 된 것은 오로지 대통령께서 수행하시는 페레스트로이카 정책을 이해하고 지지하고, 이를 전 세계에 선전해드리기 위한 것입니다.”라고 했다. 이러한 선생의 말씀에 동석한 28명의 귀빈들은 모두 박수를 치면서 찬동의 뜻을 표했다.

문선명 선생은 이어서, “나는 이 자리를 빌려 전체를 대표하여 선물을 준비했습니다. 이것은 우리 조국 한국에서 나는 백색 대리석 병에 용을 조각한 예술품입니다. 백색은 우리 ‘백의민족’의 상징이며 이는 순결·결백을 상징하고, 돌은 영원불변을 상징하며, 용은 동양철학에서는 부귀·권세·영광을 상징합니다. 대통령께서는 이것만 있으시면 어려운 난국을 모두 헤치시고도 남을 것입니다."라며 선물을 증정했다.

고르바초프 대통령은 일어서서 문선명 선생 양위분에게 선물을 받은 후 나란히 카메라 앞에 서서 대리석 화병을 안고 기념촬영을 했다. "스파시바, 스파시바!"를 연발한 후에 "이제 이 대리석 병만 가지면 더 이상 바랄 일이 없겠군요!"라고 즐거운 농담을 했다. 또 한번 전 참석자가 박수를 치며 대소(大笑)하는 화기애애한 분위기가 되었다.

이것으로 정상회담의 제1막이 끝났다. 그 시간이 약 1시간30분이나 걸렸다.

다음은 비서실장이 와서 문선명 선생 양위분만을 대통령 집무실로 안내했다. 모시고 들어간 사람은 통역을 담당하는 저자와 중남미통합기구의 회장 호세 차베스 대사, 소련 측은 고르바초프 대통령과 통역, 그리고 블라소프 노보스티 통신사 사장이 합석했다.

얼핏 당연하고 평범한 회담인 것 같지만 이러한 소련 측의 대응은 두 가지 점에서 파격적인 예외가 있는 회담이었다.

첫째, 이제까지 소련 역사에 그 누구도 외부인사가 소련 대통령 집무실에 들어와 본 적이 없었다. 대통령 집무실은 소련 제국의 권좌요, 비밀 중의 비밀 장소였다. 그런데 이번엔 그 규칙을 깬 것이다.

둘째, 이곳은 대통령 집무실이지 사교장이 아니기 때문에 부부동반으로 들어갈 수 없었다. 처음에 대통령 비서실에서는 문선명 선생 영부인이 같이 오시는 것을 완강히 거절했다. 나는 보다 더 완강히 우리 전통으로는 두 분이 같이 가셔야만 축복이 된다고 했다. 하늘에서 보면 '참부모'의 자리이시니 두 분이 같이 들어가셔야만 그에게 천운을 줄 수 있다는 소신이 있었기 때문이다.

나는 이렇게 말하였다. "문선명 선생의 영부인께서는 '세계평화여성연합'의 총재이십니다. 단지 부인의 자격만이 아닙니다. 고르바초프 대통령은 세계 여성들의 지원이 필요하시지 않습니까? 대통령께 여쭈어 보십시오. 선생 양위분이 참석하는 것이 아니라면 우리는 회담 자체를 하지 않겠습니다."

나는 단호하게 말하고 강경하게 요구했다. 그동안 한 번도 없었던 일이라는데도 아예 회담을 하지 않겠다면서 고집을 부린 것이다. 이렇게 하는 것이 고르바초프 대통령을 살리는 길이라고 믿었기 때문에 외교적 결례라는 말에도 굽히지 않았다. 회담을 하지 않겠다고 하면 어떻게 하나? 걱정되기도 했다. 그런데 대통령에게 보고를 드리니 한 번에 승낙을 했다고 한다.

고르바초프 대통령의 집무실은 으리으리한 궁전의 밀실이라기보다는 나날이 닥쳐오는 산적된 안건을 처리하기 위한 기능적인 사무실이었다. 전면에 집무용 책상이 있고, 그 옆에 소련기가 세워져 있었으며, 벽에는 레닌의 초상화가 걸려 있었다. 한쪽에는 간부회의 테이블이 있고 의자 십여 개가 놓여 있었다. 바로 이 방이 스탈린이 소련 전토에 군림하고 브레즈네프가 세계적화의 전략을 지휘한 곳이다. 이런 생각을 하니 일종의 전율을 느끼지 않을 수 없었다.

그러나 시대는 변했다. 이젠 이 방에서 소련 대통령을 앞에 두고 하나님과 평화가 논의되는 것이다. 아, 역사의 기이함이여!

우리는 우선 집무실에 들어서서 훈장수여식을 거행했다. 중남미통합기구(AULA)에서 제정된 '자유와 통일의 대십자훈장'을 수여했는데 훈장 중앙에는 중남미의 독립과 통일의 영웅, 시몬 볼리바르의 초상이 조각되어 있었다. 이 훈장을 중남미통합기구의 창시자이신 문선명 선생이 고르바초프 대통령에게 수여했다.

차베스 대사가 훈장증을 읽고, 문선명 선생이 견장을 대통령의 어깨에 걸고 대훈장을 가슴에 달아주었다. 그러고 나서 선생은 대통령의 어깨에 달아준 훈장 위에 오른손을 얹고 왼손으로 영부인의 손을 잡고 간독한 기도를 하셨다. 선생의 음성은 감격에 떨렸으며, 양위분의 눈에서는 눈물이 빛났다. 그리고 마지막에 "이 대통령을 하나님께서 축복하소서. (God bless you, Mr. President.)" 하고 영어로 기도하셨다. 기도 후에 이 우주적 두 거인은 뜨거운 포옹을 했다.

고르바초프 대통령은 홍조된 얼굴로 어린아이와 같이 좋아했다. 그리고 우리 모두에게도 악수를 청했다. 이 훈장수여식은 외부에는 알려지지 않았지만 하나님의 축복을 전하는 일종의 의식과도 같았다. 소련 독재자의 권좌, 소련 대통령 집무실에는 따뜻한 사랑의 온기가 감돌았다. 고르바초프 대통령은 이제 하늘의 축복을 받았으니, 천운의 보호를 받는 자가 된 것이다.

훈장수여식을 마친 후 더욱 가까워진 두 사람은 자리에 앉아 세계의 역사를 바꾸는 말씀을 나누었다.

"대통령, 나는 대통령의 개혁 의지와 동기를 믿습니다. 그러나 이것이 대통령의 개혁이라 생각하시면 실패하십니다. 이는 하나님이 하시는 개혁입니다. 대통령께서는 이 성업에 부름 받으신 것입니다. 소련과 대통령께서 사시는 길은 하나님을 소련에 모셔오는 길입니다. 하나님을 제쳐놓고 하는 모든 인간의 일은 실패합니다.

대통령, 공산주의는 하나님의 주의가 아닙니다. 공산주의는 종언이 오게끔 되어 있습니다. 이 나라에 종교의 자유를 불러일으키십시오. 정신의 페레스트로이카가 먼저 일어나야 합니다. 공산당이 망한다 해도 나라가 망하는 것이 아닙니다. 그때에는 참된 새 나라가 탄생될 것입니다. 베를린 장벽의 붕괴를 허락하신 대통령은 용기 있는 일을 하셨습니다. 앞으로 더 큰 대통령의 결단이 필요할 것입니다. 소련연방의 각 공화국의 자유 독립을 막지 마십시오. 거대한 러시아가 있지 않습니까?

이 시점에서 세계전쟁을 막고 핵무기의 전쟁을 막을 수 있는 사람은 대통령 한 분입니다. 대통령 한 분이 하시기에 따라서 세계인류를 멸망시킬 수도 있고, 항구적 세계평화를 구축할 수도 있습니다. 그래서 나는 오늘 대통령을 만나서 하나님의 축복을 빈 것입니다. 소련 대통령직에 연연하지 마십시오. 당신은 세계평화의 사도로, 세계 대통령으로 영원히 남을 일을 하셔야 합니다. 절대로 피를 흘리게 하지 마십시오."

전체가 모인 가운데 진행된 회담이 고르바초프 대통령이 전하는 페레스트로이카의 설교였다면, 이후에 열린 단독회담은 문선명 선생이 간곡하게 충고하는 하나님주의의 설교였다. 다행히 고르바초프 대통령은 진지하게 선생의 말씀을 들었다. 선생이 한국어로 말씀하면 내가 영어로 통역하고 소련의 통역관이 다시 대통령에게 러시아어로 통역했다.

진지한 말씀의 수수작용은 불꽃이 튀었다.

고르바초프 대통령은 고개를 끄덕거리며 열심히 경청한 후에 "레버런 문, 당신의 말은 보통 말이 아닙니다. 그러나 소련과 나를 위해서 사랑으로 해주신 말씀인 것을 믿습니다. 나는 오늘 선생 말씀의 진의를 깊이 파악했습니다. 로마교황청 방문 이후 종교에 대한 이해의 폭이 넓어졌습니다. 종교의 역할에 대해서는 레버런 문과 인식을 같이하고 있습니다."라고 화답했다.

문선명 선생은 이제 화제를 현안의 정치문제로 돌리셨다. "나는 한국 국민의 한 사람으로서 대통령께서 한국과 소련의 우호증진과 극동지역의 평화안정을 위하여 심혈을 기울이고 계신 데 경의를 표합니다. 한반도는 장차 통일될 운명에 있습니다. 우리 국민은 한·소 국교가 수립되고, 대통령께서 노태우 대통령을 만나주실 것을 기대하고 있습니다."라고 덧붙였다.

여기에 대하여 고르바초프 대통령은 "한·소 관계는 순조롭게 발전할 것을 확신합니다. 무엇보다도 우선 한반도의 정치적 안정과 긴장완화가 필요하다고 생각합니다. 한국과의 수교는 이제 시간문제입니다."라고 말하며 "거기에는 아무런 장애도 없습니다. 노 대통령도 만나고 싶습니다."라고 적극적으로 응답했다. 참으로 명쾌한 대답이었다.

모스크바 대회의 또 하나의 큰 승리는 한반도 문제의 전진이었다. 한국의 정계와 매스컴들이 충격을 받은 것은 한국 정계요인들이 지금까지 이루지 못한 한반도의 긴장완화와 평화통일문제에 관하여 문선명 선생이 고르바초프 대통령과 직접 회담을 이루고, "시간문제다. 아무런 장애도 없다. 노 대통령도 만나고 싶다."는 구체적 언급을 받아낸 것이다.

그는 그 약속을 확실히 이행했다. 문선명 선생과 단독회담 후 6월 4일, 고르바초프 대통령은 샌프란시스코에서 노태우 대통령(1988~1993 재임)과 정상회담을 갖고, 한·소 국교수교를 추진했다. 이후 한소 국교수교는 일사천리로 진전되어 9월 30일, 국교를 맺게 되었다.

당시 한국의 시사전문 주간지 〈시사저널〉(4월 29일 발행)은 이 역사적인 단독회담을 높이 평가했다. "소련의 최고지도자가 한·소 수교와 한반도의 안전보장 문제에 관하여 이와 같이 명확하게 그 정책을 천명한 것은 전례가 없다."고 격찬했다. 그리고 동 주간지는 동년 3월 21일에 방소한 당시 한국의 민주자유당 김영삼 최고위원 일행의 성과와 비교하여 "문선명 목사의 접근방법과 내용은 정부보다 한 차원 위에 있다", "헝가리 등 동구제국과 국교수립에 전력한 박철언 씨와 같은 유명한 북방외교의 밀사도, 정치생명까지 건 민자당 최고위원조차도 하루아침에 낙제생이 되어버렸다."고 지적했다. 고르바초프 대통령이 직접 한·소 수교의 의향을 표명한 것은 이때가 처음이었기 때문이다. 나아가 고르바초프 대통령은 한반도의 긴장완화를 위하여 중재역이 되는 것도 쾌히 승낙했다.

문선명 선생은 마지막으로 고르바초프 대통령에게 "무엇이든지 내가 도울 일 있으면 알려주시기 바랍니다. 나는 종교지도자이지만 지금 이 시점에서 대통령을 돕는 일보다 더 중요한 일이 없다고 생각합니다."라고 약속했다.

대통령은 기쁜 표정으로 "가끔 〈워싱턴 타임스〉의 기사가 나에겐 너무 아픕니다."라고 말하며 크게 웃었다. 선생은 얼른 받아서 "〈워싱턴 타임스〉는 당신의 글라스노스트, 페레스트로이카 정책의 절대적인 후원자입니다. '달리는 말에 채찍질 한다'는 격언도 있지 않습니까. 그들이 더 일을 잘하게 하기 위해서 이 언론인회의가 여기서 열리는 게 아닙니까."라고 말씀했다. 대통령은 다시 "스파시바, 스파시바!"를 연발했다. 기념회담은 화기애애한 가운데 진행되었다.

기념촬영을 마치고 집무실을 떠날 때에 선생은 대통령과 굳게 악수하며 대통령을 한국으로 초청했다. "대통령, 한국에 꼭 오십시오. 한국에서 뵙겠습니다." 고르바초프 대통령은 미소로 화답하면서 "초청해주시면 가겠습니다."라고 말했다.

이어 대통령은 영부인과 악수하면서, "부인이 정말 아름다우십니다. 한복차림이 참 잘 어울리시는군요."라고 했다. 한학자 여사는 "라이사 여사는 정말 아름다운 부인이십니다. 세계 여성들이 라이사 여사를 존경하고 있습니다. 저 또한 내일 라이사 여사를 뵙는 것을 즐겁게 기다리고 있습니다. 남편이 먼저 이야기했지만 대통령께서는 참 미남이시군요."라고 대답했다.

고르바초프 대통령은 하늘에라도 올라가는 기분인 것처럼 밝게 웃었다. 고르바초프 대통령과 문선명 선생, 두 분 모두 미소가 떠나지 않았다. 가족적인 분위기에서 화기애애하게 진행된 회담이었다.

그러나 하늘이 보시기에 이것은 우주적 야곱의 대승리요, 세계적으로 새 섭리가 출발되는 큰 조건이 성립되는 순간이었다. 그리고 이 회담은 실제로 세계의 역사를 바꾸어 놓았다. 이 회담 이후의 세계사가 이를

문선명 선생과 고르바초프 대통령은 가족적인 분위기에서 시종일관 화기애애하게 단독회담을 가졌다.
당시 여성으로는 유일하게 한학자 여사가 소련 대통령 집무실을 방문했다.

분명하게 증명하고 있다.

문선명 선생이 고르바초프 대통령을 만나야 할 필연적, 섭리적 이유는 앞서 설명했다. 세계적 에서이자 가인의 입장에 있는 고르바초프 대통령이, 세계적 야곱이자 아벨인 문선명 선생을 받아들임으로써 하늘이 바라시는 섭리적 역할을 성취하게 되는 것이다. 이것은 공산주의 소련의 대표로서 사탄 편에 선 고르바초프가 하늘의 섭리를 완결시키는 하늘의 협조자가 되는 것을 의미한다. 이로써 그에게는 천운이 함께하게 된다. 이 천운을 타지 않고는 그는 소련이 직면한 난국을 헤치고 살아남지 못할 것이다. 이것이 하늘의 견해였다.

"그가 나를 만나지 않고는 천운을 탈 길이 없고, 천운을 타지 않고는 그는 오래가지 못한다." 이것은 문선명 선생이 고르바초프 대통령에 대해 했던 말씀이다.

결국 선생을 만나는 것이 고르바초프가 사는 길이다. 이는 나중에 극적인 형태로 증명되었다. 선생은 앞으로 그에게 닥쳐올 생명의 위험을 알고 계셨던 것이다.

그 당시 소련의 개혁은 그 누구도 통제할 수 없을 것 같았다. 소련개혁의 돌풍은 브레이크가 없는 기차와 같았다. 이젠 아무도 이 기차를 세울 수 없었다. 소련해방운동이 고르바초프라는 알맞은 배역을 통해서 시작되었지만 이는 인간 고르바초프의 개혁이 아니었다. 그것은 하늘의 개혁이자 하늘의 소련해방운동이었다. 단적으로 말해서 소련개혁이란 곧 혁명이었던 것이다.

이 혁명은 고르바초프 대통령의 상상을 훨씬 초월하고 있었다. 혁명을 시작한 장본인조차도 통제하지 못하는 무서운 파고가 되어 한꺼번에 소련사회를 휩쓸고 있었다. 이미 봇물은 터진 것이다. 천하의 어떤 힘도 이 혁명의 물결을 막을 수가 없었다.

글라스노스트, 페레스트로이카 정책이 이렇게까지 확대되리라고는 고르바초프 자신도 처음에는 상상을 못했었다. 그는 솔직하게 이 사실을 인정했다. "이젠 역사의 흐름에 맡기는 수밖에 없다." 이젠 속수무책인 것을 안 것이다. 만일 그에게 종교적인 통찰력이 있었다면 보다 정확히 이렇게 말했을 것이다. "이젠 하늘의 섭리에 맡길 수밖에 없다." 그러나 그는 그때까지만 하더라도 무신론자였다.

그동안 혁명가는 항상 피를 보고 쓰러져 왔다. 이것은 역사의 원칙처럼 모든 혁명가들에게 반복되었다. 혁명가의 최후는 비참했던 것이다. 고르바초프도 이러한 운명의 수레바퀴 아래에 있었다. 이 사실을 너무도 잘 아시는 분이 문선명 선생이었다. 선생의 사명 중의 하나는 그를 만나 하늘의 축복을 내리는 것이었다. 그에게 천운을 전달해 그를 보호하기를 염원했다.

문선명 선생은 영부인을 동반하고 소련 대통령 집무실에 들어가 회담을 한 것 자체는 크렘린 역사에 없던 이례적인 일이었다. 고르바초프 대통령이 이 역사적인 회담을 기쁘게 받아들여서, 만면의 미소로 서로 손을 잡은 문선명 선생 내외분과 고르바초프 대통령의 사진은 세계를 놀라게 했다.

이 사진에 관해 잊을 수 없는 일화가 하나 있다. 사실 크렘린에서는 문선명 선생과 고르바초프 대통령의 단독회담을 외부에 알리고 싶지 않았다. 그래서 이 회담을 개최하기 직전에 사진촬영을 할 수 없다는 조건을 제시했다. 비서실에서는 소련 대통령 집무실의 사진이 절대로 밖으로 나갈 수 없다는 것을 누누이 강조했다. 다른 세계적인 지도자들과 함께 문선명 선생이 크렘린을 예방하고 고르바초프 대통령과 환담한 수준으로 언론에 보도되기 바라는 것 같았다.

나는 마음속으로는 걱정했지만 회담이 개최되기 직전이라 어쩔 수가 없었다. 다만 만일의 경우를 생각해서 한국에서 동행한 권영우 카메라맨에게 "돌아가지 말고 대통령 집무실 주변을 떠나지 말고 있어라."고 신신당부를 했다.

아니나 다를까. 고르바초프 대통령과 의미 깊은 회담을 마치신 후에 문선명 선생이 나에게 말했다.

"빨리 사진을 찍어라. 빨리 빨리!"

드디어 일이 터졌다. 나는 궁지에 빠졌다. 그러나 그 전후사정을 선생에게 설명할 여유는 없었다. 그 때, 나는 순간적으로 고르바초프 대통령 앞으로 다가섰다. 그리고 대담하게 이렇게 말했다. "지금 레버런 문께서 이 역사적인 회담을 평생의 기념으로 간직하고 싶다고 말씀하십니다. 선생의 가족 앨범을 위해서 사진을 한 장 찍어 주시겠습니까?"

고르바초프 대통령은 화기애애한 분위기 가운데 드리는 부탁을 흔쾌히 받아주었다. 사진촬영을 금지한다고 했지만 거절할 수 없는 분위기였던 것이다. 대통령이 "다. 다."라고 대답하자 블라소프 노보스티 사장이 신속하게 밖으로 나가 카메라맨을 찾았다. 그러나 사진촬영을 하지 않기로 했기에 노보스티 카메라맨이 대기하고 있을 리가 없었다. 집무실 앞에 대기하고 있던 사람은 선생의 수행 카메라맨 권영우 형제였다.

블라소프 사장은 그를 데리고 들어왔다. 역시 그는 전문가였다. 불과 30초도 안 되는 동안에 명중타 세 방을 터뜨렸다. 그리고 어느 사이에 저자가 고르바초프 대통령과 악수하는 것까지 놓치지 않았다. 정말 이는 천우신조(天佑神助)였다.

이 사진이 아니었더라면 우리가 무엇을 가지고 문선명-고르바초프 단독회담을 증명할 수 있었을까? 그 순간에 하늘이 나에게 주신 지혜는 '가족 앨범(family album)'이라는 한 마디였다. 그러나 이 사진은 온 세계와 인류 전체가 볼 수 있는 사진이 되었다. 부모이신 하나님 아래 인류 한 가족이니, 온 인류는 문선명 선생 내외분의 가족과 같기에 거짓말이라고 할 수도 없는 일이었다.

후에 나는 내 당부대로 집무실 앞에서 대기해 준 권영우 형제에게 뜨겁게 감사의 인사를 전했다. "당신은 나를 살린 영웅"이라고 말하자 그는 웃으면서 대통령 집무실 밖에서 서성거리다가 경호원들에게 몇 번 발길로 차였다고 고백했다. 그런 충직한 사람이 있었기에 역사적 현장은 사진으로 남을 수 있었다.

고르바초프 개혁성공에 기도

1990년 4월 12일 밤, 3일간의 진지한 회의를 끝낸 모스크바대회의 참석자들이 대회성공을 축하하기 위하여 다시 한자리에 모였다. 폐막축하모임이 열린 나탈리아 싸스 국립아동궁전극장은 1천300여 명의 참석자와 방청객으로 입추의 여지가 없었다. 고르바초프 대통령과 라이사 영부인을 비롯하여 푸른 리본 차림의 소련 당국자 대표단이 모두 참석한 가운데 문선명 선생은 대회폐막의 인사말씀을 하셨다.

"어제 본인은 고르바초프 대통령과 중요하고 의미 있는 회담을 가졌습니다. 나는 그의 정책과 리더십을 존경하고 칭찬과 격려를 하였습니다. 나는 대통령께서 진행시키고 있는 평화를 위한 정책을 지원하기 위하여 가능한 모든 각도에서 협력할 것을 확실하게 약속하였습

크렘린궁을 배경으로 기념촬영한 리틀엔젤스와 저자

니다. 본인은 소련이 성공하기 위한 비결은 모든 노력의 중심에 하나님을 모시는 것이라고 고르바초프 대통령께 말했습니다. 그것은 본인이 본인 자신의 생애를 통해 몇 번이고 실증해 온 일인 것입니다.

고르바초프 대통령은 그가 지고 있는 짐은 크고 무거우며, 그 사명은 어려운 사명이라고 말했습니다. 맞는 말입니다. 이제 하나님을 자기편으로 끌어들이는 길밖에는 이 문제의 다른 해결책과 승리의 길이 없습니다.

개막식 창시자 연설에서 본인은 하나님을 중심으로 한 세계관의 중요성에 관하여 말씀했습니다. 한 종교지도자로서 하나님을 중심으로 한 세계관이 모든 문제의 해결을 가져올 것을 강하게 확신하고 있습니다. 인간에게만 중심을 놓는 무신론은 결국 참극과 자기붕괴를 초래할 뿐입니다. 이것은 우주의 원리요, 동서고금에 통하는 진리입니다. 본인은 이 회의에 참석하신 모든 저명한 정치인 및 언론인들께서 이 원리와 하나가 되실 것을 희망하는 바입니다.

본인은 지금 큰 희망을 가슴에 느끼면서 소련을 떠나려 하고 있습니다. 이 나라는 금후 10년간 하나님의 섭리에 있어서 중심적 역할을 성취할 것입니다. 우리 모두 함께 소련의 글라스노스트와 페레스트로이카를 지지하도록 합시다. 지속적인 세계평화를 위해 노력합시다. 나는 기도할 때마다 소련과 소련 국민을 위하여 기도합니다. 이 소련에 하나님의 축복을 내리소서."

모든 청중이 감동의 도가니 속에 있었다. 그들은 천지를 진동시키는 박수와 환호로 모스크바 대회의 폐막을 축하했다.

미국의 유명한 칼럼니스트인 조지 앤 게이어(Georgie Anne Geyer)는 모스크바대회에 대해 '가장 있을 법하지 않은 만남'이라는 제목으로 칼럼을 썼다. 그녀는 "지난 5년 동안 소련에서 일어난 가장 믿기 어려운 일들 가운데 그 어떤 것도 최근 미하일 고르바초프와 문선명 목사의 행복한 만남보다 더 있을 법하지 않다."고 논평했다. 또 계속해서 "통일교회의 수장인 문 목사는 소련 사람들에게 아담과 이브에 대해 강의했다. 모두가 무신론자인 소련 최고위급 관리들은 감명 깊은 표정으로 경청했다."고 덧붙였다.

세계가 놀랄 일이 모스크바에서 일어나고 있었다.

이어서 한국이 낳은 세계문화사절, 우정과 평화의 천사 '리틀엔젤스'의 공연이 이 대회의 폐회를 축하하면서 펼쳐졌다. 이 아리따운 어린 천사들은 문선명 선생이 지난 1962년 창설한 평화의 문화사절이다. 창설 이후 평화와 사랑을 전하기 위해 세계를 누비었다. 그리고 이 날, 드디어 철의 장막을 뚫고 공산주의의 아성 모스크바의 한복판에서 아름다운 사랑의 춤과 노래로써 만인의 가슴을 매료시켰다.

춤의 순서가 끝나고 합창의 순서에 이르렀을 때 리틀엔젤스 단원들이 그 청아한 목소리로 러시아의 민요를 합창했다. 장내는 환호성으로 떠나갈 듯했다. "앙코르!", "앙코르!" 멈출 것 같지 않은 뜨거운 환호가 연호되는 가운데 리틀엔젤스는 다른 러시아 민요를 불렀다. 참석자들도 한마음이 되어 민요를 부르며 앙코르에 응답했다.

감격에 겨워 민요를 같이 부르는 소련지도자들의 모습은 참으로 인상적이었다. 잊고 있었던 러시아민요가 잊었던 러시아의 혼을 일깨워 하나가 되도록 만든 것 같았다. 본래 정열적인 슬라브 민족의 혼과 정신이 담겨 있는 민요들이다. 관중은 흥분 그 자체였다. 그들의 절규에 가까운 휘파람 소리! '브라보!', '브라보!'의 환호성 속에 드디어 리틀엔젤스가 준비한 무대가 마무리되었다.

사회자는 신속히 앞으로 나가 "문선명 선생이 모스크바에 계시는 동안에 결혼 30주년을 맞이하셨습니다."라고 설명하며 다 같이 축하의 시간을 가지자고 제안했다. 무대 한쪽에서 큰 케이크가 등장했다. 케이크에 꽂힌 30개의 초가 빛을 발했다.

축하케이크는 리틀엔젤스 앞에 준비되고, 문선명 선생 내외분이 환호 속에 행복한 얼굴로 다시 등장했다. 청아한 리틀엔젤스의 "성혼 축하합니다. 성혼 축하합니다~."의 노래에 장내 모두는 박자를 맞췄다. 선생 내외분은 초를 불어 끄고, 케이크를 잘랐다.

회장의 흥분은 절정에 달했다. 곱게 화장을 한 리틀엔젤스가 선생 양위분께 축하의 뽀뽀를 했다. 립스틱이 선생의 볼에 빨갛게 키스마크를 만들었다. 관중석에서 폭소가 쏟아졌다. 그리고 리틀엔젤스 전 단원들이 관중석으로 내려가 모든 귀빈들에게 뽀뽀했다. 모두 볼에 묻은 립스틱 자국을 닦으면서 파안대소 했다.

거기에는 공산진영도 자유진영도 없었다. 모두 한 가족처럼 같이 웃고 같이 축하를 하며 행복한 시간을 즐기고 있었다. 모두 마음 깊이 평화를 느낄 수 있는 밤이었다. 모스크바대회의 피날레는 평화의 축제로 깊어가고 있었다.

영부인인 라이사 여사는 모든 공연이 끝난 뒤 무대 뒤로 올라오셨다. 태극기와 소련기를 양손에 든 리틀엔젤스 단원들이 라이사 여사에게 다시 뽀뽀세례를 퍼부었다. 라이사 여사는 "나의 어린 천사들(My Little Angels)!"을 연발했다. 그리고 문선명 선생 양위분에게 따뜻한 악수를 청하면서 "리틀엔젤스야말로 진실로 평화의 천사들입니다. 축하드립니다."라고 말했다.

그리고는 떠나기 전에 다시 한번 선생을 바라보며 "남편으로부터 말씀 잘 전해 들었습니다. 오늘 여기서 하신 말씀은 남편께 큰 힘이 될 겁니다. 당신의 뜨거운 정열에 남편은 정말로 위로 받았습니다. 감사합니다." 하고 감사인사를 전했다.

소련의 퍼스트레이디 라이사 여사는 모스크바 대학에서 마르크스 레닌주의 철학을 강의할 정도로 엘리트 공산주의자였다. 그녀는 대학생 때 고르바초프와 결혼했는데 정치적으로 남편을 응원하고 격려하는 동지였다. 그동안 베일에 가려져 있던 역대 서기장들의 부인과 달리 그녀는 국제정치 무대에도 적극적으로 참여했다. 그래서 서방에서 고르바초프의 개방성을 신뢰할 수 있게 했고, 인기를 더욱 높여주었다.

리틀엔젤스의 무대가 끝난 뒤 만난 라이사 여사가 얼마나 따뜻하고 순수한 사람인지 알 수 있었다. 그리고 진심으로 남편을 사랑하고 세계와 소통하고 싶어 하는 마음이 느껴졌다. 이후에도 나는 러시아에서 라이사 여사가 영부인으로 있을 때 단독회담을 가진 적이 있었다. 그분은 언제나 격조 높고 지적인 퍼스트레이디였다.

1994년 세계평화회의에 참석하기 위해 라이사 여사가 한국에 방문하

리틀엔젤스의 폐막공연이 끝나고 무대로 올라와 단원 한 사람 한 사람과 포옹하며 감동을 전한 라이사 여사

였을 때도 회의기간 내내 여사와 함께할 수 있었다. 다시 라이사 여사를 만났을 때 반가운 마음으로 인사를 하려다가 나는 깜짝 놀랐다. 그녀의 목에 십자가 목걸이가 빛나고 있었던 것이다. 그 사이 그녀는 무신론자로서의 삶을 마감하고 하나님과 예수 그리스도를 받아들였다. 고르바초프 대통령의 어머니가 러시아정교회의 독실한 신자여서 고르바초프에게 유아세례를 받게 했다는 것은 널리 알려진 사실이다. 라이사 여사도 소련의 멸망과정에서 무신론을 버리고 하나님을 믿게 되었으며 세례를 받았다고 한다. 그 이야기를 듣고 문선명 선생은 자기 일처럼 기뻐했다. 그리고 진심으로 신앙생활을 하게 된 것을 축하했다.

특히 마지막 만찬에 참석한 여사는 자상하고 아름다운 모습으로 자리를 빛내주었다. 그 자리에서 리틀엔젤스 단원들과 반가운 재회를 했는데 너무나 다정하게 단원들에게 인사를 해주어서 감동을 주기도 했다. 그분은 고르바초프 대통령의 반려자일 뿐만 아니라 동지이자 후원자라는 걸 깊이 느낄 수 있었다.

후에 라이사 여사는 암으로 와병하다 1999년 9월 20일 독일에서 운명했다. 그 소식을 듣고 나는 진심으로 애도의 마음을 느꼈다. 다행인 것은 구세주 참부모 되시는 문선명 선생과 한학자 여사를 만나 뵈었고, 두 분을 존경하면서 눈을 감았다는 것이다. 그리고 생전에 문선명 선생의 영향으로 무신론자에서 유신론자로 전향하고 하나님을 믿으며 승천했다는 것이다.

나는 "하나님이시여, 당신의 곁으로 간 라이사 여사에게 큰 위로와 영광을 내리시옵소서."라고 여사를 위해 기도했다. 한때 모스크바에서 열린 한 사진전에 고르바초프 대통령이 기도하는 사진이 전시되었다. 그리고 그 사진설명에 '고르바초프 대통령은 이 기도를 문선명 목사로부터 배웠다.'고 되어 있었다. 고르바초프 대통령 부부에게 하나님을 전도한 분은 문선명 선생이다.

모스크바대회 기간 중인 4월 13일에는 또 하나의 역사에 기록할 만한 중요한 일이 일어났다. 문선명 선생이 '붉은 광장'을 방문한 것이다. 나는 선생을 모시고 '붉은 광장'을 방문하면서 벅찬 감격이 밀려왔다. 감개무량이라는 말로도 다 표현할 수 없는 심정이었다.

'아, 붉은 광장! 레닌이 아직 잠들어 있는 붉은 광장! 여기서 행진하는 소련군의 시위를 보고 세계인이 얼마나 공포에 떨었던가. 붉은 광장이여! 이제 침략의 역사는 끝이 났다. 이제 재림주로 오신 문선명 선생이 이곳을 걸으시게 되었으니 이제 다시는 세계인의 가슴을 조이게 하지 말라!'

놀랍게도 많은 소련 국민들이 문선명 선생을 알아보고 말을 걸어왔다. 지난 며칠 동안 연이은 TV방송 때문이었다. 여러 사람들이 달려와서 선생에게 악수를 청했다. 한 행인은 주위를 슬쩍슬쩍 쳐다보면서 "레버런 문(Rev. Moon), 성공을 빕니다. 선생은 우리의 희망입니다."라고 말했다. 또 한 여인은 뒤를 훌쩍 쳐다보며, "절대 양보하지 마십시오. 선생님!" 하고 달아났다.

얼마나 의미심장한 말들인가? 이들은 레버런 문을 구세주처럼 받아들이고 큰 기대를 하고 있는 것이다. 그런데 그 분이 바로 진짜 구세주인 것을 알면 이들이 얼마나 더 놀랐을까.

선생 일행은 다리를 건너 크렘린궁전 안으로 들어갔다. 그곳에는 크렘린궁 안에서 가장 중요한 교회로 유명한 성모승천교회, 즉 우스펜스키 사원이 있었다. 일행은 조용히 그 안으로 들어갔다. 마침 일행이 안으로 들어간 시각은 3시 55분으로 예수님이 승천한 시간이었다. 일행은 선생을 둘러싸고 서서 기도를 시작했다. 선생은 눈물로 감사의 기도를 시작하셨다. 인류구원의 섭리역사를 성취하기 위하여 여기까지 이끌어주신 하나님께 올리는 감사의 기도였다. 또한 이곳 모스크바에서 지난 3일 동안 이루어진 섭리적 사건들을 놓고 동서의 에서와 야곱의 세계적 화해가 이루어진 데 대한 진정한 감사의 기도였다. 끝으로 특별히 고르바초프 대통령 내외분에게 천우신조(天佑神助)를 눈물로 호소했다.

모스크바대회를 마치며 나는 기상천외한 말을 듣게 되었다. 문선명 선생 일행이 도착했을 때부터 떠나실 때까지 일행의 경호를 담당했던 소련 KGB의 고위관리는 마지막으로 선생에게 인사를 올리면서 "저는 얼마 전까지만 해도 문선명 선생 암살계획을 세우는 팀의 한 사람이었습니다. 그랬던 제가 이제는 정부의 명령으로 선생의 신변을 보호하는 사명을 맡게 되었습니다. 저의 임무 변화를 보면 우리 소련의 정책이 180도 변화하였다 해도 과언이 아니라는 것을 알 수 있습니다. 만일 제가 선생을 암살했더라면 어쩔 뻔했나 생각하니 등골에 식은땀이 납니다. 이번에 모시는 영광을 주셔서 감사합니다."라고 고백했다.

8월 정변과 고르바초프의 고난

하늘이 고르바초프 대통령에게 맡긴 사명을 수행하는 것은 험난하고 어려운 여정이었다. 제3차 세계대전이라는 인류파멸의 핵전쟁이나 열전 없이 공산주의 종주국 소련을 종식시키는 것은 쉬운 일이 아니었다.

74년 동안 소련체제에 뼛속 깊이 박힌 공산주의, 하나님을 부정하고 혁명과 계급투쟁 이데올로기를 신봉해온 공산주의는 신을 믿지 않는 또 하나의 종교였다. 단기간 안에 세계의 절반을 집어삼킨 것도 바로 인간의 종교적 정열에 호소하였기 때문이다.

공산주의자들은 인류의 이상향을 강조하며 이상세계의 건설이란 꿈을 이루기 위해 모든 것을 희생해왔다. 그러나 공산주의 유토피아의 이름으로 무고한 1억5천만 명이 희생되었다. 적화혁명을 위해서라면 수단을 가리지 않는 무자비한 공산주의 사상의 희생양이 된 것이다.

소련이 아무리 페레스트로이카로 탈공산화가 진행되고 있다 할지라도, 보수적인 공산주의자도 많았다. 노멘클라투라(특권계층)의 핵심을 점유하는 보수 반개혁파의 따가운 시선을 온몸으로 받으며 고르바초프 대통령은 항상 위기 속에 있었다.

1990년 말부터 고르바초프 대통령을 둘러싼 상황이 어렵게 전개되었다. 민족분리운동이 격화되고 식량난이 심화되면서 고르바초프의 마음 또한 흔들렸다. 위기를 타개하기 위해 보수강경파 지도자들이 당 부서기장, 부통령과 내무부장관에 임명되었다. 당 부서기장에 이바슈코, 부통령에 야나예프가 선임되었고, 내무부장관에 푸고가 임명되었다.

그러나 1991년 경제위기는 더 심각해졌다. 공산주의는 몰락하고 있었지만 이를 대체할 체제가 세워지지 않으면서 대혼란이 발생한 것이다. 지역·기업 간의 협력관계가 무너지면서 원료와 자재 등이 원활하게 공급되지 않았다. 많은 사람들이 미래에 대해 불안을 느꼈으며 소련의 운명이 밝지 않다고 확신하기 시작했다.

사람들은 획일적인 공산주의 경제는 더 이상 가망이 없지만, 페레스트로이카로도 나아질 게 없다는 회의적인 반응을 보였다. 고르바초프 취임 이후 나아진 것이 실질적으로 없었기 때문이다. 이러한 반응은 공산주의를 포기하고 자본주의로 가야 한다는 막연한 동경으로 이어졌다.

점점 온건개혁파보다 급진파의 주장이 인기를 얻었으며, 고르바초프식 개혁은 설 곳을 잃어갔다. 3월에는 급진적 경제개혁을 주장하는 옐친을 지지하는 50여만 명이 혁명 이후 최대의 시위를 벌였다.

반면 공산주의 체제를 수호해야 한다는 보수주의의 움직임도 바쁘게 진행되었다. 군부와 KGB를 중심으로 보수파는 연방의 분열과 자본주의 경제 도입을 막아야 한다는데 의견의 일치를 보았다.

급진적 개혁파의 압박과 수구적 보수파의 저항이라는 진퇴양난에 직면해있던 고르바초프는 마침내 옐친을 선택했다. 6월에 옐친이 러시아 초대대통령에 당선되면서 고르바초프와의 협력관계는 더욱 강화되었다. 8월 20일에는 연방정부와 각 공화국 간에 신연방조약을 맺기로 합의했다.

이러한 움직임에 대해 보수파는 반격을 준비했다. 신연방조약을 체결하지 못하도록 막기로 한 것이다. 신연방조약 초안은 연방을 구성하는 각 공화국에 대폭적인 자주성을 인정하고, 조세권을 이양하는 것이었다. 또한 완만한 연방체제로 이행하는 것이 명시되어 있었다. 만일 이 조약이 조인된다면 공산당 지도부도 중앙집권적인 연방정부도 그 권한이 꺾이게 되어 유명무실화된다. 고르바초프 대통령은 형식적인 연방과 공산당만큼은 존속시키고, 그와 교환하여 각 공화국에 대한 권한이양, 실질적인 독립과도 같은 자주성의 용인을 결정한 것이다.

보수파에게 있어서 연방권력을 대폭 공화국으로 이양하게 되는 신연방조약은 사실상 연방의 해체와 같았다. 연방에 소속되었던 각 공화국은 급속도로 자본주의 체제로 전환될 것으로 예상되었기 때문이다. 신연방조약은 연방체제의 해체이자 몰락이었다. 보수파는 체제를 수호하고자 KGB를 중심으로 뭉쳐 쿠데타를 결행하게 된다.

8월 18일, 이들은 크림반도 별장에서 휴가를 보내고 있던 고르바초프를 찾았다. 고르바초프에게 비상사태가 일어날 것이라고 알려주면서 비상사태선언에 동조할 것인지, 사임할 것인지를 선택하라고 요구했다. 고르바초프는 단호하게 이들의 요구를 거절했다. 결국 고르바초프는 감금되고 말았다. 그리고 보수파는 다음 날인 8월 19일 쿠데타를 결행했다.

이들은 쓰러져가는 소련제국을 구출한다는 대의명분하에 쿠데타를 일으켰다. 온건개혁파인 겐나디 야나예프 부통령, 올레그 바클라노프 연방국방부 제1부위원장을 중심으로 블라디미르 크류츠코프 KGB 의장, 발렌틴 파블로프 총리, 보리스 푸고 내무장관 그리고 바실리 스타로두브체프 국제농업연맹의장, 알렉산드르 티지야코프 산업교통통신위원장, 드미트리 야조프 국방장관이 합류했다. 그들은 강력한 연방체제와 공산당 독재체제가 파괴되는 것을 두고 볼 수 없었다. 그들은 또한 공산주의 특유의 정치시스템을 유지하면서 자신들의 기득권과 특권을 지키길 원했다.

고르바초프 대통령과 라이사 여사를 별장에 감금한 뒤, 19일 아침 야나예프 부통령이 대통령으로 취임했다. 그리고 오전 6시 30분(모스크바 시각), 소련에서 쿠데타가 일어났음을 알리는 보도가 세계의 모든 통신사와 언론사로 전달되었다. 고르바초프 대통령이 와병으로 사임하고 소련 전국에 6개월간 비상사태가 선포됐다는 소식이었다. 국가 비상사태위원회가 전권을 장악했다는 담화문을 발표했고 모스크바 시내에 전차와 장갑차가 들어왔다. 세계는 놀라고 긴장했다. 불안 불안하던 소련 정국에 쿠데타가 현실로 나타나면서 세계의 눈은 이후 상황을 숨죽이며 기다렸다.

옐친을 중심한 진보적 개혁파는 발 빠르게 움직였다. 쿠데타가 발생한지 몇 시간 안돼서, 옐친은 러시아공화국의 대통령으로서 쿠데타를 불법으로 규정하고 이를 막기 위한 시민항쟁과 총파업을 촉구했다. 비상사태위원회는 이들을 검거하려 했으나 러시아공화국 의사당은 이미 진보적 개혁파를 지지하는 시민들로 가로막혀 있었다.

이어 8월 20일 오후, 주요 도시에서 총인원 80만 명이 참여하는 반쿠데타 집회와 시위가 열렸다. 모스크바에서도 옐친이 주도하는 20만 명 규모의 시민들이 쿠데타를 반대하는 시위를 하였다. 다음날 새벽 전차부대는 러시아 국회의사당으로 진격했다. 그러나 러시아 의사당 앞을 막고 있던 시민들은 인간 사슬을 만들어 탱크에 저항했다. 심지어 5명의 청년이 사망했는데도 시민들은 사슬을 풀지 않았다. 결국 군대는 진압을 포기했다.

쿠데타를 일으킨 지도부는 시민들의 강한 저항에 당황했다. 결국 비상사태위원회 내부에서 자중지란이 일어나 쿠데타에 실패하고 말았다. 군 병력은 곧 모스크바에서 철수했고, 고르바초프는 러시아공화국 루츠코이 부통령의 호위 아래 모스크바로 무사귀환 했다.

어떻게 시민들은 탱크 앞에서도 흔들림 없이 저항할 수 있었던 것일까? 시민들의 중심에는 소련민주화를 바라는 젊은이들이 있었다. 그리고 그 젊은이들을 교육한 문선명 선생이 있었다.

문선명 선생이 고르바초프와의 역사적인 단독회담을 마친 후 처음으로 기획한 사업은 소련의 엘리트 대학생을 미국으로 초청하는 사업이었다. 모스크바 국립대학을 비롯하여 소련 각지에서 영어를 할 수 있는 3

1994년 3월 27일 서울 롯데호텔에서 열린 세계평화회의
고르바초프 대통령은 재회의 회담에서 문선명 선생에게 감사의 마음을 전했다.

천여 명의 청년학생을 미국에 초청하여, 민주주의 체제의 현실을 보여주고 가치관을 새롭게 정립할 수 있는 교육을 한 것이다. 1990년 7월부터 1년 동안 20회에 걸쳐 3천여 명의 청년 엘리트들이 미국을 다녀왔다. 그들은 처음으로 공산주의 이후의 사회를 생각하며 새로운 소련의 미래를 꿈꾸기 시작했다. 그리고 함께 고민하고 토론하면서 참된 형제애를 경험했다. 이들의 가슴에서 사랑과 희망이 싹트기 시작했던 것이다.

소련의 쿠데타 소식을 들으신 문선명 선생은 소련 내 3천여 명의 청년학생들이 반쿠데타 시위를 주도하도록 말씀하셨다. 3천여 명의 젊은 소련지도자들은 자신들의 꿈인 새로운 소련을 위해 반쿠데타 시위를 주도했다. 이들은 소련은 물론 세계의 미래를 구한 민간 저항투쟁의 주역이었다. 이들의 진심어린 연설에 감동받은 수천, 수만 명의 시민들은 소련의 희망찬 미래를 위해 쿠데타에 저항하는 시위에 동참했다.

군대와 시민의 충돌로 숨진 5명의 시민 중 3명이 방미세미나에 참가한 청년학생들이었다. 목숨을 걸고 군대의 탱크에 저항했던 이들이 없었다면, 소련의 공산주의는 인류의 비극을 초래했을 수도 있다. 후에 고르바초프 대통령은 이들의 희생에 감사하며 '영웅'이라는 칭호를 내리기도 했다.

또한 문선명 선생은 한 젊은 소련의 지도자를 통해 크림반도의 별장에 감금되어 있는 고르바초프 대통령에게 메시지를 전했다.

"지금 이 순간 하나님께서 당신과 같이 계신다. 절대로 원수들은 당신을 죽이지 못할 것이다. 끝까지 버텨라. 절대 항복하거나 양위하면 안된다. 절대로! 절대로! 절대로! 3일이면 모든 일이 끝난다. 하나님께서 지금 당신과 더불어 계신다. 나는 어제부터 당신을 위한 철야기도를 하고 있다. 승리가 우리 앞에 있다."

선생의 말씀처럼 쿠데타세력은 고르바초프를 죽이지 않았다. 예외적인 일이었다. 소련식 혁명은 먼저 상대진영의 구심점인 지도자를 처형한다. 최고책임자가 쓰러지면 반대진영은 중심을 잃고 오합지졸처럼 흩어지기 때문이다. 레닌이 러시아의 황제 니콜라이 2세와 그 가족을 무참히 죽인 것처럼 모든 러시아혁명은 지도자를 처형했다. 그런데 고르바초프 대통령 부부는 감금된 채 처형되지 않았다.

국제여론은 쿠데타세력을 비난했으며, 러시아 국내여론의 질타를 받았다. 러시아 시민들은 고르바초프 대통령에 대한 믿음과 기대가 있었기 때문에 쿠데타에 대해 노골적인 분노를 표현했다. 쿠데타군은 러시아 도처에서 시민들에게 돌팔매질을 당했다.

그런 중에도 고르바초프 대통령을 죽이지 않은 것은 글자 그대로 하늘의 도우심, 천우신조였다. 그는 모스크바에 귀경하여 대통령의 권좌에 무사히 복권됐다.

후에 고르바초프 대통령은 당시의 상황을 회상하면서 문선명 선생에게 깊은 감사의 인사를 올렸다. "나는 선생의 기도가 아니었더라면 이미 죽은 사람입니다. 그 뿐만 아니라, 선생이 나를 구원하기 위해서 무엇을 하셨는지를 나는 잘 알고 있습니다. 선생은 나의 생명의 은인이십니다." 라고 말하는 고르바초프 대통령의 눈에는 빛나는 것이 있었다.

이어 "총재님을 모스크바에서 만난 다음 해에 쿠데타가 일어났을 때, 나는 꼭 죽어가는 목숨이었습니다. 그 때 나는 날아오는 총알을 기다리고 있었습니다. 그런데 총알 대신 문선명 총재님의 메시지가 날아왔습니다. 나는 그 방 안에 문 총재님이 같이 계신 것을 느꼈습니다. 내가 오늘날 살아있는 것은 하나님이 보호하였기 때문이요, 하나님께서 나를 보호하신 이유는 선생이 나를 위하여 축도하여 주셨기 때문입니다."라고 말했다.

하늘이 고르바초프 대통령을 살린 것이다. 이는 소련을 해방하고 새 소련을 만들기 위해서였다.

공산당 해산과 소련의 해체

3일 쿠데타가 끝나고 공산당은 참담한 파멸을 맞았다. 8월 24일 고르바초프는 소련공산당 서기장직을 사임하고 당 중앙위원회에 자진해산을 요청했다. 이에 소련공산당은 해산했고, 당의 자산은 국가에 몰수됐으며, 저항하는 당원들은 체포됐다. 74년 동안 소련을 이끌어왔던 공산당은 쿠데타 실패로 구악(舊惡)을 대표하는 세력으로 지탄을 받으며 종말을 맞았다. 이제 소비에트 연방은 사실상 해체되었다.

9월 6일, 전 세계에 생중계된 외국 언론사와의 합동인터뷰에서 고르바초프는 이렇게 말했다.

“그동안의 역사적 경험에 비추어볼 때, 이 땅에서 생겨난 공산주의 모델은 실패했다고 단언할 수 있습니다.”

고르바초프는 쿠데타 이전만 해도 공산당을 해체시킬 생각은 하지 않았다. 새로운 소련은 공산당이 새로워지는 것, 공산주의 정신의 본질로 돌아가는 것이라고 생각했다. 그러나 쿠데타는 소련 공산주의가 소련의 미래가 될 수 없다는 것을 증명했다. 고르바초프에게 쿠데타는 공산당을 없앨 결단과 용기를 주었다.

8월 정변은 소련의 위기였지만 한편으로는 제3차 세계대전을 치르지 않고 평화롭게 소련이 공산주의의 최후를 맞고 새로운 체제를 모색할 수 있는 계기가 되었다. 이 외의 방법으로는 소련연방을 자발적이고 평화롭게 해체할 방법이 없었던 것이다.

지나고 보면 하늘의 섭리는 오묘하다. 이는 하늘이 하는 일이지 인간의 지혜로 되는 일이 아니라는 것을 늘 느끼게 된다.

이후 보리스 옐친(Boris Yeltsin)의 인기는 더욱 높아졌다. 그는 복수정당제와 공산당의 특권폐지, 연방무용론을 들고 등장하여 급진적인 자유화와 민주화를 추진하도록 고르바초프에 압력을 가해왔던 인물이었다. 쿠데타 때도 러시아공화국 국회의사당에 자리를 잡고 바리케이드를 만들고 과감하게 반란군에 저항했다. 그런 옐친의 모습은 러시아 국민들에게 신뢰와 희망을 주었다.

러시아공화국뿐만 아니라 연방을 구성하는 각 공화국은 잇달아 자결권을 제기하며 연방으로부터 독립을 선언했다. 12월 8일에는 러시아·벨라루스·우크라이나 3국이 소련연방에서 독립했다. 그리고 '독립국가연합(CIS, Commonwealth of Independent States)'의 창설을 선언했다. 그러나 CIS는 도저히 연방국가라고는 부를 수 없는 체제여서 국가라기보다는 독립국가들의 친목단체 성격이 강했다.

이러한 상황에 이르자 고르바초프는 하늘이 자기에게 맡긴 마지막 사명이 무엇인지를 깨달았다. 그것은 소련연방의 해체요, 공산주의 종주국 소련의 종언을 가져오는 것이었다. 이 최종단계에 이르자 그는 자기 사명을 끝내고 무대에서 떠나야 할 때가 왔음을 알았다.

지축을 흔들던 위세 당당한 초강대국으로, 한때는 세계제패를 눈앞에 두고 판도를 넓힌 소련제국은 이제 그 깃발을 내렸다. 1991년 12월 25일, 예수 그리스도의 탄생을 축하하는 크리스마스였다. 그날 고르바초프 대통령은 크렘린궁전에서 짤막한 고별연설을 남기고 조용히 권좌에서 내려왔다.

"나는 이제 우려뿐만 아니라 인민 여러분의 지혜와 의지에 대한 희망을 함께 지닌 채 대통령직에서 물러납니다. 나는 알마아타 합의가 진정한 사회적 동의를 이끌어내고 개혁과정을 용이하게 하는 결과로 이어질 수 있도록 나의 능력이 닿는 한 최선을 다할 것입니다."

러시아혁명으로부터 74년, 소련건국으로부터 69년이 지나고 있었다. 역사적 사명을 담당했던 고르바초프 대통령이 죽지 않고 스스로의 사명을 다한 것은 기적과 같았다. 하나님께서 보호해주신 덕분에 목숨을 구하고 세계사의 새로운 장을 열 수 있었던 것이다. 이러한 평화적인 대전환은 문선명 선생이 바라던 일이었다.

만약 소련이 붕괴되기 전 제3차 세계대전이 일어났다고 가정해보자. 당시 상황으로 보아 충분히 세워볼 수 있는 가정이다. 3차 대전이 발발한다면 그것은 틀림없이 핵전쟁이었을 것이다. 그 결과는 소련의 멸망이 아니라 전 세계의 종말이라고 할 수 있을 것이다.

재회의 뜨거운 악수

소련이 해방된 후 4년이 지났다. 1994년 3월 26일, 미하일 고르바초프 구소련 대통령이 문선명 선생의 초청으로 서울을 처음으로 방문했다. 그는 우선 선생의 한남동 공관을 찾아가 재회의 뜨거운 악수를 교환했다. 문선명 선생은 약속대로 고르바초프 대통령을 서울에 초청, 고르바초프 부부를 주빈으로 맞이하여 '세계평화연합 제2차 국제회의'를 개최했다. 고르바초프 전 대통령은 이 회의의 기조연설자로 예정되어 있었다.

그 날, 한남동 공관은 분주했다. 문선명 선생의 영부인이신 한학자 여사는 소련에서 받았던 친절한 예우에 보답하려고 정성을 다하여 한국식 오찬을 준비했다. 그 오찬에 교회 간부들과 중진들도 자리를 같이 했다.

고르바초프 전 대통령은 젓가락을 써가며 한국식 식사를 하느라고 땀을 흘렸다. 보다 못해 영부인이 나이프와 포크를 갖다 주니, 귀에 익은 "스파시바! 스파시바!"를 연발하며 감사해했다. 문선명 선생 내외분이 크렘린궁전 방문 때 여러 번 듣던 바로 그 귀에 익은 음성이었다. 그는 불고기와 잡채를 맛있게 먹었다. 후식으로 수정과까지 즐기면서 한국의 전통음식이 너무 훌륭하다고 칭찬하기도 했다.

오찬이 끝나자 고르바초프 대통령은 문선명 선생에게 단독으로 드릴 말씀이 있다고 했다. 선생은 이야기를 듣기 위하여 즉시 그를 다른 방으로 안내했다. 거기에 동석한 사람은 한학자 여사와 고르바초프 전 대통령의 보좌관 겸 통역관 리꼬탈 씨와 문선명 선생의 통역과 보좌역을 맡은 저자뿐이었다.

별실에 들어가서 고르바초프 전 대통령은 대단히 심각한 표정을 지었다. 한참 침묵을 지키다가 그는 먼저 8월 정변에서 문선명 선생이 자신을 위해 노력해준 것에 대해 깊은 감사의 인사를 했다. 고르바초프 대통령이 한국에 온 진짜 목적은 자기 생명의 은인에게 직접 감사의 뜻을 전하기 위한 것이었다.

고르바초프 대통령은 말을 이었다. "1990년 크렘린궁전에 오시어 하신 선생의 말씀을 나는 가슴속 깊이 간직했습니다. 돌이켜보면 그 때 선생이 하신 말씀대로 전부가 이루어졌습니다. 그러니 선생은 나를 좀 칭찬해주셔도 되겠습니다. 선생의 말씀을 백퍼센트 지켰으니까요." 하고 큰 웃음을 터뜨렸다.

문선명 선생이 입을 열었다.

문선명 선생의 자택에 초대받은 고르바초프 대통령

"대통령, 대통령께서는 위대한 일을 해내셨습니다. 소련의 대통령 자리는 내어놓으셨지만, 당신은 이제 '세계의 대통령'이 되셨습니다. 그리고 이것은 '종신 대통령'입니다. 아무도 당신의 장기집권을 욕할 자는 없습니다. 러시아의 역사에 영원히 남을 이름은 칼 마르크스도 아니요, 블라디미르 레닌도 아니요, 요시프 스탈린도 아니요, 오직 미하일 고르바초프뿐입니다.

그것보다도 더욱 중요한 것은 당신이 영원한 세계평화의 사도가 된 것입니다. 당신은 지혜와 용기로 전쟁 없이 세계평화를 성취했습니다. 당신은 가공할 핵전쟁의 공포에서 세계인을 해방한 것입니다. 무엇인가 잃은 것 같아서 섭섭하게 생각하시면 안 됩니다. 당신은 가장 큰 것, 영원한 것, 아름다운 것, 위대한 것을 얻으셨습니다. 당신은 하나님의 일을 해내신 것입니다.

당신이 지금 살아있는 것이 기적입니다. 이것이야말로 우리가 다 같이 그 감사와 영광을 하나님께 돌려야 할 일입니다. 하나님께서 당신을 보호하신 것입니다. 정말 감사한 일입니다. 그래서 나는 1990년에 당신을 꼭 만나야 했습니다. 당신께 천운과 하나님의 보호를 축복하기 위해서였습니다.

대통령! 당신은 하나님의 사랑받는 아들이요, 평화의 영웅입니다."

고르바초프 대통령의 눈에는 또다시 빛나는 것이 있었다.

"레버런 문, 나는 오늘 대단한 위로를 받고 갑니다. 그 말씀을 들으니 힘이 납니다. 나는 이제 여생을 세계 평화사업을 위하여 헌신할 작정입니다. 나는 모스크바에 '고르바초프 재단'을 설립했습니다. 나는 선생을 믿는 사람이니 이제 이 재단을 지원해 본인이 보람 있게 평화의 일꾼이 되게 해주십시오. 나는 레버런 문께서 하시는 일에 크게 감명을 받고 있습니다. 이번에 서울에 오기로 한 것도 내가 선생을 존경하기 때문입니다."

문선명 선생은 다시 한번 고르바초프에게 약속했다.

"대통령, 나는 영원히 당신의 친구입니다. 또 당신의 지원자입니다. 평화사업은 우리 공동의 사업입니다. 우리 다 같이 세계 인류의 궁극의 참다운 평화를 위하여 전진합시다. 대통령과 영부인, 그리고 그 가족을 하늘이 계속 보호하실 것입니다. 나는 당신을 위해 기도하는 것을 잊지 않을 것입니다. 자, 그럼 내일 회의석상에서 만나십시다."

모스크바 크렘린궁전에서의 단독회담에 못지않은 감동적인 두 번째 회담이었다. 1990년 4월 11일 크렘린궁전의 대통령 집무실에서 있었던 첫 번째 회담이 세계의 판도를 바꾸어 놓았고, 크렘린궁전에서 문선명 선생이 고르바초프 대통령을 만나 기도하신 것이 그의 생명을 구해주는 조건이 되었다면, 두 번째 회담은 평화세계를 향한 연대와 협력을 확인하는 아름다운 약속이 되었다. 얼마나 오묘하게 엮어지는 하늘의 섭리란 말인가! 하늘이 임재하고 운행하는 역사를 느낄 수 있었다.

다음날 3월 27일 오전 10시, 서울 롯데호텔에서 제2차 세계평화회의가 개막되었다. 단상에는 문선명 선생과 한학자 여사 내외분과 고르바초프 전 대통령과 라이사 영부인이 나란히 자리 잡았다.

이 날 문선명 선생의 창시자 연설 '참된 평화의 근본원리'에 이어, 고르바초프 전 대통령의 기조연설 '21세기와 세계평화'가 있었다. 그는 1985년 자기가 소련공산당 서기장으로 집권하여 소련제국 종언까지의 회고와 더불어 미래 평화세계를 희구하는 명연설을 하였다.

그의 기조연설 후, 단상에서는 훈장수여식이 있었다. '자유와 통일을 위한 대십자 훈장'이었다. 사실 이 훈장은 1990년 4월 11일 소련 대통령 집무실에서 이미 수여된 적이 있었다. 그러나 이 사실은 지금까지 비밀에 부쳐 있다가 공식적으로 훈장수여식을 하게 되었던 것이다. 공산종주국 구소련제국의 최고 권력자는 이제는 노벨평화상을 수상(1990년 10월)한데 이어, 이번은 '평화의 사도'요, '세계대통령'의 위치에서 다시 대십자훈장을 받게 된 것이다. 공식적으로 훈장을 받는 고르바초프 대통령도, 그것을 보는 우리도 감개무량한 마음을 이루 말할 수가 없었다.

소련을 변화시킨 문선명 선생의 사상

1976년 "우리는 모스크바로 간다!"고 선언하셨던 문선명 선생의 말씀을 통역하면서 온몸의 세포가 곤두서던 때가 아직도 기억에 선명하다. 불과 이십 년이 안 되어 선생의 말씀이 현실로 실현되고 고르바초프가 선생의 제자를 자처하게 되는 기적을 보게 될 줄은 상상도 하지 못했다. 그러나 역사는 그 일이 성취되었음을 기록하고 있다. 이것이야말로 기상천외한 20세기 최대의 수수께끼 중의 하나요, 기적 중의 하나일 것이다.

나는 공산주의 몰락은 '하늘이 하신 것이다. 천의(天意)가 그렇게 만든 것이다.'라고 생각한다. 다만 하늘이 역사하실 수 있도록 문선명 선생이 모든 일을 준비하고 실행했던 것이다. 하늘의 역사는 인간의 선한 조건 위에 이루어진다. 인간이 책임을 다하지 못하고 조건을 세우지 못하면

문선명 선생은 공산주의의 몰락은 하늘의 뜻이라고 강조했다.

하늘의 역사는 연장될 수밖에 없는 것이다.

문선명 선생은 인류의 타락으로 슬픔 속에 계신 하나님을 느끼고 자식 잃은 부모의 심정으로 애통해하는 하나님을 눈물에서 해방하기 위하여 나섰다. 하나님의 존재를 부정하는 공산주의 체제를 종식시키고자 모든 노력을 다하였다.

이를 위해 문선명 선생은 ① 통일교회 섭리의 중심을 미국으로 옮겼다. ② 미국의 건국정신 부활운동을 하고, ③ 레이건 대통령이 당선되게 하였다. ④ 〈워싱턴 타임스〉를 창설하고, ⑤ SDI(전략방어계획)의 정책화에 성공했다. ⑥ 카우사(CAUSA) 운동을 추진하여 하나님주의, 두익사상

이념을 교육하여 오대양 육대주에 전파하고, ⑦ 미국 부시 대통령이 당선되게 하였다. ⑧ ISC(국제안보협의회)를 창설하고, ⑨ '당근정책'을 창안하여 이것을 미국 대소정책이 되게 하였다. ⑩ 소련을 방문해 고르바초프 대통령과 회견을 성사시키며 역사의 새 장을 열었다.

오랜 고민 없이 머릿속에 떠오르는 것만 적어도 열 가지를 열거할 수 있다. 적고 보면 얼마 안 되는 분량의 일이지만 하나하나가 피나는 전쟁이었고 생명의 위협을 무릅쓰고 수행해낸 일이었다.

고르바초프 대통령의 고문이요, 연설문 담당인 〈이즈베스티야〉의 비탈리 고비시 편집국장이 일본방문 중에 의미심장한 말을 한 적이 있다.

"우리들은 40년 동안 공산주의를 옳은 것으로 믿어 왔다. 그런데 문선명 목사는 이미 40년 전부터 공산주의가 잘못된 것임을 알고 계셨다. 공산주의 73년의 실험 결과 그것이 잘못인 것을 알게 된 지금, 우리는 문선명 목사가 지난 40년 동안 옳았다는 것을 인정하고, 그 의견에 동의하지 않을 수 없다. 우리는 이 사실에 가슴 아픔을 느낀다."

그리고 고비시 편집국장은 최종적으로 이렇게 결론을 지었다.

"이제 소련이 가야할 길은 자본주의의 길이 아니고 두익사상의 길이다. 자본주의의 오류를 너무 많이 알게 된 우리가 자본주의에 앞서는 두익사상을 신봉하고 실천한다면, 우리 소련이 자유세계를 앞질러 갈 수도 있지 않겠는가도 생각해본다. 이 생각은 환멸 속에 있는 우리에게 큰 소망을 주었으며 일종의 통쾌한 희망을 지니게 한다."

고비시 편집국장의 말은 소련이 문선명 선생을 받아들일 수 있었던 핵심을 설명해주고 있다. 호사가들은 소련이 문선명 선생의 국제적 네

트워크와 경제적 기반에 매력을 느꼈다고 말한다. 이 말은 자본주의 체제에 있는 사람들이 소련의 지도자들을 얼마나 이해하지 못하는가를 대변해주고 있다. 공산주의 혁명은 자본주의가 가져올 미래가 인간에게 행복을 가져올 수 없다는 회의에서 출발했다. 그 혁명의 한계에 이르렀을 때 그들은 새로운 사상을 찾게 되었던 것이다. 공산주의의 한계와 자본주의의 한계를 극복하여 제3의 길, 두익사상으로 나가야 한다는 문선명 선생의 사상은 그들에게 희망의 빛을 주었다. 두익사상은 그들이 선택할 수 있는 제3의 정도(正道)가 되었던 것이다.

고르바초프 대통령은 지난 1989년 9월에 우크라이나 공화국 중앙위원회 총회에서 연설하면서 종래의 소련형 사회주의를 '불완전하고도 유치한 유토피아적' 생각이라고 냉정한 비판을 했다. 또 같은 해 11월에는 공산당 기관지 〈프라우다〉에 '사회주의시장과 혁명적 페레스트로이카'라는 제목으로 논문을 발표하면서 '① 마르크스는 자본주의의 자기개발능력을 과소평가했다, ② 마르크스는 자본주의사회의 과학기술혁명과 정치제도 민주화 등을 예견하지 못했다' 등의 한계를 들며 마르크스 레닌주의에 대한 부정적인 견해를 나타냈다.

그는 페레스트로이카가 진전됨에 따라 소련사회에 맞는 새로운 이념체계를 모색하게 되었다. 그것은 서구적 민주주의나 자유주의, 자본주의를 말하는 것이 아니었다. 크렘린 지도자들, 특히 고르바초프의 고민은 공산주의가 한계를 맞이했지만 현재 미국이 상징하는 하나님 없는 세속적 민주주의, 자유주의, 자본주의를 그대로 도입할 수 없다는 것이었다.

그의 눈에 비친 구미 사회는 이기주의와 황금만능의 풍조가 만연하고 마약과 에이즈에 병들어가는 퇴폐사회였다. 거기에 자유경쟁의 원리를 방치한다면 약육강식에 빠져서 지금 이상으로 빈부의 격차가 확대되고, 남북 대륙간 경제격차의 문제나 지구환경문제의 해결도 불가능해지는 것이다.

이러한 이유로 소련의 지도자들은 제3의 선택을 고민하고 있었다. 그때 문선명 선생의 '두익사상'이 생각을 전환해 주었다. 이것이 비탈리 고비시 편집국장이 "우리는 '이데올로기의 차이'를 넘었다. 우리와 문 목사는 동맹자이자 통일운동의 동반자가 되었다."고 외치게 만든 이유다.

문선명 선생이 동구권 해방, 나아가 소련 해방을 이끌어낸 뒤 가장 가슴 아파하는 것이 있다. 그것은 다름이 아니라 동구권 제국이 공산주의를 포기하고 이상사회를 동경하여 자유세계의 품안에 들어왔을 때 자유세계는 과연 무엇을 주었는가 하는 문제이다. 제일 먼저 이런 나라에 들어간 것은 에이즈와 마약, 프리섹스(free sex)와 포르노잡지였다. 그리고 따라 들어간 것이 비정한 상업주의였다. 서방에서 안 팔리는 저렴한 물건을 몇 배 값으로 팔아넘기는 악덕상인들이 넘쳐났다.

공산주의의 쇠사슬에서 겨우 풀려나온 그들을 자유세계의 어떤 사람이 따뜻하게 맞이하며 위로해주었는가? 배고프고 굶주린 그들에게 어느 누가 한 조각 따뜻한 빵을 제공했던가? 그 어느 누가 '우리가 사는 가치관은 이런 것'이라며 참다운 삶의 표본을 보여주었던가? 하나님 없는 세속적 인본주의에 허덕이는 서구문명이 해방된 공산세계에 줄 희망과 비전은 어디에도 없었다.

서양문명은 '자유'를 주었지만 가치관을 잃은 자유는 무책임한 방종으로 주어졌다. 인간이 참으로 행복할 수 있는 '책임 있는 자유'는 그 어느 곳에서도 찾아볼 수 없었다. 사람들은 욕망이 가는대로 자기 마음대로 행동할 뿐 자기를 억제하고 희생하며 타인을 배려하는 정신이 없었다. 절대적인 가치기준은 붕괴되어 선악의 구별을 할 수 없는, 하고 싶은 대로 하는 사회가 되어버리고 말았던 것이다.

해방된 공산세계는 곧 환멸에 빠졌다. "우리가 희구했던 게 겨우 이것이었던가. 생명 걸고 싸워 쟁취한 자유가 겨우 이것이냐?" 그들은 오히려 분노를 느끼기까지 했다.

'구관이 명관이다'라는 말이 있다. 공산주의 해방 5년도 못 되어 동구와 러시아에서 공산당 복고운동이 일어나는 것은 공산주의가 좋아서가 아니라 자본주의가 대안이 되지 못하고 있기 때문이다. 차라리 공산당 시절이 좋았다는 러시아 시민들의 절규를 보며 문선명 선생은 가슴 아파하셨다.

다행히 이제 세계는 제3의 길을 찾고 있다. '자본주의 4.0', 즉 '따뜻한 자본주의'를 모색하는 움직임은 그런 의미에서 반가운 소식이다. 그러나 근본적으로 자본주의도 하나님을 찾아야 한다. 인간 행복의 근본기준인 하나님을 찾지 않고는 인류의 미래가 없다. 하나님을 저버린 세속적 인본주의에서 하나님주의로 거듭나야 한다. 두익사상으로 새로운 문화혁명을 일으켜야 한다.

노벨문학상 수상자인 소련의 알렉산드르 솔제니친은 1982년 10월 17일 일본을 방문하여 '동서문명 붕괴의 위기'라는 강연을 했다. 그는 이 강연에서 "하나님을 갖지 않는 한 세계혼란의 구제는 없다."는 논지를 전했다.

"지금 세계는 인류 전체가 병에 걸려있는 상태이다. 소련과 미국이라는 양 체제 속에서 붕괴라고 하는 공통된 사태가 일어나고 있다. 가정의 붕괴, 노동의욕의 상실, 교육의 악화 등이다. 상이한 양 체제가 각기 '하나님 없는 휴머니즘(인본주의)'을 출발점으로 하고 있기 때문이다. 우리가 완전하고도 지고(至高)한 하나님을 찾지 않는 한, 공산주의의 위협이 없어진 후에라도 얼마 안 가서 세계는 붕괴하고야 말 것이다."

그의 말처럼 공산주의 종주국 소련은 붕괴했다. 이제는 서구문명이 붕괴될 차례다. 하나님 없는 세속적 인본주의, 자본주의의 붕괴의 징후는 누구나 느끼고 있는 것이다. 이제 세계는 하나님주의, 두익사상이란 구원의 방주에 올라야 한다.

솔제니친은 "우리가 공산주의의 이름이든 인본주의의 이름이든 간에 하나님을 저버릴 때 그 결과는 항상 마찬가지다. 그것은 자기 멸망을 초래할 뿐이다."라고 경고했다.

우리 세계가 살길은 하나밖에 없다. 문선명 선생이 말씀한 것처럼 하나님을 찾는 하나님주의, 두익사상으로 돌아가야 한다. 하나님의 참사랑을 실천해야 한다.

나는 위대한 구세주 영웅을 모시고 하나님이 역사하는 것을 보았다. 역사적 증인으로서 인류의 참부모, 구세주이신 문선명 선생을 증거하며 인류가 구원의 사상에 귀 기울이기를 소망해본다.

제3부

문선명-김일성 만남

조국 평화통일의
새 길을 열다

소련방문 후 바로 북한방문 추진

1991년 12월 1일자 한국의 일간지 〈세계일보〉는 '문선명 선생 평양방문'이란 대문짝만한 제목의 일면 톱기사로 국민들의 아침잠을 깨웠다. 모두 자기 눈을 의심했다. "이게 무슨 농담이야?", "뭐라구! 문선명 선생이 평양에 들어가?" 그것은 있을 수 없는 일이었다. 물과 기름을 합하는 방법은 있을지라도, 문선명 선생과 김일성 주석(1912~1994)의 만남은 불가능한 일이었다. 그 불가능한 일이 일어난 것이다.

나는 여기서 우선 일본의 한 시대를 주름잡았던 거물급 물리학자이자 교육자요, 자민당의 정치고문이자 국립 쓰쿠바 대학의 학장으로 활약했던 후쿠다 노부유키(福田信之) 박사의 저서 《문선명 목사와 김일성 주석》에서 두세 구절을 인용하려 한다.

"1991년 11월 30일 오후 1시15분, 북한이 준비한 조선민항 특별기 JS2152편으로 문선명 목사는 북경공항을 떠나 평양으로 향했다. 이 소식은 당초 문 목사 일행과 같이 북한에 들어가려 했던 일본·한국·미국의 보도진에 의하여 전격적으로 온 세계에 전해졌다. 이후 12월 7일, 일행이 다시 북경으로 돌아올 때까지 세계가 숨을 죽이고 지켜본 문 목사의 8일간 북한방문이 시작된 것이다.

'문선명 목사의 평양 입성'의 소식에 세계는 충격을 받았다. 왜냐하면 문 목사는 북한이 부정하는 종교지도자일 뿐만이 아니라 지금까지 '국제승공연합'의 총재로서 공산주의 비판과 극복운동을 세계적으로 전개했었기 때문이다. 또 일찍이 공산주의의 붕괴를 명확하게 예언하고 비전을 제시해 온 보수세력의 대표적 인물이었기 때문이다. 그 문 목사가 냉전체제 붕괴와 세계적 민주화의 조류에도 불구하고, 주체사상에 기초를 둔 독자적 공산주의체제를 고수하고 있는 북한을 방문한 것이다. 미국이 테러국가로 단정하는 북한에 가서 무사히 돌아올 수 있을 것인가. 과연 북한방문의 목적은 무엇일까. 이와 같은 관심이 고조되는 것도 당연한 일이었다.

그보다 더 주목된 것은 북한의 의도였다. 북한이 문 목사를 '통일교회의 교주'로서 초청한 것이다. 지금까지 북한은 종교를 '아편'이라고 철저히 부정하고 탄압해, 문 목사를 '통일교회의 교주'로 초청하는 것은 중대한 정책상의 모순이었기 때문이다.

북한이 문 목사를 받아들여 국빈 이상의 영접을 한 목적은 지금까지도 아직 분명치 않다. 그러나 그 후 북한은 한국과의 사이에 1972년 '7·4남북공동성명'이래의 획기적 합의라고 불리는 '남북간의 화해와 불가침, 그리고 교류협력에 관한 합의서'에 남북은 문 목사 귀국 6일 후에 서명했다.(12월 13일) 나아가 현안이었던 핵문제에 관한 '한반도의 비핵화에 관한 공동선언'에도 조인(동월 31일)했다. 또 국제원자력기구(IAEA)의 보장조치(핵사찰)협정에 조인(1992년 1월 30일)하는 줄줄이 연속된 극적인 변화를 보면, 그 직전에 이루어진 문 목사의 북한방문 그리고 김일성 주석과의 회담이 북한에 크나큰 변화를 가져오게 한 것이라고 보지 않을 수 없다." (《문선명 목사와 김일성 주석》 21~22페이지)

"문 목사는 일본통치하의 1920년에, 지금의 북한 평안북도 정주에서 태어났다. 독립 후 한국에서 선교활동을 하다가 곧 공산주의정권하의 북한에 들어가 평양에서 선교하고 있을 때에 체포 투옥되어 죽기 직전까지의 고문을 받은 바 있다. 1950년의 한국전쟁의 혼란 속에서 중노동에 시달리던 흥남의 유안비료공장에서 기적적으로 벗어나 38선을 넘어 한국으로 내려왔다. 그리고 부산에서 처음으로 통일교회를 설립하고, 얼마 안가서 서울로 올라오게 된 것이다. 양친은 물론 대부분의 육친은 북한에 있고, 문 목사가 종교활동으로 반공활동을 시작함에 따라 북한 노동당정부의 박해를 받게 되었다. 이와 같은 문 목사의 경력으로 봐서도 김일성은 한이 골수에까지 사무친 인물이었을 것이다. 한마디로 말해서 문선명 목사와 김일성 주석은 전형적 견원지간이요, 한시도 같이 일할 수 없는 불구대천의 원수지간이라 하겠다.

그런데 그 두 사람이 미소와 더불어 잔을 나누고, 형제와도 같이 손을 서로 잡고 사진을 찍었다. 이것을 놓고 놀라지 말라는 것은 무리한 요구가 아닐 수 없다. 일본인 중에서도 통일교회 신도라면 모르지만 비교적 문 목사를 알고 있는 편인 나 자신이 그러하니, 하물며 일반 사람들에게는 도대체 무슨 일이 일어나고 있는지 짐작도 못할 것이 당연하다.

그러나 잘 생각해보면 이번 문 목사의 방북과 김일성 주석과의 회담은 역사적으로 봐서 대단히 큰 의미를 가지고 있다. 만일 이것이 북한 출신 문 목사의 매명행위였다거나 단순한 고향방문이라고 제쳐놓는다면, 그것은 이 방문의 진의를 잃어버리는 행위가 되고 말 것이다." (《문선명 목사와 김일성 주석》 8~9페이지)

이상은 후쿠다 노부유키 박사가 이미 기술한 책에서 인용한 부분이다. 후쿠다 박사는 이 책에서 문선명 선생 방북건의 본질에 대해 너무도 정곡을 잘 찔러 설파했다. 후쿠다 박사는 이 일의 주된 역할을 한 사람이 당시 한국 〈세계일보〉 박보희 사장이었다고도 했다. 나는 이 때 〈워싱턴 타임스〉 사장을 사임하고 〈세계일보〉 사장에 취임해 있었다. 이것 또한 사실이다. 나는 문선명 선생의 뜻에 따라 이 역사적 회견의 성사를 위하여 처음부터 끝까지 전력해왔다. 그러니 당연히 이 회견에 대하여 그 진상을 누구보다도 잘 알고 있는 사람이다. 나는 '문-김 회담'의 진의와 하나하나의 사실을 분명히 이 저서에서 밝히고자 한다. 내가 이 책을 집필하는 목적은 한국역사, 아니 세계역사에 남을 이 거대한 대사건을 정확하게 역사의 한 가닥으로 남겨놓기 위함이었다 해도 과언이 아니다.

문선명 선생은 조국의 평화적 통일을 전적으로 지지했다. 현대식 말로 표현하면, '연착륙(soft landing)'이다. '북한 평양을 군사적으로 점령하는 통일은 안 되며, 한국 서울이 불바다가 되는 통일도 안 된다. 한반도에 6·25 전쟁과 같은 동족상잔의 비극은 다시는 있어서는 안 된다. 설사 좀 시간이 걸리더라도 절대로 한 사람의 피도 흘리지 않고 조국통일이 이루어져야 한다.' 이와 같은 원칙하에 문선명 선생은 남북을 잡아당겨

화해와 협조로 이끌려고 피땀 흘려 노력해오셨다. 그리고 이 뜻을 전적으로 받들어 일해야 하는 사람이 바로 이 저자였다.

1990년 4월 11일, 이날은 문선명 선생이 소련 모스크바에서 고르바초프 대통령을 만난 날이다. 그날 오후 2시 반, 크렘린궁전에서 역사적 회담을 마치고 나오는 차 안에서 선생은 나에게 놀라운 말씀을 했다.

"보희, 소련은 1~2년 이내에 끝난다. 두고 봐라. 나는 이제 김일성 주석을 만나야 한다. 한반도에서의 전쟁을 방지하기 위함이다."

나 외에 이 말씀을 들으신 분은 오직 한학자 영부인 한 분뿐이다. 나는 이날 벌써 문선명 선생으로부터 북한방문을 준비하라는 특명을 받은 것이다.

왜 선생은 고르바초프와의 회담 직후 이와 같은 특별한 지시를 하셨을까? 그것은 선생의 예민한 영력과 육감으로 고르바초프 대통령 설득에 성공한 것을 느끼고 소련제국의 앞날이 얼마 남지 않은 것을 직감한 것이다. 이렇게 공산주의의 종주국인 소련이 붕괴되면 공산진영은 일시에 눈사태처럼 괴멸상태에 들어간다. 선생은 즉각 한반도정세를 염려한 것이다. 그리고 소련붕괴의 과잉반응으로 국제적 고립 속의 북한이 오판이라도 하면 한반도에서 다시 한번 전쟁이 일어날 수도 있었다. 문 선생은 이미 거기까지 내다보고 걱정한 것이다. 그리고 제2의 6·25 전쟁 발발 가능성을 막기 위하여 스스로 평양에 들어가기로 결심한 것이다.

나는 '예.' 하고 대답했지만, 이 일은 고르바초프 대통령을 만나는 일보다 한 차원 더 어려운 일인 것을 뼈저리게 알고 있었기에 잠시 깊은

1975년 유럽 방문 중인 문선명·한학자 양위분

사색에 잠겨 있었다.

차에서 내리기 전에 선생이 딱 한마디를 덧붙였다.

"김일성 주석 만나는 것은 절대로 1991년을 넘어가서는 안 된다. 시간이 급하다구."

"예, 알았습니다. 하늘의 뜻인데 어찌 안 되겠습니까." 하고 차에서 내렸다.

이것이 문선명 선생이 북한을 방문하게 된 첫째 동기였다. 문선명 선생은 공산 종주국 소련의 붕괴 이후 한반도에 다시는 제2의 6·25와 같은 전란이 없게 하려는 것이었다.

그리고 내가 아는 한 문선명 선생의 북한방문에는 또 하나의 중요한 동기가 있었다. 그것은 선생이 늘 하는 말씀 중에서 오래 전부터 태동되고 있었다. 선생은 언젠가 북한을 방문해 주체사상 오류를 지적하고자 하는 일종의 숙원이 있었다. 이것이 제2의 동기였다.

1945년 해방 이후, 북한에 공산정권이 수립되고 있을 때, 선생은 남한에 계셨다. 해방된 남한에서 얼마든지 종교활동을 할 수 있는데도 불구하고, 1946년에 굳이 종교를 탄압하고 '하나님이 없다'고 하는 북한으로 들어가셨다. 선생은 '하나님은 없다'는 그들의 무신론사상이 얼마나 잘못인가를 생명의 위험을 무릅쓰고서라도 들어가 깨쳐주고자 하신 것이다. 이와 같은 맥락에서 선생은 항상 나에게 말했다.

"주체사상 가지고는 통일은 안 된다. 주체사상은 인간중심의 사상이다. 인간이 어찌 창조주인가? 인간은 피조물이다. 인간 위에 하나님이 계시고, 그 하나님의 인간창조 목적을 알고 나서야 참다운 조국통일의 사상이 나온다. 나는 저들이 듣든 안 듣든, 한번 들어가 깨우쳐줘야 할 책임을 느낀다."라고 했다. 문선명 선생은 고르바초프에게 하셨듯이 북한지도자들 앞에서 하나님을 증거하고, 그들이 생명시하는 인간중심 주체사상이 참 진리와는 거리가 먼 것을 깨우쳐주려 벼르고 있었다. 1991년의 북한방문에서 실제로 위에 말한 두 가지 목적을 모두 실천했다.

이와 같이 북한방문의 첫째 동기는 한반도의 전쟁재발을 예방하는 데 있었다. 공산권 붕괴의 파도가 북한에도 영향을 미칠 것을 내다보고 6·25의 재발 예방을 당신의 사명으로 생각한 것이다. 그 사명완수를 위해서는 우선 북한과 대화채널을 열어놓아야 한다. 고립처럼 무서운 것이 없다. 고립은 오판을 가져오고, 그 오판은 전쟁을 불러온다.

나는 지금까지 몇 번이나 한반도의 중요성을 누누이 강조해왔다. 한반도는 세계문제의 총집결지이다. 그래서 한반도에서의 평화는 곧 세계평화의 출발이자, 그 성숙을 의미한다고 했다. 나는 먼저 한국이 하늘과 사탄이 싸우는 최전선이며, 여기서 최후의 판가름 싸움이 이루어진다 했다. 그래서 통일된 한국은 어버이의 나라요, 모든 인류의 성지요, 마음의 고향이라고도 했다.

오늘날 한반도의 정세는 세계정세의 축소판이다. 이 한반도에서 피를 흘리면 세계에서 피를 흘린다. 한반도가 화해하면 세계가 화해한다. 한반도가 통일되면 곧 세계가 통일되는 것이다. 그리고 그 통일한국, 통일세계의 이념은 좌익의 공산주의 이념으로도, 우익의 자본주의 이념으로도, 민주주의의 이념으로도 안 된다. 이는 바로 하나님의 창조이상이셨던 하나님주의여야만 한다. 좌익도 우익도 아닌 두익사상이어야만 한다.

그런데 한반도에 점점 전쟁의 조짐이 짙어져가고 있었다. 전쟁발발의 조짐이 짙어지는데, 문선명 선생은 여기에 온 신경을 쏟지 않을 수 없었다. 1980년대 후반부터 북한은 발버둥치며 핵무기 보유국가가 되려 했으며, 이에 미국을 위시한 서방국가들은 선제공격도 불사한다는 생각을 하고 있었다. 이는 대단히 위험한 생각이었다. 선생은 만일 이대로 쌍방이 버티고 나간다면, 머지않아 분명히 한반도에 다시 전쟁이 일어날 것으로 보았다.

북한의 핵무기 보유 야망

문선명 선생이 우려한 것은 첫째, 북한의 핵무기 보유에 대한 야망이다.

동서냉전의 양상이 급변하면서 북한은 초조해하기 시작했다. 그동안 절대적 맹주 역할을 해오던 소련이 동구 위성국가를 헌신짝처럼 내던지고, 베를린 장벽이 무너져도 말 한마디 없었으며, 더구나 장기독재했던 루마니아 차우셰스쿠 대통령의 비극적 최후 등을 보고, 북한은 이제 소련이 맹주이자 동맹국이라는 생각조차 못하게 되었다.

아울러 바로 국경을 맞대고 있는 중국은 그동안 북한의 혈맹이었다. 한국전쟁 당시, 북한군의 괴멸이 명백해지자 중국 모택동(1893~1976)은 100만 명 규모의 대군을 투입해 그들 특유의 인해전술로 대세를 역전시켰다. 그로부터 중국과 북한은 혈맹동지가 된 것이다. 그런데 1970년대

말기, 암흑이었던 모택동시대를 벗어나 등소평(1904~1997)시대를 맞았다. 중국도 동서냉전의 해빙과 더불어 공산주의체제의 마이너스 요소인 경제의 궁핍, 즉 국민에게 만족할 만한 음식도 줄 수 없는 어려운 상황에서 탈출하기 위한 악전고투를 하고 있었다.

등소평의 정책이 획기적이었던 것은 소위 '중국식 사회주의'지만, 자본주의에서 좋은 점은 모두 배우라고 외친 것이다. 중국이 공산주의 통제경제(계획경제)에서 자본주의식 시장경제로 전환한 것이다. '중국식 사회주의'로 정치적으로는 공산당 일당독재를 고수하며, 경제적으로는 자본주의 시장경제를 전면적으로 도입했다. 중국은 여기에서 죽을 고비를 넘기고 경제발전의 길을 걷기 시작했다.

특히 등소평이 농민에게 토지를 나누어 주고, 자율생산과 자유시장을 인정한 제도는 완전히 성공했다. 이 제도는 농민의 노동의욕을 자극했고, 스스로 개인의 이익을 올리려고 노력하게 했다. 농업생산량을 몇 배로 끌어올려 식량문제를 일시에 완전히 해결해버렸다.

생각해 보라. 1억3천만 명의 입도 어려운데, 그 열배인 13억 인구를 배고프지 않게 한다는 것이 얼마나 어려운 일인가. 그런데 중국은 등소평 체제하에서 그 어려운 일을 해낸 것이다. 일단 배고픈 것이 해결되니, 이제 공업국이 되려 하고, 아시아 제일의 수출국으로 발돋움하려 했다. 이제 중국은 인구로 보나, 국토의 넓이로 보나, 그리고 경제성장률로 보아도 명실공히 21세기의 초강대국을 목표로 뛰고 있다.

중국이 이쯤 성장하니, 오직 살기 위해서 신음하는 북한에 대한 생각이 달라질 수밖에 없었다. 한때 공동방위를 위해 절대 필요한 '혈맹'이었지만, 오늘의 중국을 위해 더 중요한 것은 수출시장인 미국이요, 일본이요, 한국이요, 대만이었다. 그러니 북한을 둘러싼 국제환경은 급변한 것이다. 북한이 '혈맹' 중국을 믿고 의지하고 살 때는 지나간 것이다.

여기서 북한은 큰 딜레마에 빠지게 됐다. '맹주'와 '혈맹'을 한꺼번에 잃어버린 북한은 무엇인가 새로운 것을 찾아내어 국가의 자주성과 위신을 지켜야만 했다. 이 고민에 답해준 것이 핵무기 개발이었다.

북한은 '우리가 핵무기만 갖는다면 큰소리 칠 수 있다. 그리고 그 어느 나라도 우리를 건드리지 못할 것이다. 경제대국 일본도 핵무기를 못 갖고 있다. 더구나 이웃 견원지간인 한국도 핵무기를 못 갖고 있다. 그렇다! 핵무기다. 그리고 그 핵무기를 탑재할 수 있는 미사일이다. 그렇다! 그것을 갖자. 이것이 우리들의 살길이다.'라고 생각하게 된 것이다. 핵무기 개발은 그들이 살기 위한 발버둥 속에서 얻어낸 유일한 해결책이요, 희망이요, 결론이었다.

여기서 북한 핵개발 의혹의 경위를, 앞서 말한 후쿠다 박사 저서로 정리해보자.

> 자유진영 내에서 북한이 핵무기를 개발한다는 의혹이 표면화된 것은 1989년 일이다. 〈월 스트리트 저널〉이 한국군사통을 통하여 미 정부가 영변지역(평양의 서북방 약 90km)에 건설 중인 핵관련 시설의 위성사진을 보유하고 있다는 것, 그 핵시설은 핵폭탄 제조에 필요한 플루토늄의 생산과 추출능력을 보유하고 있는 것 등을 보도했다. 그 이후, 핵개발 의혹을 뒷받침하는 사실이 잇따라 표면화되었다.

영국의 군사정보전문지 〈제인 인텔리전스 리뷰〉는 1991년 8월호에서 북한 핵개발 문제를 미국 정찰위성 등의 정보를 분석해 보도했다. 영변지역에 약 2천 명의 기술자가 외국의 협력 없이 플루토늄을 이용한 원폭의 제조 연구를 진행하고 있을 가능성이 극히 높다는 것이다.

더 나아가 미국의 북한전문가인 조셉 버뮤더스는 "북한은 영변의 핵무기 개발시설을 계속적으로 확대하고 있으며, 이미 일본 히로시마에 투하된 것과 같은 소형 우라늄폭탄(원자폭탄)을 제조할 수 있는 단계에 있다."고 말했다.

"북한은 소련에서 보수강경파에 의한 쿠데타가 실패한 직후, 바짝 긴장이 되어 이웃 중국에게 '체제유지를 위해 핵무기 보유를 결심했으니 이를 이해하고 협조해주기 바란다.'고 통고하면서 중국 측의 동조를 구했다는 보도가 있었다."
(《문선명 목사와 김일성 주석》 39페이지)

북한 핵개발 노선이 명확해짐에 따라 미국의 움직임이 분주해졌다.

"1991년 10월 30일, 칼 포드(Carl Ford) 미 국방차관보대리가 북한의 핵무기 개발 의혹에 대해 미의회 상원외교위원회 아시아태평양 소위원회에서 증언했다. 그는 북한의 핵개발 문제에 대한 미국정책은 북한이 핵사찰을 받아들이게 하는 데 그치지 않고, 북한으로부터의 핵무기 개발능력을 완전히 제거하는 데 있다고 언명했다.

같은 해 11월, 사태는 점점 악화되고 더욱 긴박해졌다. 우선 11월 17일에 일본 외무성관리는 북한의 핵무기 제조의혹에 관련해, '북한이 금후 수개월 이내에 최초의 핵폭탄을 보유할 가능성이 있다.'고 미국 정보통으로부터 통보받은 사실을 분명히 했다. 또 다른 외무성관리는 북한이 일본 오사카까지 사정권 안에 넣는 약 1천킬로미터의 스커드 미사일 개량형 '노동 1호'를 개발하고 있다는 정보를 입수했음을 밝힌 것이다." (《문선명 목사와 김일성 주석》 39~40페이지)

사태가 이쯤 되니, 미국을 위시한 아시아 주변 국가들의 관심과 의구심은 한없이 하늘로 치달았다. 미국 내부에는 강경한 의견이 대두되고, 소위 '방위적 선제공격론'이 급부상했다.

핵시설 선제공격론의 대두

'방위적 선제공격론'이란 만일 건설 중인 북한의 핵관련시설(이미 사용한 핵연료 재처리시설)이 완성되고 플루토늄 생산이 실제로 가능해지면, 옛날 이스라엘 공군기가 이라크의 오시락 원자력발전소를 기습 공격해 파괴했듯이 북한 핵시설도 거점 폭격해야 한다는 주장이다. 핵연료 재처리시설을 본격적으로 가동하게 되면 생산된 플루토늄을 핵무기화 하는 것은 시간문제이기 때문이다. 이 문제는 11월 21일에 열린 하원 외교위원회 아시아태평양 소위원회(스티븐 솔라즈 위원장, 민주당)에서 논의됐다. 여기서 공청회의 증인으로 출석한 리차드 펄 전 국방차관보는 "미국으로서 효과적인 대응책은 군사력의 행사밖에 없으며, 공습으로 북한 핵시설 파괴의 필요성을 주장한다."고 강력히 제안했다.

펄 전 국방차관보는 증언에서 "북한의 핵이 다만 한국에 대한 위협으로만 그치는 것이 아니다."라며 다음 두 가지의 위험성을 시사했다.

① 리비아·이라크 등 테러 국가들에게 핵무기 관련 제품과 기술을 팔 수 있다.

② 국제테러에 핵무기를 쓸 수 있다.

이런 위험이 있다고 지적한 후에, 'IAEA(국제원자력기구)의 사찰로 북한의 핵무기개발을 막으려는 것은 이미 어리석은 구상임이 판명되었다. 북한의 핵개발 계획은 너무 진전되어 있어서 저지할 차원을 넘어섰다고 하였다. (《문선명 목사와 김일성 주석》 40~41페이지)

이것은 강경일변도의 증언이었다. 그뿐만이 아니다. 같은 날 서울에서는 한미안보협의회의 결과를 받아서, 체니 미 국방장관, 파월 합동참모본부의장이 '한미공동성명'을 발표하고 있었다. 그 내용은 극히 심각했다.

1. 한미 양국은 북한이 핵 재처리시설을 포함한 모든 핵관련 시설 물자에 대하여 무조건으로 사찰에 응하도록 요구한다.
2. IAEA와 UN 등의 협력을 통해서 모든 수단을 추구하는 한편, 한미 공동으로 북한의 핵개발을 저지한다.
3. 미국은 한국에 대하여 '핵우산'을 계속 보장한다. 또 미국의 대한민국 방위공약은 반석 위에 있고 또 부동이다.
4. 북한 핵개발의 위협과 불확실성이 없어지고, 지역의 안전이 완전히 보장될 때까지 주한미군의 제2단계 삭감을 연기한다.

5. 유사시에 미군의 신속한 무력 전개와 첨단무기(패트리어트 미사일이나 순항 미사일)의 사전배치를 승인한다.

위와 같은 항목이 포함되어 있다.

미국이 걸프전에서 사용한 패트리어트 미사일을 한국에 배치하는 것은, 다시 말하면 전쟁을 각오했기 때문이다. 북한이 한국에 스커드 미사일을 쏠 것이라 보고, 그것을 방어하기 위해 사용할 목적인 것이다. 한반도정세는 이제 궁지에 몰릴 때까지 몰렸다.

북미관계가 이렇게까지 나빠지기 전에, 미국 내 선제공격론이 등장했을 때부터 문선명 선생은 사태의 장래를 크게 우려하기 시작하신 것이다.

'방위적 선제공격론'이란 말은 좋지만 다른 말로 표현하면 '선전포고'에 해당한다. 반세기 전 일본의 진주만 선제공격은 미국에 대한 일본의 선전포고였다. 이와 같은 선제공격이 일시에 전면전쟁으로 번질 것은 명약관화하다. 이는 또 하나의 한국전쟁이다. 그러나 이번에는 쌍방 공히 휴전이라는 게 없다. '죽기 아니면 살기'다. 한번 전쟁이 시작되면 북한의 목표는 서울이요, 미국과 한국의 목표는 더 말할 나위 없이 평양일 것이다. 여기에는 모든 무자비한 전쟁수단이 동원될 것이다.

북한은 그 시점에서 아직 원자탄은 못 가지고 있었다. 하지만 이른바 '가난한 나라의 원자탄'을 다량으로 가지고 있었다. 그것은 곧 '화생방(化生放) 무기'로, 세균무기, 독가스무기를 말한다. 북한이 이와 같은 무기를 비축하고 있다는 사실은 오래전부터 알려져 온 일이다. 화학무기 연구를 맡고 있었던 북한군인 망명자도 있다. 어느 군사전문가의 정보에 의하면 북한은 적어도 2천 톤 이상의 세균·독가스 무기를 비치하고 있다고 한다. 이 양은 대한민국 전 인구를 4번 몰살시키고도 남는 양이다. 서울 인구를 하룻저녁에 소리 없이 사라지게 하는 일이 결코 소설에서만 나오는 이야기가 아니다. 세균탄은 풍선을 타고도 날아올 수 있기 때문이다.

또 하나의 무서운 사실이 있다. 북한이 스커드 미사일을 개발했다는 것이다. 이 미사일로 한반도 전역을 공격할 수 있다. 만일 북한이 이 미사일을 가지고 한국 각지에 있는 15개의 원자력발전소를 공격한다면, 최악의 원전사고로 기록되는 소련의 체르노빌 원전사고와 같은 상황이 한국 곳곳에서 재연될 것이다.

체르노빌과 같은 원전사고가 십여 곳에서 동시에 일어난다면 어찌 될 것인가. 미국 군사전문가들은 북한이 적어도 300기의 스커드 미사일을 가지고 한국의 군사요지와 원자력발전소를 조준하고 있다고 말하고 있다.

이 사실을 아는 문선명 선생은 말했다. "아니다! 전쟁은 할 수 없다. 궁극에 가서 북한은 망하고, 미국과 한국이 승리를 거둘 것만은 확실하다. 그러면 통일은 틀림없다. 그러나 동시에 우리 민족은 남북 합하여 몇 천만이 살상 당할지 모른다. 그것은 아무도 짐작을 못한다. 동족의 피를 흘려 쟁취된 통일에 무슨 가치가 있는가." 그리고 "아니다. 전쟁만은 안 된다. 미국이 선제공격을 운운하는 것은 미국의 국익은 될지 모르지만, 한국과 우리 국민을 완전히 무시하고 하는 말이다."라고 말했다.

문선명 선생은 미국에 대하여 일종의 공분을 느끼신 것이다. 아니, 미국이 무슨 권리로 우리 민족을 이렇게 죽이겠다는 말인가. 선생은 미국의 경거망동을 크게 책망했다.

한편 미국 안에도 강경파의 움직임을 비판하는 '선제공격 신중론'도 있었다. 그들의 주장은 '북한에 대한 군사행동이 보복행동을 초래할 위험이 있다.' '경제적 압력을 가하는 등 선제공격 이외의 방법으로 북한의 핵무기 개발을 막아야 한다.'는 것이었다. 북한 선제공격은 어불성설이라고도 했다. 이들은 북한을 좀 아는 사람들이다. 미 과학자연맹회장 제임스 스톤 박사, 핵군비관리에 관한 위스콘신 계획의 개리 마루포린 박사, 카네기 국제평화재단의 체오나드 스펙코트 상급연구원 등이 이와 같은 주장을 했다.

그러나 이들의 소리는 완전히 무시되었다. 위험하기 때문에 어서 서둘러 선제공격을 해야 한다는 것이다. 북한의 위협이 매일같이 중대하고 있는데, 기다리다가는 선제공격의 기회마저 놓쳐버린다는 미국 강경파의 의견이 급속도로 그 지지를 모으고, 사태는 일촉즉발 상황을 맞았다.

그 당시 마침 미국 조야는 걸프전의 통쾌한 승리감에 취해 있었다. 월남전의 치욕을 이라크를 제재하는 걸프전에서 설욕한 것이다. 이 승리감은 자연히 미국을 교만에 빠지게 만들었다. 모든 문제는 군사적 해결이 최선이라는 생각이 미국사회에 팽배했다. "아니. 미국이 원하는데, 누가 말을 안 들어! 그래, 그럼 실력행사 해." 당시 미국의회 분위기는 이와 같았다.

〈워싱턴 타임스〉를 창설하신 문선명 선생은 지면을 통해서 항상 미국의 최신정보를 알고 계셨다. 미국 백악관·국방부·국무부·CIA 등등에서 최신정보를 보고받는 루트가 있었다. 선생은 미국이 '한다면 꼭 행동하는 나라'인 것을 잘 아신다. 선전포고 없이도 필요하면 어떤 공격이나 군사행동도 하는 것이 미국이다.

'미국은 절대로 먼저 전쟁을 시작하지 않는다.'는 이미지는 허상이요, 실상이 아니다. 미국은 여론의 지지와 대의명분만 형성되면 무엇이든 하는 나라다. 9.11테러 주범 오사마 빈라덴의 사살, 리비아의 독재자 카다피를 표적으로 한 공습, 파나마 노리에가의 체포를 목적으로 한 파나마 침공, 중미 그라나다 해방을 위한 군사행동 등 모두 군사적으로 성공을 거둔 작전이다. 실패한 것은 월남전뿐이다. 월남전은 미국이 선전포고 없이 벌인 가장 큰 전쟁이며, 한국전쟁보다 더 많은 희생자를 냈고, 결국에는 '치욕의 전쟁'이 되어버렸다. 이것은 미국의 수치가 되고 말았다. 그것은 미국의 여론이 이를 지지하지 않았기 때문이다.

'미국은 한다 하면 한다.' 이대로 여론이 고조되면, 미국은 반드시 북한공격을 강행한다는 것을 문선명 선생은 뚜렷이 알고 있었다. 문제는 북한을 이라크와 같이 보는 인식이다. 이것이 큰 '오산'인 것을 미국은 모른다. 미국의 생각은 단순히 이런 것이다.

"소련공산당의 붕괴와 그에 따르는 소련연방의 해체, 또 중국의 경제개방정책 등으로 북한은 유력한 후원자를 잃었고, 석유의 절대적 부족 등으로 전쟁을 계속할 능력을 결여하고 있는 이상, 한미연합군의 공격으로 북한은 단기간 안에

분쇄되고야 말 것이다." (《문선명 목사와 김일성 주석》 43페이지)

이것이 미국 수뇌부의 판단일지 모른다. 다 옳은 이야기이다. 선제 공격을 하면 확실히 결과는 그와 같을 것이다. 그러나 단 한 가지 '오산'이 있다. 북한은 이라크가 아니라는 것이다. 다시 한번 후쿠다 박사의 설명을 빌려보자.

"북한은 '사회주의'의 간판을 걸고는 있지만, 그 통치구조는 고대 오리엔트의 신정국가(神政國家), 또는 종교국가를 생각하게 하는 국가요, 2천5백만 국민은 그 나라의 하나님인 김일성 김정일 부자에 대하여 종교적 정열로 절대적 충성을 맹세하고 있다. 북한의 국가목표인 조선반도 남부의 해방과 한반도의 주체사상을 기본으로 하는 통일을 위한 싸움을 지상의 성전으로 본다. 그에 참가하고 조국통일에 공헌하는데 무상의 기쁨을 느끼는 수백만, 수천만의 '김현희(金賢姬)'가 있는 나라, 그것이 북한이라는 것에 대한 인식이 미국 정부에 결여되어 있다." (《문선명 목사와 김일성 주석》 43페이지)

미국의 한반도전쟁의 결론은 명확하다. 북한은 틀림없이 분해되고 말 것이다. 그러나 그대로 앉아서 얻어맞다가 분해되지는 않는다. 대한민국을 '쑥대밭'으로 만들어 놓고서야 분해될 것이다. 미국의 선제공격은, 1941년 일본의 진주만공격이 미국의 국론을 완전 통일시켰듯이, 북한으로 하여금 '미제국주의자들에 대한 적개심'으로 똘똘 뭉치게 하고 미국을 상대하게 할 것이다. 죽기를 각오한 100만 군대는 무서울 게 없다. 북한은 미국의 선제공격을 기회로 미국에 '침략자'의 '명찰표'를 붙이고, '조국통일'이라는 대의를 내세우고 홍수처럼 대한민국에 덤벼들 것이다. 그렇게 되면 전면전은 필지의 사실이다. 여기서 오는 쌍방의 인명 손실은 그 누구도 상상하지 못할 것이다. 6·25전쟁의 10배, 100배의 사상자가 한반도에서 생길 것이다. 이는 문선명 선생이 절대 허락할 수 없는 천부당만부당한 일이었다.

전쟁회피의 길 모색

여기서 문선명 선생은 두 가지의 전략을 세웠다.

첫째, 김일성 주석을 직접 만나는 것이다. 그리고 핵무기개발의 야욕을 포기하게 하는 것이다. 이보다 더 좋은 해결방안이 어디 있는가! 핵무기의 개발은 결국 북한을 괴멸에 이르게 하는 길이다. 이점을 강력히 설득하는 것이다. 이것이 성공되면 만사해결이 아닌가. 나아가 김일성 주석에게 미국과의 전쟁의 위기가 가까이 오고 있다는 것, 그리고 미국이 어떤 힘을 가지고 있는가를 정확하게 인식시키는 것이다. 결론은 하나다. 한반도에서 전쟁이 발발하게 되면 한국과 싸우는 것이 아니라 결국 미국과 싸우는 것이요, 북한이 미국과 싸워서는 살아남을 재간이 없다는 것을 알리는 것이다.

그런데 북한이 전쟁도발을 하지 않더라도 미국은 이미 '선제공격'을 생각하고 있었다. 북한이 핵무기 개발계획을 계속하는 한 미국의 강경론은 여론의 지지를 받게 될 것이다. 그러니 북한이 사는 길은 결국 핵무기 개발을 포기하는 길밖에 없다. 이 외에 선택의 여지가 없다는 것을 어떻게든지 북한에게 인식시켜야 한다. 이 노력이야말로 진정한 의미에서 참다운 동족애의 발휘이다. 이것이 문선명 선생이 북한을 방문하신 가장 큰 목적이다.

둘째, 미국을 설득하는 것이다. 문선명 선생은 이 문제에 대한 미국의 국익이 반드시 한국의 국익과 일치하지 않는다는 것을 너무나 잘 알고 계셨다. 그래서 주권국가 대한민국의 의도와 우리 한국국민의 희생은 고려하지 않고, 일방적으로 세워지는 미국의 군사계획은 한국의 주권모독이요, 4천만 국민의 안전을 위태롭게 한다는 것을 설득하고자 한 것이다. 그리고 나아가 북한 핵무기 문제의 해결은 미국이 나설 수밖에 없고, 미국은 북한과 직접대화를 통해서만 그 해결을 기대할 수 있다는 것을 설득하고자 한 것이다.

사실 미국에 대북한정책이라고 불리는 것은 없다고 해도 과언이 아니다. 이것은 레이건, 부시 행정부 시절, 내가 〈워싱턴 타임스〉 사장으로 있으면서 잘 알게 된 일이다. 미국 정부는 한국에 3만7천 명의 미군을 주둔시킨 것으로 만사가 해결되었다고 생각하고 있었다. 그리고 '그 교만한 테러국가하고 초강대국 미국이 대화하다니 그게 말이나 되느냐?' 하는 일종의 오만을 가지고 있었다. '그 벼룩 같은 놈, 한번 방망이로 쳐버려!' 같은 단순한 발상이 미국 조야의 세론이었다.

그러나 이것은 초강대국 미국의 사치다. 동북아의 긴박한 사태는 이와 같은 사치를 용납하지 않았다. 한반도는 점점 세계의 화약고가 되어 갔다. 한반도에는 유엔에 가입한 두 나라가 있고, 4천만 국민이 사는 주권국가 대한민국이 있다. 남북을 합하여 7천만의 운명에 대한 고려가 없다면, 이것은 일종의 오만이라고 해도 과언이 아닐 것이다. 선생은 무슨 일이 있더라도 미국의 선제공격만은 막아야 한다고 결심한 것이다.

그 후 선생의 여러 미국 활동은 바로 이와 같은 목표를 두고 엮어졌다. 그리고 그 목적을 모두 달성하여 오늘날 우리가 한반도에서 그런대로 평화를 유지하고 있는 것이다. 이것은 뒷장에서 논하려 한다.

드디어 선생의 전략과 방향은 확실히 정해졌다.

첫째, 북한을 방문하여 김일성 주석과의 면담을 통해 핵무기 개발의 야욕을 버리게 할 것.

둘째, 미국을 설득하여 '선제공격'의 망상을 버리게 할 것.

그리고 그 명령은 나에게 떨어졌다. 북한방문은 극비리에 1991년이 저물기 전에 성취하라는 명령이 내려졌다.

문선명 선생이 북한에 가서 김일성 주석을 만나는 데는 또 하나의 섭리적인 이유가 있다. 앞서 문선명 선생이 소련 고르바초프 대통령을 만나는 것은 세계적 에서와 야곱의 만남이라 풀이했다. 그와 같은 맥락에서 문선명 선생과 김일성 주석의 만남은 한층 더 올라가 천주적 에서와 야곱의 만남이라 할 수 있었다.

그러면 문선명 선생의 방북에 결정적 역할을 한 자는 누군가? 그는 다름 아닌 당시 북한의 실권자, 김정일 국방위원장 겸 당 총비서였다. 저자가 처음 접촉한 북쪽 사람은 김정일 총비서의 심복으로 북경파견관인 박종근 사장이었다.

그 얼마 전에 친지의 소개로 '금강산국제그룹' 회장 박경윤 여사를 홍콩에서 만났다. 오랫동안 미국에서 활동했던 한국인으로 북한통이었고, 북한·한국·일본·미국·중국 등에 폭넓은 인맥을 가진 여류사업가였다. 홍콩에서 만난 박 여사의 인상은 좋았고, 신뢰가 가는 분이라 생각했다.

우리의 첫 번 모임은 아주 짤막했다. 인사를 나눈 후 박경윤 여사는 말했다.

"북경에 한번 오실 수 있어요? 제가 중요한 한 분을 소개하고 싶은데…."

"네, 그러세요. 북경에 갈 수 있습니다."

우리는 1991년 11월 8일 북경 중국대반점에서 만나기로 하고 황급히 헤어졌다.

약속 당일, 북경에서 박경윤 여사가 나에게 소개한 사람이 바로 박종근 사장이었다. 그는 명목상으로는 금강산국제그룹 산하 '금강산국제무역 개발총회사'의 사장이었으나 그것은 북경에 주재하기 위한 명분일 뿐이요, 실제로는 김정일 총비서 측근의 인물이었다. 그는 천재적 두뇌를 가지고 있으며, 머리 회전이 정말 빨랐다. 술은 한 모금도 입에 못 대는 대신, 줄담배를 피우는 것이 특색이었다. 그는 또 모험을 좋아하는 성격이었다.

인사가 교환된 후에 나는 솔직하게 말문을 열었다.

"북한에서 우리 문선명 총재님을 한번 모실 의사가 없습니까?"

박종근 사장은 조금도 놀라는 표정이 없었다. 그가 나를 만나러 올 때 이미 계산된 터였다.

"그 일을 성사시킬 분은 김정일 총비서 한 분이십니다. 그러나 이 일은 그분에게도 대단한 모험입니다."

그리고는 담배 연기를 내뿜으면서 이렇게 말했다.

"나는 그분(김정일 총비서)을 잘 압니다. 대단히 좋아하실 줄 믿습니다. 나는 문 총재님(세계평화연합총재)을 우리 공화국에 모시는 일에 대단히 흥분하고 있습니다. 바로 이 때 있어야 할 일이라는 확신이 듭니다. 박 여사하고 이미 많은 것을 토론했습니다. 처음에는 불가능한 것 같았는데, 생각하면 생각할수록 참 매력 있는 일입니다. 꼭 되도록 해보겠습니다. 자, 그럼 나에게 설득력 있는 통일운동의 자료와 문 총재님의 업적에 대한 자료를 주십시오."

그 날 저녁, 나는 박 사장에게 통일운동의 세계적 업적과 문 총재님이 왜 북한방문을 원하는가를 낱낱이 설명했다. 그는 통일운동의 저력과 그 크기에 경탄해마지 않았다.

박종근 사장은 자료와 사진첩 한 보따리를 가지고 나가면서, 중국에 지은 팬다자동차 공장은 북한에서도 화제였다고 했다. 그리고 김정일 총비서는 일부러 사람을 보내어 팬다 공장을 비디오로 찍어서 보았다고 말했다.

나는 그가 방을 나가기 전에 한 가지 더 짚어보았다.

"문 총재님의 고향이 평안북도 정주이신 걸 아시지요? 평양을 방문하시면 꼭 고향에 가고 싶어 하실 것입니다."

내가 그렇게 말한 것은 북한당국이 총재님의 고향인 정주까지 내보일 수 있는가를 떠보기 위해서였다.

박 사장은 서슴지 않고 대답했다.

"그야 물론이지요. 친척들도 다 만나보셔야 할 것 아닙니까."

그리고 우리는 다시 11월 16일 같은 장소에서 다시 회합하기로 했고, 박 사장은 다음날 당장 평양에 들어간다고 했다. 이 첫 번째 비밀회담에는 내가 의장으로 있는 '세계평화정상회의' 안토니오 베탄코트 사무총장을 동반했다. 나는 서울로 돌아와, 거기까지의 경과를 문선명 선생 내외분께 보고했다.

그 자리에서 선생은 다시 '금년을 넘겨서는 안 된다. 알겠지!' 하며 이 점을 강조하셨다. 항상 천기를 보는 선생이신지라 금년 중에 뭔가 대단히 중요한 일이 일어날 것을 나는 예측할 수 있었다.

나는 11월 15일 베탄코트 사무총장을 대동하고 다시 북경으로 갔다. 그 때 박경윤 여사의 사무실은 북경에 있었다. 그 다음날 16일의 회의 장소는 역시 중국대반점이었다. 그런데 전혀 예상도 안 했는데, 이 날은 박종근 사장과 박경윤 여사만이 아니었다. 북한의 정무원(내각에 해당하는 행정부) 김달현 부총리가 와 있었다. 일이 드디어 심각한 국면으로 접어들었음을 직감했다.

나중에 박종근 사장으로부터 들은 이야기지만, 박 사장은 나를 만난 다음날 첫 비행기로 평양에 들어가 즉시 김정일 총비서를 만났다고 한다. 약 두 시간에 걸쳐 모든 보고를 받은 김정일 총비서는 그 자리에서 대외경제담당 김달현 부총리에게 '16일날 북경에 가서 박보희를 만나라.'고 지시했다 한다.

김 부총리는 즉시 '박보희라면 괴물입니다. 왜 그 자와 만나야 합니까?'라고 항의했다 한다. 그러자 김정일 총비서는 '아무 말 말고 내가 하라는 대로 해.' 하고 강경하게 지시했다 한다.

위의 설명에서도 볼 수 있듯이, 김달현 부총리는 신사적이지도 않고 선뜻 호의적이지도 않았다. 어떤 의미에선 적의에 찬 눈치였다. 이 날의 회합에서는 자연히 열띤 토론이 오갔다. 나는 다음을 강조했다.

"지금 북조선은 국제적 고립을 면치 못하고 있습니다. 북조선은 대해(大海) 속의 고도(孤島)와 같습니다. 고립은 오해를 가져오고, 오해는 오판을 가져오고, 오판은 전쟁을 가져올 수도 있습니다. 지금 북조선은 친구가 필요합니다. 그것은 어떤 한 나라가 아닙니다. 또한 지금 어떤 나라도 선뜻 북조선의 친구가 되려 하지 않습니다. 그런데 북조선은 나라보다 더 큰 우방을 가질 수 있습니다. 그 분이 바로 문선명 선생이십니다. 만일 북조선이 이 한 분을 친구로 갖는다면, 이것은 몇 나라를 친구로 갖는 것보다 더 가치 있을 것입니다."

김 부총리는 납득할 수 없다는 표정을 짓고 강하게 반발했다.

"북조선 인민들은 지금까지 40년 동안, 문 목사를 승공의 괴수로 알고 있습니다. 어떻게 우리가 문 목사를 환영할 수 있겠습니까. 지금까지 왔다간 임수경이나 문익환 목사와는 전혀 다른 완전 보수반공의 총수를 뭐라고 환영합니까. 이것은 상상 밖의 일로 보입니다."

나는 여기서 다음의 한 예를 들어 그를 설득했다.

"김 부총리. 미국의 닉슨 대통령 잘 아시지요? 그는 미국 보수세력의 대표이며, 철저한 반공주의자입니다. 그가 중국을 방문하여 모택동 주석과 회담했습니다. 어떻게 그것이 가능했었느냐? 그것은 미국 국민들이 닉슨 같은 인물이라면 중공의 세계전략에 말려들지 않고 미국 국익의 한도 내에서 외교를 전개할 것으로 믿었기 때문입니다. 그래서 여론이 그의 중국방문을 지지한 것입니다. 그리하여 그가 중국을 방문하고, 모택동 주석과 회담하고, 미중 국교가 정상화된 것입니다. 만일 이것이 닉슨이 아니고 카터 대통령이었더라면 그렇게 극적인 미중관계 개선은 생각도 못했을 것입니다. 여기에서 진짜 이득을 본 것은 어느 쪽입니까? 중국입니다. 그 때까지만 해도 UN으로부터 침략자로 낙인찍히고, 국제무대에 명함조차 못 내던 중국이 일약 세계무대의 표면에 부각된 것이 아닙니까.

북조선이 세계의 공신력을 가지려면 문선명 선생과 같은 극보수 반공인사를 친구로 만들 능력이 있어야 합니다. 문선명 선생이 하는 말씀을 세계는 믿기 때문입니다. 문익환 목사나 임수경, 누가 그들의 말을 듣습니까? 이 방문에서 이득을 보는 것은 문선명 선생이 아니라 북조선일 것입니다. 더군다나 북한 정주 출신의 문 목사를 초대하는 것은 고향방문이라는 훌륭한 인도주의적 명분이 있지 않습니까?"

여기에 김 부총리는 설득이 된 듯했다. 그는 나중에 말했다 한다.

"그것 박보희는 괴물은 괴물이야. 말 잘하는 괴물이야!"라고.

이것은 그가 나의 논리를 감명 깊게 들었음을 의미한다. 나는 그들과 많은 토론 끝에 이렇게 매듭을 지었다.

"어서 돌아가서 김정일 총비서께 보고하시오. 만일 이 일을 성사시키기 원한다면, 이는 쥐도 새도 모르게 즉각 실시해야 합니다. 11월 중에 평양에 도착하셔야 합니다. 그 이상은 양쪽에서 절대로 보안을 지킬 수 없습니다. 다음에는 하고 싶어도 못합니다."라고 말하고 헤어졌다.

우리는 그 다음날, 즉각 평양의 'OK' 회답을 받았다. 김정일 총비서가 김일성 주석에게 보고하고 결재가 되었다 했다. 초청자는 정무원 부총리(대외경제위원장) 김달현, 호스트(host)는 조선해외동포원호위원회 윤기복 위원장(조국평화통일위원회 위원장), D-day는 11월 30일로 결정되었다. 모두가 우리가 요청한 대로 된 것이다.

평양 입성

1991년 11월 30일, D-day가 되었다.

문선명 선생 양위분은 전날 하와이에서 홍콩으로 이동하셨다. 그리고 홍콩에서 1박하고 다음날인 30일 아침 영국항공 드래곤에어에 탑승해 북경으로 이동하셨다. 중국정부는 북경공항의 귀빈실을 전부 개방해주었다. 중국국제우호연락회에서 대표가 나와 영접했다. 여기에는 무슨 영문인지도 모르고 한국·일본·미국 등지에서 통일운동 산하 언론인들이 집결되어 있었다. 특별기의 좌석이 허락하는 그 중 10여 명은 문선명 선생의 역사적 방북여행을 수행 취재할 작정이었다.

이윽고 박종근 사장이 나타났다. 그는 문선명 선생과 한학자 여사 내외분에게, "금번 우리 공화국을 방문해 주시게 된 것을 영광으로 생각합니다. 공식초청장을 가지고 왔습니다." 하고 정중하게 인사하며, 붉은 도장이 찍힌 북한 고유의 정식초청장을 내놓았다. 이 순간까지는 상호 신뢰의 정신을 가지고 구두로 진행했지만, 이 순간부터는 공식적으로 서면화된 것이다.

> **조선민주주의 인민공화국은 통일교회의 교주 문선명 선생과 영부인,**
>
> **그리고 수행원 일행을 공화국에 초청합니다.**
>
> **공화국은 재북 기간 중 그 신원을 보장하겠습니다.**
>
> 1991년 11월 30일
> 조선민주주의 인민공화국 정무원 부총리 김달현

이 초청장에는 평양의 붉은 관인이 찍혀 있었다. 또 가장 큰 특색은 문선명 선생을 '통일교회의 교주'로 명기해서 초청했다는 것이다. 이제까지 자유세계 각국의 여러 단체에서 많은 초청을 받았지만, '통일교회 교주'로서 초청받은 예는 없었다. 그런데 무신론 국가인 북한에서 종교 지도자로서 초청을 받으니 대단히 신기한 생각이 들었다.

"위대하신 김일성 주석께서 문 총재님 모시고 오라고 특별전용기를 보내셨습니다."

박종근 사장이 그렇게 말하고 나서,

"그런데 외국기자단의 동시 방북은 좀 곤란합니다. 이번은 해외동포원호위원회가 영접을 맡았으니 해외에 적을 가지신 동포로 일행을 구성해주십시오."라고 덧붙였다.

절충한 결과, 일행 명단이 다음과 같이 결정되었다.

주빈 문선명 선생(통일교회 교주)

주빈 한학자 부인

일행 박보희 사장(세계일보)

윤기숙 부인

김효율 특별보좌역(선생의 특별보좌)

윤기병 보좌역(선생의 경호담당)

정원주 비서(한학자 여사의 비서)

황엽주 목사(통일교회 북경 선교사)

이상 8명이다.

귀빈실에서 시간을 기다리는 문선명 선생은 항상 미소를 짓고 박종근 사장과 농담도 같이 하면서 서로 이북 사투리가 걸맞아 들어갔다.

오후 3시 출발시간이 되었다.

선생 일행은 귀빈용 차량으로 비행기 쪽으로 향했다. 거기에 김일성 주석이 보낸 조선민항 특별기가 모든 준비를 마치고 기다리고 있었다. 선생은 트랩을 오르시기 전에 기념촬영을 하고, 트랩 위에서 크게 손을 내저으며 특별기 안으로 들어갔다. 드디어 역사적인 노정이 시작된 것이다.

선생 내외분이 자리에 앉자마자 한 잘생긴 청년이 나타났다. 그는 깍듯이 내외분에게 인사를 올리며, '위대하신 김일성 주석님께서 북경에 가서 문 총재님 일행을 잘 모시고 오라고 명령받은 외교부의 김영수 참

북한 고려항공 기내에서 〈노동신문〉을 보고 있는 문선명 선생

사입니다. 이번에 선생이 공화국을 방문해주셔서 대단히 감사합니다.' 라고 했다. 말끝마다 '위대하신 김일성 수령'이다.

사실 평양은 서울에서 부산 가는 것보다 가까운 거리에 있다. 한반도 북쪽의 수도로 가는 길이 마치 천만리 타향, 이국으로 가는 느낌이었다. 국토분단의 비극을 몸으로 느낄 수 있었다. 어여쁜 승무원 두 사람이 나타나서 같은 인사를 했다. 그리고는 음료를 대접했다. 그리고 〈노동신문〉을 갖다드렸다.

'아, 여기서 보는 일간지는 〈노동신문〉이구나!'

이윽고 특별기는 활주로를 질주하기 시작했다.

'아, 이제 드디어 북한행이 이루어진다. 다음 며칠은 어떤 날들일까?'

전혀 예측할 수 없는 앞날을 두고 나는 이륙하는 비행기 안에서 기도했다.

"아버님의 뜻을 이루게 하소서. 모든 것을 하나님 아버지께 맡기옵니다."

눈물이 줄지어 쏟아졌다.

비행기가 이륙하여 안정고도에 이르자 또 김영수 참사가,

"문 총재님, 평양까지의 비행시간은 약 한 시간 반입니다. 우선 황해를 건너, 신의주 쪽으로 가서 기수를 남쪽으로 돌려 평양에 착륙하겠습니다. 선생님의 고향이신 평안북도 정주의 상공을 지나가겠습니다."

얼마나 용의주도한 계획인가. 선생의 방북 길, 우선 고향산천을 하늘에서 내려다보게 하기 위함인가.

승무원이 정결하게 준비된 스낵과 다과를 대접했다. 그들 모두 김일성 주석의 사진배지를 가슴에 달고 있는 것이 인상적이었다. 나는 비행 중, 그 날 저녁 환영만찬에서 있을 선생의 답사를 정리했다. 한 시간이 지나자 밑에 육지가 나타났다. 그리운 우리 한반도의 북녘 땅이다. 저녁노을 속에 태연히 누워 있는 대지는 평화롭기만 했다.

'아, 저기가 평안도겠지.'

생전 처음 보는 우리 '아버님, 어머님의 고향땅'이다. 한 여사의 고향은 문 선생의 고향인 평안북도 정주에서 40여 킬로미터 떨어진 평안남도 안주다. 저녁노을은 점점 붉어져 일몰이 임박했음을 알렸다. 특별기가 고도를 낮추기 시작했다. 15분 후에 도착이라는 연락이 왔다. 모두

안전벨트를 매고 밖을 내다보기에 여념이 없었다. 문선명 선생 내외분은 고요히 명상을 하고 있었다.

특별기는 평양 순안비행장에 착륙했다. 비행기는 활주로에서 회전하여 공항 중앙청사 앞에 섰다. 밖에는 환영객들과 북한의 촬영 팀이 다수 대기하고 있었다.

이윽고 트랩이 내려졌다. 제일 먼저 문선명 선생이 내려섰다. 평양에서 내딛는 첫 발이었다. 우주비행사 닐 암스트롱이 달나라에서의 첫 발을 '인간에게는 작은 일보(一步)이지만 인류에 있어서는 거보(巨步)'라고 했던 말이 생각났다. 문선명 선생의 이 작은 일보가 남북통일, 나아가 세계평화를 위하는 거보가 된다는 확신이 들었다. 그 뒤를 영부인 한학자 여사가 따랐다. 그 뒤에 저자가 섰고, 차례차례로 트랩을 내려갔다.

제일 먼저 윤기복 해외동포원호위원회 위원장이 문선명 선생과 따뜻한 환영의 포옹을 했다. 그 다음에 서 있던 분이 김달현 부총리다. 그 옆으로 연달아 각급 직위에 있는 조선노동당 요인들과 정부인사들이 나란히 섰고, 순서대로 내외분과 인사를 나눴다.

대강 인사가 끝나니, 윤기복 위원장은 문선명 선생을 가족 쪽으로 안내했다. 거기에는 선생과 48년 전에 작별한 친누님(文孝順·73), 친여동생(文孝善·64) 그리고 선생의 형수(池治淑·69) 그리고 형님의 아들(文炳賢·49), 그 외 몇몇 친족들이 와 있었다. 그들은 이게 꿈이냐 생시냐 하면서 선생의 옷자락을 붙들고, 선생의 어깨에 얼굴을 묻고 대성통곡 했다.

모두 48년 만에 보는 얼굴들이다. 그들에게 선생은 사랑스러운 동생이요, 오빠요, 시동생이다. 그 사람을 이렇게 다시 만나다니, 이게 웬일이냐 꿈엔들 생각했으랴. 선생 역시 그리운 가족들이 북한에 살아 있으리라고는 꿈에도 상상하기 어려웠다. 더구나 세계적 반공투사의 가족은 북한에서 모두 삼족이 멸해졌다고 들었는데, 이 누나 동생들이 살아서 나를 마중 나와 줄 줄이야!

통곡하기로 들면 몇 시간을 붙들고 통곡한들 그 여한이 가시겠는가. 선생이 통곡하는 누나, 동생, 형수씨를 달래셨다.

"여기서 이러지 말아요. 나는 가족 만나는 것도 중요하지만 하나님의 일을 위해서 왔고, 나라 일을 위해서 왔으니 이러지들 말고 기운을 차리세요."

이때 만일 선생이 눈물 한 방울이라도 보이셨던들 아마도 그 순간 비행장은 이들의 통곡소리로 충만했으리라. 그러나 선생은 눈물을 보이시지 않으셨다. 그리고 영부인을 가족들에게 소개하고, 우리 일행도 소개하셨다.

가족과의 상봉이 끝나자 북한 어린이들의 대표가 문선명 선생 내외분께 꽃다발을 증정했다. 어린이들은 어느 나라에서나 평화의 상징이다. 유니폼을 입은 어린이들이 꽃다발을 드리고, 북한 특유의 손을 드는 경례를 했다. 선생은 이들이 귀여워 같이 기념촬영을 하셨다.

마중 나온 차량은 어두워져가는 순안비행장에 줄지어 시동을 걸고 대기하고 있었다. 경찰의 경호차와 사이드카들이 호위하는 가운데, 제1 귀빈차량에 문선명 선생 내외분, 제2 귀빈차량에 나와 김효율 보좌역, 이런 순서로 방문일행이 앞에 달렸다. 그 뒤를 당과 정부고관들, 환영인사들의 차량이 따랐다. 차량은 모두 최신형 독일제 메르세데스 벤츠였

문선명 선생 일행을 환영하는 윤기복 해외동포원호위원회 위원장

다. 평양거리의 사람들은 누군지도 모르고 모두 멈추어 손을 흔들었다. 아마 어느 나라 대통령의 방문이라 생각했으리라. 시내는 어두워 잘 보이지 않았다.

이 굉장한 차량행진은 '모란봉 영빈관'에 도착해서 멈췄다. 북한에 영빈관이 많지만, 모란봉 영빈관은 가장 크고 웅장한 영빈관이다. 북한당국은 선생 일행을 최고로 모시기 위하여 150명 공관요원들을 동원했다고 했다. 식사·운전·경비 외에 사소한 서비스, 예를 들면 청소·세탁에 이르기까지 손 빠진 데가 없었다.

영빈관까지 따라온 윤기복 위원장과 김달현 부총리는 같이 조금 환담을 나누고, 잠시 쉬었다가 환영만찬으로 모시겠다고 했다.

환영만찬은 '목련관'이라고 불리는 국빈연회장에서 열렸다. 여기서는 우선 윤기복 해외동포원호위원회 위원장의 환영사가 있었다. 그는 또 조국평화통일위원회 부위원장이기도 했다.

윤기복 위원장은 이 연회장 한 테이블에 문선명 선생 직계가족들이 초청된 것은 참 보기 좋았고 이례적이라 했다. 위원장만 하더라도 문선명 선생의 방북을 전혀 모르고 있었다 한다. 그는 그날 아침에서야 김정일 총비서로부터 전화를 받았고, 공항에 나가 통일교회 교주 문선명 선생을 환영하라는 지시를 받았다 한다.

아마도 그는 그 명령에 기절초풍하였으리라. 그러고 보면 문선명 선생의 방북을 사전에 알고 있었던 사람은 김일성 주석과 김정일 총비서 외에는 김달현 부총리와 박종근 사장 정도가 아닌가 생각한다. 북한 쪽에서도 완전히 기습적 행사였던 것이다. 그렇지 않고는 성사될 수 없는 일임을 그들도 잘 알고 있었다.

그러나 그들에게 문선명 선생의 방북의 비중은 국가원수 방문 이상의 것이었다. 어느 국가원수도 북한이 특별기를 내보내어 모셔온 적이 없다. 그리고 어느 국가원수도 노동당비서 중의 한 사람인 윤기복 위원장과 정무원 부총리가 항시 따라다니며 안내한 적이 없다. 그리고 조선노동당의 기관지 〈노동신문〉은 그날부터 매일같이 문선명 선생과 그 일행의 거동을 연일 대서특필했다.

더구나 선생이 그날 저녁 말씀하신 환영답사 '피는 물보다도 진하다'를 〈노동신문〉은 한 자의 수정도 없이 전문 그대로 게재했다. 과거에 중국 강택민 주석의 방북 때를 제외하고는 이런 전례가 없었다 한다. 더군다나 문선명 선생의 말씀 가운데는 '하나님'이라는 말씀이 나온다. 그뿐만이 아니다. '통일의 성업(聖業)'이라든가, '기도'라든가 하는 종교적 단어가 나온다. 그런 것들이 한 자의 수정도 없이 전부 〈노동신문〉에 게재되었다. 46년간 한 번도 들어보지도 읽어보지도 못한 '하나님'이라는 말을 북한 2천5백만 동포들이 〈노동신문〉을 통하여 처음으로 읽은 것이다. 이것만 가지고도 하나의 위대한 역사의 성취가 아니겠는가.

윤기복 위원장의 환영사에 이어 문선명 선생은 정중히 단상에 섰다. 북한에서 공식으로 발표하는 첫 음성이었다.

"존경하는 윤기복 위원장, 존경하는 김달현 부총리, 그리고 귀빈 여러분. 오늘 본인과 나의 아내, 그리고 우리 일행을 위하여 이처럼 성대한 만찬회를 준비하여 주신 데 대하여 어떻게 감사해야 좋을지 모르겠습니다. 나는 오늘 40여년 만에 이 평양에 찾아왔습니다. 그리고 이 평양이 이처럼 세계적 도시로 발전한 것을 보고 놀라움을 금치 못하였습니다.

'피는 물보다 진합니다.' 우리는 모두 같은 핏줄을 받고 태어난 역사적 수난의 형제자매입니다. 금번 본인은 존경하는 김일성 주석과 김정일 총비서께서 고향으로 올 수 있도록 인도적 배려를 해주신 것뿐만 아니라, 나의 가족과 친척까지도 공항에서 만날 수 있게 해주신 데 대하여 깊이 감사의 뜻을 표합니다. 특히 김 주석께서 북경까지 특별기를 보내주신 데 대해서는 감사의 뜻을 표현할 길조차 찾기 어렵습니다.

친애하는 북녘의 형제자매 여러분.

나는 오늘 나의 가족들을 만나는 순간 기쁨과 동시에 큰 아픔을 느꼈습니다. 왜냐하면 사랑하는 가족들이 북으로 남으로 갈리어 지금까지도 상봉의 기쁨을 누리지 못하는 1천만의 동포가 있기 때문입니다. 그렇게 많은 동포들이 재회의 기회 없이 죽어가야 할 것을 생각하니, 우리 민족분단의 비극이 하루속히 종결되어야 할 것을 오늘처럼 통절하게 느낀 적이 없습니다.

우리는 유구한 역사를 가진 단일민족으로서 찬란한 문화를 자랑해왔습니다. 그러나 불행히도 우리 민족은 외세에 의해 강요된 분단 46년을 살아야만 했습니다. 이제부터는 다시는 외부세력에 의하여 우리 민족의 운명이 좌우되는 일이 있어서는 안되겠습니다.

'하나님'께서 지켜주시는 우리에게는 통일의 때가 다가오고 있습니다. 통일은 우리 민족의 숙명이요, 이 시대의 과제입니다. 우리들이 우리 때에 조국의 통일을 실현하지 못한다면 우리는 영원히 우리 조상과 후손 앞에 머리를 들지 못할 것입니다.

우리 민족 7천만 동포는 대화와 화해로써 대동단결하여 만난(萬難)을 극복하고 그날을 위하여 전진하지 않으면 안 됩니다. 그날을 위하여 우리는 협력하여야 합니다. 조국의 경제부흥도 같이 성취해 나가지 않으면 안 됩니다. 나는 우리 조국의 통일을 위하여 생명을 바칠 각오가 되어 있는 사람입니다. 본인이 북한 동포들을 위하여 무엇을 할 것인지는 김 주석과 비서의 구상을 듣고 나서 결정하려 합니다.

이번 북한과 나의 고향 방문이 의미 깊은 것은 말할 것도 없는 일입니다. 본인은 이 역사적인 기회에 존경하는 김일성 주석과 만나 감사의 뜻도 표하며, 나아가 우리 민족의 단결과 조국통일의 성업에 관하여 깊이 상담할 기회를 대망하고 있습니다.

끝으로, 존경하는 김일성 주석의 건승과 조국통일의 과업성취를 위하여 축배를 들 것을 제창하는 바입니다. 감사합니다." (〈노동신문〉 1991년 12월 1일자 게재)

청중은 바늘 떨어지는 소리도 들을 정도로 고요히 심각하게 선생의 한마디 한마디를 들었다. 선생의 인사말씀은 짧았지만 대단히 중요한 내용들이 담겨 있었다. 북한 행정부 간부들은 크게 감탄했다. 아니, 안도의 한숨을 내쉬었다고 하는 표현이 옳을 것이다. 그들은 과연 선생이 무슨 말씀을 하실까가 대단히 궁금했다.

이 말씀에 귀를 기울이고 있는 것은 그들뿐만이 아니었다. 사실은 가장 관심 있게 이 연설을 들은 사람은 김일성 주석과 김정일 총비서였다. 그들은 비디오를 통하여 이 연설을 보고 들었으리라. 말하자면 이 연설은 그들이 문선명 선생의 사람됨을 점치는 첫 번째 기회였던 것이다. 그리고 그들은 '역시 거물은 다르다' 하고 일단 손뼉을 쳤으리라.

만수대의사당에 떨어진 '벼락'

12월 1일, 평양방문 제2일째를 맞았다.

문선명 선생은 매월 초하룻날에는 반드시 아침 5시에 하나님께 경배식을 드렸다. 이날 5시에 일행은 모두 선생의 침실로 집합했다. 아마도 모란봉 영빈관 경비원들은 무슨 일인가 하고 눈을 휘둥그레 떴으리라.

문선명 선생은 평양에서의 첫 경배식은 특별한 섭리적 의의가 있다고 하면서, 거기에 있던 한 사람 한 사람을 특별한 사명을 띤 자리에 세우셨다. 이날 선생의 기도는 눈물과 은혜에 사무친 호소의 기도였다. 한반도 통일을 통하여 하나님께서 세계평화를 달성하게 해주시기를 간청하는 기도였다. 이 기도는 영락없이 도청기에 의하여 낱낱이 녹음되었으리라. 만일 이 나라의 위정자들이 이 기도를 진실 되게 들었다면 문선명 선생이 어떤 분인가를 또 한번 깨달을 수 있는 기회가 되었으리라.

이날 선생 일행은 조반을 마치고는 즉시 하루를 평양관광에 소비했다. 생전 처음 보는 평양, 말로만 들었던 대동강·모란봉·을밀대 등 정말로 보고 싶은 데가 많았다.

북한 당국은 마음먹고 문선명 선생님에게 평양을 자랑하고 싶었다. 평양은 저들에게 '주체사상의 성도(聖都)'였다. 김일성 주석과 김정일 총비서의 예술작품이기도 하다. 특히 이 평양의 설계와 건설의 주인은 김정일 총비서였다. 김정일 총비서는 자기의 예술적 감각을 유감없이 발휘하여 대동강변의 기적을 창출하고, 세계에 자랑하는 아름다운 예술도시를 만들고 싶었다. 그리고 그들 북한 인민들에게 있어서 평양은 걸작 중의 걸작, 세계에 둘도 없는 '유경도시(버드나무가 아름다운 수도)', 세계 제일의 수도였다. 하기야 세계에서 평양밖에 보지 못하는 북한 인민들은 누구나 마음껏 이 '수령님의 위대한 작품'을 자랑하고 싶을 것이다.

평양은 하나의 박물관이라 해도 손색없었다. 평양만 보면, 주체사상과 이상적 사회주의의 진가를 볼 수 있게끔 설계되어 있다. 대동강변에 우뚝 솟은 '주체사상탑'을 중심으로 가는 곳곳마다 '위대한 수령'의 손길과 체취를 느낄 수 있게 설계된 훌륭한 박물관이다. 무수한 조각, 무수한 동상, 천년지대계(千年之大計)로 세운 대리석의 전당들, 가는 곳곳마다 인민의 피땀 흘린 흔적이 너무도 확연했다. 그들은 정성을 다해, 그들의 혼을 불어넣었다.

국산 대리석으로 된 만수대의사당은 걸작 중의 걸작이었다.

만수대 언덕에 우뚝 솟은 김일성 동상.

공화국의 왕자 왕녀라 불리는 소년 소녀들에게 예술을 가르치는 만

한반도의 조국통일을 염원하는 내용의 선물교환

경대학생소년궁전.

파리의 개선문을 부끄럽게 한다는 평양의 개선문.

세계에서 가장 아름답다 일컬어지는 평양 지하철.

각종 대회의장, 극장, 예술회관 등 모두 처음 보는 사람들의 눈을 황홀하게 했다.

그러나 이것이 정말 인민용인가, 전시용인가를 처음 봐서는 분간할 길이 없었다.

그러나 그들의 시행착오도 컸다. 102층 세계 제일의 호텔을 설계하고 건설하려 했던 것은 좋았지만 어느 누가 공을 서둘렀는지 돈이 떨어졌는지, 언덕 위에 우뚝 솟은 유경호텔은 유령의 집이요 현대판 공룡처럼 그 거구가 부끄러워도 감출 곳이 없었다.

북한당국은 문선명 선생에게 꼭 서해갑문을 보여주기를 원했다. 그들은 이 서해갑문이야말로 현대 토목건축의 기적이요, 사회주의의 실한 열매로 자화자찬했다. 이 서해갑문이 수해를 방지하고 해수의 침입을 막았기 때문에 대동강이 살아나고 유역이 옥토로서 곡식과 채소의 보고가 되었다 했다. 선생 일행은 서해갑문을 시찰했다. 나와 김효율 보좌역은 다른 준비관계로 동행하지 못했다. 물론 그들은 한국의 올림픽경기장보다 크다고 자랑하는 능라도 5·1경기장에 안내하는 것을 잊지 않았다. 우리는 또 기분전환으로 평양시내 옥류관 냉면집에서 그 유명한 평양냉면을 맛보기도 했다. 그런데 그곳은 냉면집이 아니라 냉면궁전이라고 하는 것이 옳았다.

저녁식사 후에는 영빈관 내 영화관으로 우리를 안내했다. 여기서 북한배우들이 혁명의 역사를 그려낸 영화들을 보았다.

그러나 그들이 그날 제일 먼저 안내한 곳은 만경대(평양중심 구역의 서부)에 있는 김일성 주석의 생가였다. 소위 그들이 말하는 혁명의 요람이다. 여기서 우리는 북한의 혁명역사책을 한 권 떼게 되었다. 유창하고 훈련된 안내원에 의해서였다. 문선명 선생은 묵묵히 모든 설명을 다 들어주셨다.

이렇게 평양에서의 제2일이 저물어갔다.

제3일째는 만수대의사당에서 윤기복 위원장과 김달현 부총리 일행과의 회담이 준비되었다. 이날 우리는 만수대의사당의 내부를 견학했다. 절묘하게 조각된 국산 대리석으로 지은 이 궁전은 웅장하고 정교하고도 아름다웠다. 우리 한반도에 저런 형형색색의 대리석이 있다는 것이 신기하고 자랑스러웠다.

우리는 큰 회의실에서 큰 테이블을 가운데 끼고 대좌했다. 저편에는 윤기복 위원장과 김달현 부총리를 가운데로 하고, 수십 명의 노동당 간부들이 자리 잡았다. 이쪽 중앙에는 문선명 선생과 한학자 여사, 그 옆에 저자와 김효율 보좌역, 그리고 수행원 일동이 자리 잡았다. 오전은 정치문제의 토론이요, 오후는 경제문제의 토론으로 계획되어 있었다.

우선 윤기복 위원장의 발언이 있었다. 어제의 관광이 주체사상의 외형적 성공의 전시라면, 오늘은 주체사상의 이념적·사상적 전시의 날이었다. 윤기복 위원장은 과연 노동당비서일 만했다. 그는 웅변가였다. 그는 '우리식 민주주의' '우리식 사회주의'라는 제목으로 주체사상의 심오한 점과 김일성 수령이 위대한 혁명가임을 찬양하고, 인간 중심의 주체사상이 왜 실용적 사상이고 만고의 진리이며, 그 이념하에 북한이 어떻게 성공하고 있는가를 열변으로 설파했다.

문선명 선생은 모두 열심히 들어주셨다.

윤기복 위원장의 연설이 끝나자 선생은 나를 쳐다보시며, '보희, 네가 증언을 좀 해라.' 하고 명하셨다.

나는 이때가 내 기회라 생각하고, 그동안 이런 기회를 위하여 준비한 노트와 자료 한 보따리를 풀어놓았다. 하늘 위해 살아오신 문선명 선생의 생애와 그 이상과 그 세계적인 업적을 나의 온갖 정열을 쏟아 열변으로 엮어 내려갔다. 내가 윤기복 위원장과 맞서는 입장이라 생각하고, 나는 이 만수대의사당에서 내 혼신의 노력을 다하여 저들이 알아들을 수 있게 문선명 선생과 통일운동을 증언한 것이다. 때로 나는 책상을 칠 정도의 정열을 퍼부었다. 모두 처음 듣는 이야기들이었다. 모두 놀라는 눈치였다. 통일운동의 실적이 그런 줄은 몰랐다 하는 압도당한 표정들이었다. 나의 증언이 끝나자 그들은 크게 박수를 보냈다. 나는 내가 할 일을 했는가보다 하고 한편 흐뭇한 마음이 들었다.

그런데 바로 그 순간이었다. 옆에 앉아계신 문선명 선생이 벌떡 일어섰다. 우리도 북측 사람들도 모두 무슨 일인가 해서 깜짝 놀랐다. 오전 회담은 여기서 끝내도록 되어 있었다. 그런데 아니 왜 선생이 벌떡 일어서는 것일까?

문선명 선생은 입을 열었다. "이제는 내가 좀 이야기해야 하겠습니다. 나 물 한 잔 주십시오." 하고는 물을 한잔 마시셨다.

윤기복 위원장은 깜짝 놀라면서, "선생님, 앉아서 말씀하시지요." 하니까, 선생은 "아니, 이것은 중요한 이야기이기 때문에 내가 서서 이야기하겠습니다." 하면서 말문을 여셨다.

벌써 그 시작하는 강도를 보니 나는 다년간의 경험으로 무엇을 말씀하고자 하는지를 직감으로 알 수 있었다. 의자에서 일어나서 말씀하는 것도 온몸을 자유자재로 쓰며 말씀하기 위함이다.

나는 긴장했다.

'이는 선포의 말씀이다. 저들이 감당할까?'

나는 한치 앞을 예측할 수가 없었다.

선생은 통일원리의 대요를 설파하기 시작했다.

우선 하나님의 창조의 목적이 무엇인지 아느냐고 물으시더니, 인류 역사를 인간시조 아담과 해와로부터 풀어내셨다. 말씀 내용이 통일원리의 핵심 전부였다.

하나님의 창조이상

아담과 해와의 타락

하나님의 인류구원의 역사

예수 그리스도의 사명

재림사상과 참부모 사상

이렇게 설파해 내려오는 가운데 선생의 열기는 점점 높아졌다. 선생은 벌써 그곳이 북한의 만수대의사당인 것을 인식치 않고 있었다. 그저 하늘이 주시는 말씀을 그들에게 있는 대로 퍼붓는 것이다.

바로 12월 2일 일요일 곧 성일(聖日)이었다. 기독교인들이 보통 주일 예배 보는 날에 선생은 조선민주주의 인민공화국의 심장부, 인민의 전당이라고 불리는 만수대의사당 안에서 역사적인 설교를 하고 계셨던 것이다. 윤기복 위원장 이하, 거기 모인 조선노동당과 정무원의 간부들이 생전 처음 듣는 설교요, 하나님 말씀이었다.

그런데 거기까지는 좋았다.

드디어 선생의 말씀 폭탄이 터졌다. 땀 흘리며 대청중을 놓고 말씀하듯 호령을 하는 선생은 거기 모인 북한간부들을 모두 통일교회 식구(신도를 식구라 부름) 대하듯이 했다. 윤기복 위원장을 손가락으로 가리키

면서,

"뭐 주체사상? 주체사상이 인간 중심의 사상이라고? 어떻게 인간이 우주의 중심이 되냐 말이야. 인간도 하나의 피조물인 것을 몰라. 인간은 창조주가 아냐! 아냐! 알았어? 피조물이야, 피조물! 윤기복 위원장! 그러니 그 인간 위에 창조주 하나님이 계신다구. 그런 것도 모르고, 뭐 주체사상? 그 주체사상 가지고 조국을 통일한다고? 어림도 없어. 어림도 없어. 주체사상 위에 하나님을 모셔와야 한다구. 하나님을 모셔와야 북한이 살아. 여보, 윤기복 위원장. 알았어? 알겠느냐 말이야. 왜 대답이 없어!"

나는 심장이 멈추는 듯했다. 몸은 긴장되어 나무같이 굳어갔다. 입술은 말라갔다.

'지금이라도 저들이 벌떡 일어서서 뛰쳐나가지 않을까? 아니, 저들이 화가 나서 선생을 공격하지나 않을까?'

손에 진땀을 쥐고 나는 부들부들 떨었다. 무엇이 두려워서가 아니다. 선생에게 해가 있을까 봐서다.

"주체사상 가지고 통일 안 돼. 통일은 하나님이 하시는 거라구. 그러니 하나님주의, 두익사상으로밖에는 통일될 수 없어. 없어! 통일은 내가 할거야, 내가! 내게 맡겨 보라구. 내가 북한을 살려준다. 알았어? 윤 위원장!"

선생은 이때 책상을 연달아 치셨다. 윤기복 위원장은 고개를 푹 숙인 채 아무 대답이 없었다. 그 옆에, 뒤에 앉은 조선노동당 간부들은 눈을 부릅뜨며 몸을 와들와들 떨며 당장 무슨 일을 저지르려 하는 듯 보였다.

나는 옆에 앉은 김효율 보좌역에게 종이쪽지를 돌렸다.

"All finished. We are dead."

'끝났다. 우리는 다 죽었다'라는 뜻이다.

이러는 동안에 북쪽의 그 어느 누구 한 사람이라도 일어서서 혈기를 참지 못해 덤벼든다면, 내외분을 어떻게 방어해야 하나. 그것만이 나의 유일한 걱정이었다.

"여보, 윤 위원장. 김 부총리! 북한을 나에게 맡기라구. 3년만 맡겨보라구. 다 잘살게 될 테니까. 내가 주석이 되겠다는 게 아니야. 이 나라를, 김일성 주석 이하, 내가 모두 살리겠다는 거야."

경호원들이 권총에 손을 대고 곧 뛰어들듯이 노려보고 있었다. 여기서 우리는 모두 다시 손에 땀을 쥐었다. 이 이상 더 김 주석을 거론하신다면 문제는 반드시 터지고 말 것이다.

"내가 김 주석을 좋아한단 말이야. 그러나 그 양반도 내 말 들어야 살아. 내 말을! 알았어? 위원장!"

다시 윤기복 위원장에게 손가락질을 하신다.

"왜 대답이 없어!"

이것은 완전히 초등학생 취급이다. 상대방은 근엄한 노동당 최고 간부다. 나는 거기서 눈앞이 캄캄해졌다.

이제 모든 것이 끝났다. 남은 문제는 오직 하나일 뿐이다. 어떻게 선생을 모시고 살아서 이 평양을 탈출하느냐, 그것만이 문제였다. 저들은 이 일을 중대한 모욕으로 느꼈다. 성의를 무시당했다 생각하리라. 더 무서운 것은 그들의 신성불가침인 '주체사상'을 비판하고, '위대한 수령'을 모욕했다 할 것이다. 그들에게 이것은 세계 어느 나라 사람이든 상관이 없다. 공화국에서 그는 마땅히 사형에 처해져야 할 중대한 일이다. 오늘 말씀은 완전히 녹음되어서 이제 김일성, 김정일 부자가 들을 것이다. 그들은 노여움이 치밀어 즉시 과격한 처방을 내릴 것이다.

'이젠 꼭 죽었다.'

'어떻게 모시고 이곳을 빠져나가나!'

나는 더 이상 다른 것을 생각할 여유가 없었다.

'김일성 주석과의 회담, 벌써 물 건너갔다.'

이젠 그런 것이 중요하지 않다 생각했다.

문선명 선생이 이렇게 한 시간 반을 말씀하고 자리에 앉으니, 정오가 훨씬 지났다. 누구 하나 박수치는 사람이 없었다. 아니, 이 순간에서 박수칠 정신을 가진 사람이 하나나 있었을까.

나는 황급히 선생 내외분을 모시고 밖으로 나왔다. 숙소로 돌아가기 위함이었다. 선생 내외분은 앞차에, 나와 김효율 보좌역은 두 번째 차에 탔다. 양쪽 차에는 꼭 윤기복 위원장 밑에 있는 부위원장 한 사람씩이 전속부관처럼 타고 앞자리를 점령했다. 차가 떠나자마자 우리 앞자리에 앉은 부위원장이 화 보따리를 터뜨렸다.

"아니, 도대체 손님으로 와서 그게 무슨 짓이오. 우리는 그런 것 용서할 수 없단 말이요. 이 나라에선 그것은 사형감이야. 만일 평양인민들이 그 말을 들었으면 몽둥이를 가지고 와서 당장 작살을 냈을 것이오."

그는 분한 마음에 입에 거품을 물고 우리에게 해댔다.

"부위원장, 진정하시오. 선생의 말씀은 진실로 이 나라, 이 백성을 사랑해서 하신 말씀 아니겠소. 사랑의 표현에는 여러 가지가 있지 않습니까. 오죽하면 우리 선생님께서 그렇게까지 말씀하셨겠습니까? 다 허물없이 말씀하신 것 아니겠습니까?"

이렇게 나는 필사적으로 달래봤다.

"그런 사람을 공화국 안에 발을 들여놓게 한 것이 잘못이지. 위대한 수령님께서 아시면 큰일 납니다. 우리 위대한 수령을 모독한 것 아니요? 당신네들, 우리네 무서운 줄 모르는구만. 맛을 좀 봐야겠구만."

이것은 완전히 위협이요, 협박이었다. 나는 내 얼굴이 창백해지는 것을 느끼지 않을 수 없었다.

점심 오찬 식탁에는 우리 일행만이 모여 앉았다.

선생은 '내가 할 말 해줬지. 내 말이 너무 심했나?' 하며 크게 웃었다.

나는 조용히 고했다.

"아버님, 이젠 김일성 주석 만나시는 것은 단념하셔야 되겠습니다."

이내 선생의 말씀이 벼락같이 떨어졌다.

"내가 뭐 김일성 주석 만나러 왔나. 나는 진리를 말하러 왔다구. 하늘은 내가 할 말을 한번 다 하고 떠나기를 바라신다구. 이게 또 김일성 주석을 테스트하는 것이야. 어디 두고 보자. 그 인물됨이 어느 정도인가. 졸장부인가, 대장부인가 두고 보자. 내가 좀 심한 소리 했다구. 안 만나주면 그야말로 졸장부지."

그러나 아무리 생각해봐도 김일성 주석과의 회담은 물 건너갔다. 윤기복 위원장이나 김달현 부총리가 그 말씀의 충격을 받고도 문선명 선생을 자기네들의 하나님으로 섬기는 김일성 주석과 만나게 할 리가 만

무했다. 만일 주석 앞에서 같은 발언이 나오면 우선 자기네 목이 단칼에 날아갈 것이기 때문이었다.

식당에서 나오면서 나는 김효율 보좌역보고

"몇 년 감수했소? 나는 적어도 10년은 감수했소이다. 자 이제 탈출계획을 세웁시다."라고 했다.

금강산과 고향방문

불안한 가운데 평양 제4일째(12월 3일)가 밝았다.

이날 스케줄은 금강산에 가서 그곳의 명승지를 관광하고, 거기서 1박하고 그 다음날 평양으로 돌아오게 되어 있었다. 과연 그대로 될 것인가?

조반이 끝날 무렵 정부관계자들이 모시러 왔다. 표정들은 굳었으나, 별 이상은 없어 보인다.

우리는 순안비행장에 나가 특별기를 탔다. 김달현 부총리가 밝게 인사를 했다. 약 한 시간의 비행시간 동안 문선명 선생과 김달현 부총리가 깊은 이야기를 주고받았다. 선생은 밤중에 메모해놓은 수첩을 보시면서 말씀했다. 하고자 하는 말씀을 준비했다가 계획적으로 하는 말씀이다. 그 내용이 하나님에 관한 말씀인 것은 우리에게는 너무도 명백하다.

선생은 어떤 상황에서도 전도자의 도리를 다한다. 한 사람이라도 더,

한 말씀이라도 더 해주고 싶은 분이 문선명 선생이다. 어제 있었던 일은 깨끗이 잊어버리고, 오늘은 또 김 부총리를 처음 만나는 사람같이 다정하게 대한다. 천진난만하다면 그렇게 천진난만할 수가 없고, 호탕하다면 이렇게 호탕한 분이 또 있을까. 나로 하여금 항상 경탄의 눈을 부릅뜨게 하는 분이다.

우리는 금강산에서 제일 좋은 주석 영빈관에 안내되었다. 거기서 옷을 편하게 갈아입고 금강산으로 올라갔다. 겨울의 금강산은 '개골산'이라 불린다. 나뭇잎이 없고 바위와 가지만 앙상하기 때문이다. 그러나 금강산은 철이 없는 산이다. 각 계절마다 특징이 있다. 그리고 그 특징이 절묘하다.

겨울의 개골산! 흰 눈에 덮인 12월의 금강산은 천하의 절경이었다. '금강산 일만이천봉! 봉마다 기암이요'라는 노래의 가사 그대로다. 이는 하나님의 조각품이다. 어찌 이 같은 절묘한 풍경을 인공의 힘으로 자아낼 수 있을까.

선생 내외분을 모시고, 우리는 우선 '만물상'을 등반했다. 꿈에 그려본 만물상이다. 그 만물상에 와 있다고 생각하니 믿어지지 않았다. 만물상이란 이름에 어울리는 기묘한 바위의 절벽군은 꼭 병풍을 세워놓은 것 같았다. 그리고 그 풍경의 한 폭 한 폭이 걸작이었다.

문선명 선생도 금강산 등반은 처음이셨다. 이전에 '북한 정주에서 나셨는데 어떻게 금강산을 안 가보셨습니까?'라고 여쭈어 본 적이 있다. 선생은 '나라 빼앗긴 주제에 무슨 금강산을 구경했겠느냐.' 하면서, 내 나라 찾은 뒤에 금강산에 오르리라 생각했었다고 당시를 회상했다. 청소년기 선생의 생각은 조국의 독립으로 달리고 있었으리라.

'이 민족의 보배! 이 금강산을 반드시 내가 통일조국의 금강산으로 만들리라.' 오늘은 이렇게 생각하리라.

만물상을 등반하고 내려온 다음날인 4일에는 방향을 돌려 구룡폭포를 찾았다. 그 유명한 구룡연! 그리고 구룡폭포는 겨울인데도 힘차게 물을 내리쏟고 있었다. 바로 그 폭포 위에는 팔담이라고 하는 8개의 연못이 있고 거기에 옛 선녀들이 내려와 목욕을 했다는 전설이 깃든 곳이다.

나무하던 한 나무꾼이 한 선녀에게 마음을 빼앗겨서 그녀의 날개옷을 감춰 그 선녀가 하는 수 없이 땅 위에 남아, 그 나무꾼과 살다가 어린 아이까지 낳았다. 나무꾼이 이제는 설마 하고 그 날개옷을 돌려주니 그 선녀는 땅에 정들어 눈물을 흘리면서도 역시 하늘로 날아 올라갔다는 전설이다. 천상과 지상은 역시 섞어질 수 없다는 뜻이다. 이렇게 금강산은 절경만이 아니요, 무궁무진한 전설의 고장이다.

구룡폭포에서 내리쏟는 폭포 아래는 바위가 13미터나 파여 돌절구와 같은 연못이 되어 있다 한다. 얼마나 유구한 기간 저 물이 떨어졌길래 거기에 13미터의 바위 구멍이 생겼을까. 자연의 유구함과 대자연 힘의 위대함을 흠뻑 느낄 수 있었다.

금강에 살어리랏다.
금강에 살어리랏다.

운무 데리고 금강에 살어리랏다.
홍진에 썩은 명리야 아는 체나 하리오.

이 노래가 불려진 그 심경을 체휼하는 듯했다.

지난 50년 우리 민족 애환의 역사와 형극의 역사가 깃들고 있는 우리 금강산이다. 이는 우리 민족의 산이다. 이 땅에 통일이 오고, 민족화해의 날이 온다면 저 구룡폭포도 더욱더 활기 있게 내려 쏟으리라.

그 구룡폭포 암자에 앉아 쉬는 동안 나는 내 아내 귓속에다 대고 이렇게 속삭였다.

"여보 당신. 이제 금강산까지 구경하였으니 우리 결혼하고 신혼여행 못한 빚 다 갚았소이다."

아내는 말하였다.

"예, 알았습니다. 그런데 열심히 구경이나 하지, 왜 지금 그런 것을 생각해야 되죠?"

"아니, 빚은 돈 있을 때 갚는 것 아니오? 그러니 우리가 금강산에 있을 때 그 빚을 갚아야지. 나는 지금 제일 부자니까." 하며 웃었다.

이런 기회가 아니면 정말 언제 부부가 금강산에 가보겠나. 하나님과 참부모님의 은덕이다.

어제 오는 길에는 우리 특별기가 원산비행장에 내렸고, 거기서 금강산까지 두 시간 정도 자동차로 남쪽으로 달렸다. 그 도중에 우선 경승지 삼일포를 구경했다. 옛날에 나라의 임금님이 삼일포를 보고, 그 절경에 취하여 3일을 묵고 갔다 해서 삼일포라 이름 지어졌다고 한다. 북한에서는 동양 3대 절경의 하나라 했다. 과연 그럴만했다. 우리 일행도 조금도 그곳을 떠나기가 싫었다. '삼천리금수강산'이라 누가 한 말인가. 정말로 하나님이 수놓으신 삼천리금수강산, 아름다운 우리 산하! 그런데 허리가 잘려 우리 동족이 왕래도 못하다니! 다시금 민족분단의 비애를 통렬히 느끼는 하루였다.

금강산에서 1박하고 다음날 12월 4일에 평양으로 돌아와, 평양방문 제6일째인 12월 5일이 왔다. 아직도 김일성 주석을 만나는 데 대해서는 아무 말이 없다. 나의 마음은 무겁기만 했다.

'이들이 무엇을 생각하고 있는 것일까?'

그것만이 걱정이었다.

'여기까지 와서 김일성 주석과의 회담도 없이 그대로 돌아간다면 그것은 일종의 웃음거리가 되지 않을까.' 그러나 아무리 생각해봐도 저 '만수대 선언' 이후 그들이 문선명 선생을 김일성 주석과 만나게 할 리가 만무하다는 것이 나 자신의 결론이었다.

'선생이 내가 김일성 주석을 테스트하는 것이라던 말씀, 그럼 과연 김일성 주석이 이 테스트에 패스할 것인가? 과연 그는 어떤 인물인가?'

이러한 의구심 속에서 우리는 이날의 일정인 선생의 고향 방문길에 올랐다. 이날은 두 대의 헬리콥터가 준비되었다. 완전히 최상 국빈대접이었다. 모든 준비와 의전에 소홀함이 전혀 없었다. 헬리콥터에도 완전히 준비가 되어 있었다.

날씨는 청명하고 지상은 가벼운 눈으로 하얗게 덮여 있었다. 하늘에서 내려다보는 북한의 정리된 농지, 오밀조밀 모여 있는 촌락, 가끔 보이는 각종 학교의 교정…. 아름다운 풍경이었다. 다만 산과 동산에 나무가 없는 것이 이색적이었다.

헬기는 약 30분 만에 정주에 있는 한 소학교 교정에 착륙했다. 그 지방의 노동당 책임자들과 선생의 가족들이 영접 나왔다. 거기서부터 자동차 행렬은 선생의 옛 고향인 평안북도 정주군 덕언면 상사리로 달렸다. 농촌의 길이 좁아서 달리기 힘들었다. 어디서나 크게 보수해놓은 흔적이 보였다. 선생의 고향방문을 위하여 북한 당국이 얼마나 수고했는지 역력히 엿볼 수 있었다.

이윽고 선생의 생가가 나타났다. 큰 기와집이었다. 본래는 사랑채와 안채, 창고, 가축 소옥 등이 있어서 사각형(네모난 집이 입구자 형으로 되어 있음)의 네 가옥으로 된 큰 집이었는데, 지금 남아있는 것은 안방이 있는 안채뿐이었다. 그러나 가장 중요한 부분이다. 그 안방에서 선생이 태어나신 것이다.

선생의 생가가 남아있다는 자체가 큰 기적이었다. 100년 가까이 되는 집이 한국전쟁에서도 파괴되지 않고, 공산통치하에서 고스란히 남아있다니 이것이 모조품이 아닌가 할 정도로 신기했다. 바로 이 집이야말로 구세주의 요람이요, 세계에 으뜸가는 승공지도자의 산실이다. 그렇다 하더라도 '설마 선생의 생가가 남아있을 게 뭐냐.' '무슨 잘못이 아닌가?' 하는 것이 만인의 상상이었다. 그런데 지금 문선명 선생은 나신 지 71년 만에, 그리고 고향을 떠나신 지 48년 만에 바로 이 나라 공화국정부의 안내로 그 정든 생가에 들어서고 있는 것이다.

일행은 모두 안방으로 들어갔다. 선생은 감개무량한 듯 방바닥을 만지며 아랫목에 앉았다. 영부인도 선생의 손을 쥐며 역시 감개무량해 했다. 우리 일행도 모두 그 좁은 방에 같이 앉았다.

"자, 기도하자."고 선생이 말씀했다.

문선명 선생의 기도가 시작되었다. 영부인은 손수건을 눈에 대셨다. 그 기도는 보통 기도가 아니었다. 여생을 바쳐 조국통일과 참 세계평화를 이룩하겠다는 결의의 기도였다. 일찍이 이 집에 하나님께서 구세주를 탄생하게 하고, 또 예수 그리스도를 보내어 선생에게 대임을 맡긴 이후, 오늘날까지 경험한 가지가지의 기적적 수난과 승리에 대하여, 또 기적적인 생존에 대하여 충심으로 감사하는 기도였다. 더 나아가서 만일 하늘의 가호가 아니었으면 오늘날이 있을 수 없었다는 깊은 감개 속에 솟아오르는 감사와 결의의 기도였다. 모두가 숙연해지고, 모두가 뜨거운 눈물을 흘리는 기도였다.

이윽고 기도가 끝나자, 선생은 감회 깊게 방을 전부 둘러보시더니, '아니, 이 방이 옛날에는 이렇게 작지 않았는데' 하며 감개무량해 하였다. 옆에는 부엌으로 통하는 음식이 드나들만한 조그만 구멍문이 있고, 왼쪽 벽에는 집 뒤로 드나들 수 있는 창문이 있었다.

"내가 저 문으로 늘 뒤로 빠져나가 다녔는데…." 하며, 그 창문을 열고 뒤뜰을 내다보셨다. 그 뒤뜰에는 옛날엔 나무가 우거졌는데 지금은 아무것도 없다고 했다.

이 본채에는 왼쪽이 부엌이고, 거기에 인접해서 방이 연달아 셋이 있었다. 부엌의 바로 옆방이 안방이고, 선생은 1920년 음력 1월 6일 바로 이곳 이 방에서 탄생한 것이다. 그로부터 지구를 흔드는 하나님의 인류 구원 대역사가 시작된 것이다. 그분의 탄생이 있었기에 오늘날 나는 하나님을 알았고, 인류는 소망을 찾은 것이다. 바로 하나님의 오랜 소원, 지상천국의 구상은 여기서 태동되었고, 여기서부터 한반도를 거치고 일본, 미국을 거쳐 세계만방에 울려 퍼지게 된 것이다.

선생의 생가는 말끔히 단장되어 있었다. 오죽 급하였으면 창문 살에 칠한 페인트가 아직도 마르지 않아 내 코트에 묻어났다. 그러나 나는 북한정부의 조치가 고마웠다. 그들이 말하던 소위 '승공의 괴수', '반혁명세력의 두목' 문선명 선생을 이 생가에 모시는 날이 오리라고는 꿈에도 생각하지 않았으리라. 그럼에도 불구하고 그 집이 누구의 집인 줄 알면서도 그대로 유지되고, 막상 오신다 하니 급하게 수리하느라고 아직 페인트도 마르지 않았으니 그 얼마나 고마운 일인가.

일행은 기념사진을 찍고, 거기에서 얼마 안 되는 곳에 있는 선생 양친의 묘소에 갔다. 가는 도중에 선생의 눈에 들어오는 고향의 산천은 그리운 추억이 가득 차 있었다. 논두렁 하나, 사이밭길 하나하나에 소년시절의 추억이 담겨있다. 산천초목도 이 귀한 고향손님을 '왜 이제 오셨느냐'고 반기는 듯했다.

"아, 이게 우리 집 논인데. 내가 여기서 모도 심고 벼도 베고…."

이미 수확이 다 끝난 논두렁을 그냥 지나지 못하고 들어서서 영부인과 더불어 기념촬영을 했다.

선생의 부모님 묘소에는 묘비가 서 있었으며, 묘소 앞에는 상석이 놓여 있었다. 묘비 앞에는 '문경유 김경계지묘'라고 한글로 되어 있고, 묘비 뒤에는 묘주 '룡수' '룡명'이란 붉은 글씨가 새겨져 있었다.

문경유 옹은 선생의 부친이요, 김경계 여사는 선생의 모친이다. 그리고 용수 씨는 선생을 각별히 사랑하던 선생의 형님이고, 룡명은 문선명 선생의 젊은 시절 이름이다. 김경계 여사는 선생을 잉태하기 전에 큰 흰 용이 입에 큰 구슬을 물고 승천하는 태몽을 꾸셨다 한다. 그래서인지 선생이 나신 직후의 이름을 용 용(龍)자를 써서 문용명이라 하셨다.

선생은 상석 위에 꽃다발을 올리고, 이어 한학자 부인도 꽃다발을 올렸다. 잠시 추모의 기도를 하고는 묘소 가까이 다가가 뗏장을 어루만지며 고요히 말씀했다.

"제가 여기 왔습니다. 제가 무엇을 하고 있는지, 지금은 하늘에 계시니 모든 것을 잘 아시지요?"

그리운 어머니, 흥남감옥에 있을때 그렇게 우시며 오고가셨던, 어미 심정 몰라준다고 그렇게 안타깝고 야속한 아들이라 생각하시던 어머니. 선생은 마치 마주보고 말씀하는 듯했다.

내 귀에는 '아들아, 이 어미가 하늘을 몰라보고 모든 것을 세상적으로만 생각하고, 너를 원망도 했던 것이 부끄럽다. 영계에 와서 보니 내 아들은 장하였다. 네가 하나님의 뜻을 이루고, 인류를 구원하고자 그 고생을 했구나. 그것을 미처 몰라준 이 어미를 용서해다오.' 하는 그 김경계 여사의 음성이 생생히 들려오는 듯했다.

그때 복받치는 울음을 더 이상은 참지 못하고 선생의 누이동생 되는 효선 씨가 울부짖었다. 땅을 치면서 통곡했다.

"어머니, 어머니. 그렇게, 그렇게 생전에 한번 보고 싶다고 하시던 오빠가 여기 왔는데, 어머니 왜 말씀이 없으세요. 어서 나와서 오빠를 만나주세요. 그렇게, 그렇게 보고 싶다 하시지 않으셨습니까. 어머니, 어머니, 왜 말씀이 없으세요. 왜…."

울음소리는 청명한 하늘을 찔렀다.

선생은 조용히 누이동생을 어루만지면서, "어머니는 하늘에서 모든 것을 다 알고 계신다구. 네가 이렇게 하는 심정, 내가 왜, 왜 모르겠니. 그러나 지금은 그럴 때가 아니다. 어서 눈물을 닦아라."고 달랬다.

여기서도 문선명 선생은 눈물을 보이지 않았다. 그것은 천리(天理)를 다 알기 때문이다. 지금 육신의 부모가 영계에서 어떤 위치에 계신지를 알기 때문이다. 그뿐만이 아니다. 선생은 지금 철두철미 하늘의 사명감으로 살기 때문이다. 그러니 하늘의 사명을 가지고 온 선생이 가정사의 정에 매일 수 없는 것이다. 그러나 선생이 감개무량하신 것만은 틀림없었다.

선생은 사방을 돌아보면서 옛정이 담뿍 담긴 이 산, 저 산들을 손가락으로 가리키며 우리에게 설명해줬다. 그중에 한 산이 바로 16세 때 기도하신 산이요, 바로 그 기도 가운데 예수님이 현현하신 산이다. 그 산의 이름이 묘두산이라 했다. 이 산이야말로 소명의 산, 바로 하늘이 천명을 내리신 산이다.

또 저쪽에 가면 어려서 하루 종일 고기를 잡았던 강이 흐르고 있다고도 하셨다. 한편으로 10년이면 강산이 변한다고 어려서 살던 그 동네 그 마을의 모습은 어디서도 찾아볼 수 없다고도 한탄했다.

성묘를 마친 일행은 다시 자동차로 이번에는 선생의 형님, 용수 할아

평안북도 정주군 고향에서 초청된 문 씨 일가와의 기념촬영

버지의 맏아들 되는 문병현 씨 댁으로 갔다. 거기에는 북한당국이 42명의 문 씨 일족을 초청해놓고 있었다. 문병현 씨는 물론 있는 솜씨를 다해서 오찬을 준비했다.

선생은 우선 친족들과 하나하나 악수하고, 영부인에게 소개했다. 선생도 모르는 얼굴이 대부분이었다. 그러나 모두가 이 세계적 위인이 자기네 문 씨 집안에서 났다는 기쁨과 흥분에 어쩔 줄을 몰랐다. 다 같이 기념촬영을 하면서 한 사람 한 사람의 이름을 비디오에 담았다.

오찬석상에는 많은 음식이 있었다. 정말 모두 선생이 어렸을 때 먹던 음식들이었다. 떡도 여러 가지가 있었다. 과일도 많았다. 그러나 선생은

'이것 제일 많이 먹었지.' 하며 옥수수 찐 것을 여러 대 들었다.

그 오찬석상에는 그 지방 노동당 유지들도 모두 참석했다. 세계 굴지의 승공지도자가 공산당 지방간부들과 즐거운 오찬을 같이하니 그 기이한 장면이 독자들에게는 잘 상상이 안 갈 것이다.

'아, 이쯤 되면 이 세상에 화해 못할 것이 어디 있으며, 평화가 어찌 이루어지지 않을소냐.'

이 공산당 지방간부들 역시 자기 고장에서 세계적 위인이 나신 것이 무엇보다 기뻤다. 그들은 선생에게 소박하면서도 진실된 찬사를 보냈다. 그들은 나에게 선생의 사진을 요구했다. 나는 지갑 속에 소장했던 선생님 내외분의 사진을 빼서 선사하고 말았다.

문선명 선생이 북한에서 말하는 소위 '증오할만한 극악한 승공지도자'이신 것은 문 씨 일족에게도 알려진 사실이다. 그러나 이날의 대면으로 문 씨 일족에게는 아무런 피해나 박해나 처벌이 없었음을 알았다. 이것 또한 문선명 선생이 김일성 주석을 다시 보게 된 이유 중의 하나이기도 했다.

헬리콥터가 기다리고 있는 교정에는 이 학교의 소년 소녀들이 노래와 춤을 준비하고 있었다. 얼마나 귀여운 어린이들일까. 그들의 노래와 춤도 일류였다. 선생과 영부인은 한 사람 한 사람 악수하며 머리를 어루만지셨다. 얼마나 따뜻한 고향의 향연일까.

이렇게 해서 12월 5일, 선생의 역사적 고향방문의 하루가 다 지나갔다. 일행은 다시 헬리콥터를 타고, 이제는 순안비행장으로 향했다. 거기에 빅뉴스가 우리를 기다리고 있었다.

김일성 주석과의 회담

평양 순안공항에서 헬리콥터를 내리니, 거기에는 윤기복 위원장과 김달현 부총리가 마중 나와 있었다. 그들은 선생 내외분에게 이렇게 고했다.

"내일 위대한 수령 김일성 동지께서 문 총재님을 영접하시겠다 합니다. 그 장소가 홍남에 있는 마전 주석공관이기 때문에, 지금 즉시 여기 준비된 특별기를 타시고 홍남으로 가셔야 되겠습니다."

나는 크게 놀랐다.

'이들이 바로 선생과 김일성 주석의 회담을 막았어야 할 자들이 아닌가. 이들은 만일 그 회담이 이루어진다면 당장 자기네들의 목이 달아날 것을 굳게 믿고 있었던 사람들이 아닌가. 그런데 이게 어찌된 일인가. 김일성 주석이 문선명 선생을 초청했다니…. 그리고 어찌하여 그 장소가 하필이면 홍남에 있는 공관이냐. 뜻밖이다. 홍남은 바로 선생이 40여 년 전에 2년5개월 사경을 헤매던 곳이 아니냐. 그렇게 악몽과 같은 추억의 땅에서 김일성 주석을 만나게 되는 연유는 무엇인가? 정말로 설명이 안 되는 대목이 너무도 많다.'

홍남으로 향하는 비행기가 이륙하자 김달현 부총리는 선생에게 의미심장한 말을 했다.

"총재님, 나는 하나님을 믿어본 적이 없는 사람입니다. 그런데 이제는 하나님이 안 계시다는 소리를 못하게 되었습니다. 왜냐하면 계획하려 해도 이처럼 될 수가 없습니다. 그런데 계획한 바도 없을 뿐만 아니라 사실은 그렇게 안 되기를 바라면서 우리가 일하였는데도 이게 어찌된 일입니까. 우리 위대한 수령께서 문 총재님을 홍남에서 뵙겠다니…. 정말 모를 일입니다. 이게 어디 인간의 일입니까. 하나님의 일이지."

나는 속으로 생각했다.

'오묘하신 하나님! 이들에게 살아계신 하나님이 임재하심을 직접 계시하시는구나!'

김일성 주석이 선생을 홍남으로 모시게 된 것은 자기도 모르는 가운데 그렇게 되었으리라. 하늘이 시키시는 일이다. 과거를 청산하고 사과한다는 섭리적 의미가 있다고 봐서 무엇이 나쁜가. 그렇게 하나님께서 시키시지 않고 이 같은 일이 어찌 일어나겠는가.

훨씬 후에 김일성 주석이 문선명 선생을 만나기로 결심한 경위를 알게 되었다.

12월 2일, 평양방문 제3일째 만수대의사당에서 터뜨린 말씀의 원자탄은 과연 그 충격이 컸다. 첫째, 혼비백산한 것은 윤기복 위원장이요, 김달현 부총리였음은 더 말할 나위도 없다. 그들은 당황했다. 이를 위에 보고할 수도, 그렇다고 보고하지 않을 수도 없었다. 그러나 그들에게 분명한 것이 하나 있었다. 그것은 김 주석이 절대로 문 총재를 만나서는 안 된다는 철칙이었다. 적당히 속이고, 그저 잘 끝까지 대접해서 보내자는데 둘의 의견이 모아졌다. 만일 김일성 주석이 문선명 선생을 만난 자리에서 만수대의사당에서와 같은 일이 벌어지면 자기네 목은 100개 있어도 모자랄 것이다. 더 중요한 것은 김 주석이 너무 큰 충격을 받아 심장마비라도 일으키면 이것이야말로 돌이킬 수 없는 일대사건이기 때문이다.

'안 된다, 안 돼! 절대로 안 된다! 문 총재가 우리 위대한 수령을 만나게 해서는 안 돼.'

이것이 그들의 결론이요 또 결심이었다.

윤 위원장과 김 부총리는 김정일 총비서에게 불려갔다. 거기서 그들은 있었던 일을 낱낱이 보고할 뿐만 아니라 문 총재를 무례하고 오만불손한 사람으로 소리 높여 비난했다.

그 자초지종을 가만히 듣고 있던 김정일 총비서의 반응은 너무도 의외였다.

"그래, 그 양반 아주 재미있군. 문 총재…, 그 사람 정직한 사람이야. 배짱도 있군. 역시 큰 인물이구만! 그 사람에 대하여 더 흥미진진해지는데! 내가 수령께 보고하고 만나시도록 할 거야."

또 한번 혼비백산한 것은 윤기복 위원장이요, 김달현 부총리였다. 그들의 얼굴은 창백해졌다. 그들은 "안 됩니다. 안 됩니다. 그것은! 큰일 납니다. 위대한 수령님 건강에 해로우십니다." 하고 극구 반대했다 한다.

김정일 총비서는 엄격히 말했다 한다.

"이제부턴 내 책임이야. 자네들은 걱정 말게. 우리 수령이 더욱 만나고 싶어 하신다."

두 사람은 아무 말도 못하고 물러나왔다.

그리고 바로 12월 5일, 윤기복 위원장에게 전화가 걸려왔다. 김 주석으로부터였다. 6일 오전 10시 홍남에 있는 마전공관에 문 총재 일행을 모시라고 하는 김일성 주석의 지시였다. 그리고 김 주석은 "나 얘기 다 들었다구. 문 총재가 조국통일 하겠다구. 그래, 통일이야 누가 하면 어때? 통일이 되면 그만이지. 난 그런 배짱 있는 사람이 마음에 들어. 하하하." 하고는 통쾌하게 웃었다 한다.

이것으로 김일성 주석은 문선명 선생의 테스트에 패스한 셈이다. 이렇게 해서 드디어 1991년 12월 6일이 밝았다. 그러나 윤기복 위원장과 김달현 부총리의 간이 콩알 만해진 것은 의심할 여지가 없다. 앞으로 무슨 일이 일어날지 모르기 때문에 아마도 사는 기분이 아니었을 것이다.

홍남에 있는 영빈관에서 1박을 하고 아침 9시쯤 문선명 선생 일행 8명은 영빈관을 떠났다. 영부인 한학자 여사는 한복 위에 두루마기를 입으신 것이 너무도 우아했다. 마전 주석공관(함경남도 함흥시 마전)으로 달리는 도중, 우리는 오른쪽으로 큰 공장지대를 볼 수 있었다. 그다음 순간 나는 내 눈을 의심했다. 홍남질소비료공장이라는 큰 간판이 보이지 않는가.

'아! 바로 여기다. 바로 여기가 우리 선생께서 2년5개월을 생지옥에 사신 곳이다.'

감개무량했다.

'하늘은 왜 오늘 아침, 김일성 주석을 만나는 이날 아침에, 진절머리 나는 이곳을 지나게 하시는가?'

'그렇다, 뜻이 있다. 이 철천지한을 품을 수 있고, 그 진절머리 나는 과거를 모두 생생하게 상기하게 하신 끝에, 모든 것을 용서하라는 뜻이 아니겠는가. 왜 우리 선생이 그 생각을 못하시겠는가. 참사랑을 보이시기 위함이다. 그렇다! 참사랑으로 김일성 주석을 만나라는 뜻이다. 앞차에 타고 계시는 아버님께서 꼭 나와 같은 생각을 하고 계시리라.'

이윽고 차가 공관 정문을 통과하고, 공관 현관에 다다랐다. 차에서 내려서 현관에 들어서자마자 바로 그 앞에 사진으로만 보아왔던 김일성 주석이 나와 기다리고 서 있지 않은가. 문선명 선생은 들어서자마자 김일성 주석을 뜨겁게 껴안았다. 김 주석도 너무 자연스럽게 문선명 선생을 포옹했다.

얼마나 역사적인 순간이냐! 이는 원수들의 만남이 아니었다. 마치 생사를 모르던 형제의 만남이었다. 두 거인의 눈은 오래오래 마주쳤다. 거기에는 상봉의 기쁨이 있을 뿐이지, 다른 아무런 잡된 생각이 허용되지 않았다.

그때 찍힌 포옹하는 장면의 사진은 지금 봐도 감격적이다. 이는 정말 걸작이었다. 이는 기적이라 할 수밖에 없는 일이었다. 그 장면은 너무도 자연스럽고 따뜻하고 아름다웠다. 나는 잠시 아연실색 했었다. 나중에 나는 선생에게 그때의 일을 생각하고 이렇게 여쭤본 일이 있었다.

"아버님, 김일성 주석은 아버님께 철천지원수가 아닙니까. 그런데 어떻게 그렇게 자연스럽고 따뜻하게 그를 포옹하실 수가 있단 말입니까?"

선생의 대답은 간단했다.

"나는 그를 부모의 심정에서 만난 것이다. 참사랑에는 원수라는 개념이 없는 법이야."

이 장면은 사실 내 일생을 바꿔놓는 장면이기도 했다. 나는 그때 그 포옹장면을 생각하면, 세상에 용서 못할 일이 없고, 세상에 원수라는 게 없고, 세상에 참지 못할 일이 없다. 그때부터 나는 그 정신으로 살기로 작정했다.

잠시 이 뜨거운 포옹 후에, 선생은 한학자 여사를 소개했다. 주석과 영부인은 따뜻한 인사와 악수를 교환했다. 그 뒤에 선생은 일행을 직접 김 주석에게 소개했다. 김 주석은 나와 내 아내와도 악수를 했다. 소개가 끝나자, 김 주석은 긴 복도를 선생과 같이 걸으면서 회의실로 향했다.

회의실 안에서는 저쪽 편 중앙에 김 주석이 자리 잡고, 그 오른편에 윤기복 위원장, 왼편에 김달현 부총리가 자리 잡았다. 이쪽 편에는 김 주석 맞은편에 선생이 자리 잡고, 그 왼편에 한학자 부인, 오른편에 나와 내 아내가 자리 잡았다. 큰 테이블을 사이에 두고 갈라 앉았지만, 회의의 분위기는 처음부터 화기애애했다.

김 주석이 먼저 입을 열었다.

"문 총재, 그리고 영부인, 잘 오셨습니다. 그래 고향에 다녀오셨다는데 감회가 어떠하신지."

함경남도 흥남 마전 주석공관에서의 역사적 만남

선생이 답변했다.

"금번 본인과 부인을 공화국에 초청해주신데 감사합니다. 어제 고향 정주에 다녀왔지요. 놀랍게도 나의 생가가 남아있을 뿐더러 나의 가족, 친족들을 48년 만에 만나보는 감회가 이루 말할 수 없었습니다. 그런데 김 주석! 어제 나는 대단한 기쁨과 동시에 심히 가슴 아픔을 금할 길 없었습니다."

"왜요?" 하고 김 주석은 의아해했다.

"나는 김 주석의 따뜻한 배려로 이렇게 공화국을 방문하고 가족들과 상봉할 수 있는 특전을 얻어 행복한데, 그러나 한편 지금 남북으로 갈라져 수십 년 동안 사랑하는 가족의 생사도 모르고, 살아있는 것을 알아도 서로 상봉하지 못하고, 이제는 노령이 되어 그대로 죽어가야 하는 무수한 동포와 일천만 이산가족이 있음을 생각할 때, 이처럼 큰 민족의 비애가 없으며, 나는 어제 기쁨과 동시에 죄를 짓고 있는 것 같은 감회에 사로잡혔습니다.

김 주석과 나는 하나의 큰 공통점이 있습니다. 그것은 우리 민족을 사랑한다는 점입니다. 그러니 오늘 나의 방문을 역사적으로 하기 위하여 이산가족 상봉의 은혜와 특전을 베풀어 주시기를 제일 먼저 부탁드리고 상의 드리고 싶은 것입니다."

선생은 우선 고향방문의 소감에 이어 이산가족문제를 자연스럽게 끄집어내어 김 주석의 인도주의의 정신과 동족애에 호소한 것이다.

김 주석은 고개를 끄덕끄덕하면서 신중히 선생의 말을 경청하고,

"문 총재, 나도 동감입니다. 전적으로 동감입니다. 우리 내년(1992년)

부터 북남의 헤어진 동포들이 서로 가족을 만나는 운동을 시작하십시다." 하고 흔쾌히 응답했다. 김 주석의 대답은 나에게는 참으로 의외였다. 이같이 중요한 안건이 그저 봄에 얼음 녹듯이 저렇게 명쾌한 답변이 나오리라고는 상상하지 못했던 것이다.

회담의 자리는 점점 무르익어 갔다. 선생은 이산가족의 비애에 대한 극적인 민족의 비극을 몇 가지 더 예를 들어 지적하고는 이 문제에 대하여 이렇게 결론을 지었다.

"나는 아시다시피 정부를 대표하는 사람은 아닙니다. 그러니 정부를 대표하여 발언하지도 않으며, 또 그럴 권한도 없습니다. 나는 하나의 종교지도자입니다. 이 문제는 정치를 떠나서 인도주의적 견지와 김 주석의 애족 정신에서 해결되어야 한다고 믿습니다. 부디 대한민국 정부와 곧 회담이 있다고 들었는데, 좋은 사람을 보내어 지금 진행되고 있는 협상회담에서 이런 문제를 깊이 토의하시고 좋은 결론을 맺어주시기 바랍니다."

김 주석의 대답은 역시 명쾌했다.

"아, 여부가 있습니까. 아마 며칠 후면 다시 우리 대표들이 남쪽 대표들을 만나게 되어 있습니다. 동족끼리 무슨 이야기는 못하겠습니까. 잘 되도록 해보십시다."

이산가족에 대하여는 더 이상 이야기할 여지가 없었다. 선물 중에 가장 큰 선물을 얻었다고 나는 속으로 쾌재를 불렀다. 그리고 김 주석은 다음 남북회담에 구체적인 성과가 있을 것을 암시한 것이다.

이어 선생은 화제를 옮겼다.

"김 주석과 나는 동족을 사랑하는 공통점 외에, 또 하나의 커다란 공통점이 있습니다. 그것은 다 같이 조국의 통일을 염원한다는 점입니다. 불행히도 우리 조국 분단의 비극은 우리 민족이 정신 못 차리고 있는 동안에 외세에 의하여 결정되었습니다. 그러니 우리 조국의 통일도, 우선은 우리 민족이 정신 차려서 해야 할 일이지만, 역시 우리를 둘러싼 주변정세를 살피지 않을 수 없습니다. 그래서 나는 지난 20년 동안 미국을 중심으로 하여 우리 조국통일의 기운을 성숙시키며 주변정세 조성에 이바지했습니다. 간단히 내가 미국에서 한 일들에 대하여 잠깐 말씀드리겠습니다."

그러시고는 오른쪽의 나를 돌아보면서,

"네가 간결하게 말씀드려라." 하고 명령하셨다.

드디어 나에게 기회가 온 것이다. 나는 결심하여 이렇게 입을 열었다.

"김 주석님, 문 총재님은 지금 세계 163개국(당시 기준, 현재는 185개국)에 기반을 가지시고, 특히 미국에서 지대한 영향력을 구축하셨습니다. 이것은 인위적으로 된 일이 아니고 천운에 의하여 되었다고 저는 믿습니다. 이제 이 문 총재님이 김 주석님의 친구가 되시고 공화국의 친구가 되셨습니다. 김 주석님은 복이 많으십니다. 주석님께서 문 총재님을 얻으신 것은 한 나라를 우방으로 얻으신 것이 아니고 나라보다 크신 것을 얻으신 것이요, 조국통일의 크나큰 소망이라 확신합니다. 저는 명에 의하여 문 총재님이 지금까지 해 오신 일과 미국의 최근 정세에 대하여 말씀을 드리겠습니다."

김 주석은 "그래, 그래. 나야 복이 많지. 어서 말씀하시오." 하고 크게

회담을 위해 문선명 선생과 김일성 주석이 회의장으로 이동하고 있다.

웃었다.

나는 문 선생이 동양 사람으로는 쉽지 않은 미국이란 나라에 가서 어떻게 기반을 닦고, 물질문명의 폐단과 퇴폐풍조에 쓰러져가는 미국의 젊은이들을 살리기 위하여 얼마나 우수한 정신운동을 해 오셨는가를 설명했다. 그리고 문 선생의 사상이 하나님주의요, 두익사상이란 것을 설명한 것은 더 말할 나위도 없다. 미국의 최근 정세에 이르러서는 주로 북한 핵문제를 놓고 미국 조야, 특히 미국의회에서 일어나고 있는 일을 낱낱이 설명했다. 그리고 나는 이렇게 맺었다.

"김 주석님, 최근에 미국의 유명한 잡지 〈뉴스위크(Newsweek)〉가 문 총재님 인터뷰 기사에서 '문 목사가 손을 대면 모든 것은 황금으로 변한다.'고 했습니다. 그리고 지금 미국에서는 문 목사가 젊은이들을 세뇌하고 있다고 비난도 합니다. 무슨 마법을 가지고 젊은이들의 마음을 돌리고 있다고까지 생각합니다. 이런 비난들이 사실은 문 총재님께서 얼마나 위대한 힘과 영향력을 행사하고 계시다는 것을 입증하고 있는 것입니다."

김 주석은 시종 흥미 있게 듣고 나서 나의 맺는말에, "문 총재, 손대시는 것마다 모두 황금으로 변하게 하는 비법을 좀 가르쳐 주시오." 하고 또 쾌활하게 웃는다.

선생은 이어 본론으로 들어갔다.

"지금 들으신 바대로, 지금 미국의 지대한 관심사는 공화국의 핵무기 보유에 관한 일입니다. 미국의 의도가 여기 우리 한반도에 핵무기를 갖게 하지 않겠다는 의지인 것은 너무도 분명합니다. 그런데 미국은 공화

한반도평화를 위해 북한핵사찰, 남북이산가족 문제 등을 다룬 당시 회담 장면

국이 핵무기를 기어코 보유하겠다는 것으로 보고 있습니다. 그러니 이를 제지하기 위해서는 무력행사도 서슴지 않겠다는 강경파의 의견이 대두되고 있습니다. 첫째는 현안 중인 한반도의 비핵화 협상에 진전이 없고, 특히 미국의 오해를 받으시는 것은 국제원자력기구(IAEA)의 핵사찰 협정에 공화국이 조인을 하고 있지 않다는 것입니다."

여기서 김 주석은 분명히 말했다.

"문 총재, 생각해보시오. 내가 누구를 죽이려고 핵폭탄을 만들겠습니까? 그래 동족을 죽이려고요? 내가 그런 사람같이 보여요? 우리는 핵무기를 가질 의사도 없고, 능력도 없습니다. 그런데 미국이 만일 우리를 그런 일로 공격해온다면, 우리 인민들이 어디 가만히 있나요."

선생은 얼른 그 말을 이었다.

"그렇다면 오해를 푸시면 됩니다. 미국은 침략을 위한 공격을 하는 나라는 절대로 아닙니다. 오해를 푸시는 길은 간단합니다. 한반도의 비핵화선언에 합의하시고, 특히 IAEA의 핵사찰협정에 조인하시면 됩니다."

김 주석은 이어 대답했다.

"핵은 평화적인 목적에서만 사용되어야 합니다. 우리에게 다른 의사가 없는데 오해받아 가지고 피해를 입을 필요가 없지요. 내가 선처하도록 하리다. 문 총재가 우리를 위해 해주는 말인 것 잘 압니다. 내가 귀담아 들었으니 잘될 것입니다."

나는 또 속으로 쾌재를 불렀다.

선생은 이어서 말했다.

"무슨 일이 있어도 한반도에서 다시는 피 흘리는 일은 없어야 하겠습니다. 그래서 나는 평화통일주의자이지요. 설사 통일이 시간이 좀 길어지더라도 이산가족문제가 해결이 되고, 남북의 교류와 협력만 이루어진다면 통일은 저절로 성취될 것입니다. 나는 시간이 좀 걸리더라도 동족이 다시는 피 흘리지 않는 통일을 지지하는 사람입니다."

여기서 김 주석은 때를 만났다는 듯, 지론인 그 특유의 연방제 통일론을 폈다.

"총재께서 참 좋은 말씀을 하셨습니다. 나는 그 말에 전적으로 찬성입니다. 그래서 평화통일 하자는 게 아닙니까. 통일은 평화적으로 해야지요. 그래서 나도 '한 연방 두 체제 두 정부'를 일단 합의하여 서로 잘 지내다가 시간이 좀 흐르면, 다음 단계에서 통일의 기운이 조성될 게 아니겠습니까. 설사 그것이 우리 세대가 아니고 우리 다음 세대가 된들 어떻습니까. 그땐 우리는 지상에 없으니까 다음 사람들이 상의해서 잘 하겠지요. 우리는 딴 데 있을 테니까 그들이 일 잘할 땐 박수나 좀 쳐주지요.

뭐, 나는 민족대단결을 부르짖고 있습니다. 우리 민족이 외세의 업신여김을 받아서는 안 됩니다. 그래 내가 하는 말이 '돈 있는 사람은 돈을, 힘 있는 사람은 힘을, 지식 있는 사람은 지식을 모두 합하여 민족대단결을 이룩하자.'는 것이요. 우리 동포 7천만이 힘을 합하면 못할 것이 무엇이겠소. 문 총재가 오신 김에 우리 결의를 다시 굳게 다짐하고 다시 출발하십시다. 이런 정신으로라면 나는 북남 정상끼리 만나는 것, 나도 찬성이오. 노태우 대통령과 만나서 '통일방식'을 토의한다면 좋지요."

선생은 깊이 경청하고 나서 이렇게 말했다.

"김 주석께서 애족하시는 정신에 감명이 깊습니다. 김 주석께 그런 정신이 있으시니 우리 동족이 대화 못할 일이 무엇이 있겠습니까. 민족대단결은 우선 대화에서부터 이루어져야 합니다. 지금까지는 남북이 대화가 되다가는 끊어지고 또 끊어지고 하는데, 이제부터는 새 차원의 대화가 이루어질 것을 믿습니다. 아까도 말씀 드렸습니다마는, 나는 정부당국자가 아니니까 역시 쌍방정부가 모여앉아 지금 이와 같은 분위기에서 깊이 대화하고 합의에 도달하는 것이 대단히 중요합니다. 그리고 김 주석께서도 한번 서울에 오시어 정상끼리 만나는 것이 얼마나 평화통일에 큰 진전을 가져오겠습니까."

"아, 나야 서울에 오라면 가지요. 그러기 전에 상호이해가 증진되어야 합니다마는…. 그러나 문 총재, 내가 서울에 가는 것은 두고서라도 다음 북남회담부터는 성과가 있도록 할 것입니다."

김 주석은 대단히 유쾌한 표정으로 윤기복 위원장을 돌아보며, "아니, 이런 좋은 분을 왜들 모두 나쁘게 보고했어. 기록을 모두 고치라구. 내가 보니 사실이 아냐!" 하고 꾸지람하는 조로 이야기했다. 그러고 나서, "문 총재. 좀 이르기는 하지만, 우리 저 방으로 가서 점심을 좀 먹어가며 더 이야기하십시다. 오늘은 문 총재를 만나니 이상스럽게 기분이 좋습니다." 하면서 일어섰다.

사랑은 피보다 진하다

회담장소는 회의실에서 식당으로 옮겨졌다. 식당에는 이미 회담에 참석하지 않았던 다른 수행원들이 자리잡고 있었다. 김 주석이 테이블 머리에 자리잡으니, 그 오른쪽에 문선명 선생과 영부인이 앉고, 나는 김 주석 왼쪽에 자리 잡았다. 내 옆에 내 아내가 앉았다.

김 주석은 잠시 점심메뉴를 설명했다. 백두산 들쭉으로 만들었다는 '들쭉술(와인의 일종)', 문 총재께 고향생각 나시라고 특별히 만들었다는 '언감자국수', 이는 주석 자신이 빨치산 독립유격대 시절에 많이 먹었다는 유래까지 설명했다.

그리고 한강 북방에서 잡히는 은어 회! 선생을 영접하기 위하여 김 주석이 일일이 메뉴에까지 신경을 쓰고 정성을 들인 흔적이 역력했다. 선생은 이렇게 정성들인 오찬에 감사했다.

김 주석은 유쾌히 잔을 들어, 문 총재의 건강과 조국통일을 위한 건배를 권했다. 식탁에서 김 주석은 또 다른 한 면을 보였다. 그는 대화에 능수능란했다. 또 화제가 무궁무진했다. 백두산의 곰 잡다 얼어 죽을 뻔했던 이야기는 모두를 폭소케 했다.

"문 총재, 사냥을 좋아하신다구요. 우리 다음에 오시거든 백두산 사냥 한번 같이 가십시다."

선생은 알래스카의 낚시이야기로 꽃을 피우셨다.

"주석께서 낚시도 좋아신다구요. 알래스카 코디악 섬에는 큰 넙치가 있습니다. 미국에 오시어 우리 낚시 한번 같이 하십시다."

김 주석은 "나 미국으로 한번 불러주시면 가지요. 문 총재 소개로 미국 대통령도 좀 만나보고…."

화제는 드디어 금강산관광에 이르렀다.

"나는 이번 금강산 구경이 처음입니다. 고향은 정주였지만, 그 당시는 나라 없는 백성이 좋은 구경하면 뭐하나 하는 생각에서 금강산도 한번 못 가봤다가 이번에 처음 보는 금강산! 참 명산입니다. 미국의 부호 넬슨 록펠러 씨가 신혼여행을 금강산으로 왔다고 하는데, 미국에서도 금강산의 진가를 아는 사람은 압니다. 이는 세계적 명산이요, 우리 민족의 자랑스러운 관광단지로 크게 개발해야 하겠습니다."

김 주석은 얼른 받아서, "금강산은 우리 통일조국의 자산입니다. 나는 아무나 손을 못 대게 했습니다. 잘못 개발해놓으면 명산을 버릴까봐서요. 문 총재와 같은 국제적 안목을 가진 사람이 개발해야 합니다. 좀 맡아주시오. 금강산 좀 맡아서 개발해주시오."

선생은, "주석께서의 의도가 그러하시다면 내가 맡겠습니다. 국제적으로 최고의 관광단지로 만들어보지요. 세계최고의 경험과 기술을 도입하겠습니다."

여기서 김 주석은 이번에는 그 원탁 테이블 맞은편에 앉아있는 윤기복 위원장을 가리키며 말했다.

"저 문 총재 고향의 생가는 우리 정부에서 신경써서 잘 보존해야 한다구. 내 지시야. 잘 알았어?"

윤기복 위원장은 일어서서 "예, 알았습니다. 그렇게 하겠습니다." 하고 부동자세로 대답했다. 이는 바로 임금님을 대하는 신하의 모습이었다.

오찬은 점점 가족적인 분위기로 무르익어갔다.

김 주석은 한학자 여사를 바라보며, "아주 미인이십니다. 고향이 안주시(평안남도)라면서요. '남남북녀'라 했으니 미인이야 모두 북쪽에서 나는 법 아니요. 하하하!" 하고 유쾌하게 대소하였다. 그러고는 여사를 향하여, "고향에 누가 계시는가요?" 하고 묻는다.

한 여사는 "아주 어렸을 때 고향을 떠났기 때문에 누가 있는지는 잘 모르겠어요. 그러나 고향에 한번 가고 싶어요." 하시니, 김 주석은 "다음에 오셔서는 안주 한번 다녀오시지요. 뭐, 역시 고향은 고향 아닙니까. 누구나 고향에 가고 싶은 것이 인지상정이지요."라고 화답했다.

오찬은 가족적이고 시종 화기애애했다. 그곳의 분위기가 성숙된 가운데 문선명 선생은 "주석께서 건강이 아주 좋아 보이시는 것이 아주 기쁩니다. 나보다 연세가 많으시니까 나의 형님뻘 되시는군요." 하자, 김 주석은 들쭉술 잔을 들며, "총재. 우리 형님 동생 해가며 한번 잘 해보십

흥남 마전 주석궁에서 열린 김일성 주석의 환영만찬

시다." 하고 다시 건배를 청했다.

이 순간이야말로 6천년의 역사가 풀어진 순간이다. 드디어 천주적 에서와 야곱은 완전히 하나가 된 것이다. 하늘의 매여졌던 사연은 풀리고 천주적 화해가 이루어진 순간이었다.

오찬을 마치고 기념촬영을 위하여 나갈 때 두 분은 완전히 형제와 같았다. 선생은 김 주석의 손을 꽉 잡고 복도를 걸으셨다. 주석공관 참모들이 모두 아연실색했다. '누가 감히 우리 위대한 수령님 몸에 손을 대느냐. 그 신성불가침한 몸에….' 하는 눈치였다. 그런데 김 주석의 표정이 너무도 기쁜 표정이었다. 그러니 주위의 분위기도 같이 그러할 수밖에 없었다.

당초 가장 심각한 자는 윤기복 위원장과 김달현 부총리였다. 간이 콩알만해져서 '문-김 회담'의 일초일각이 천추 같았으리라. 그러나 오찬이 끝날 무렵, 그들도 마음을 푹 놓았다. 유쾌하고 안심하는 표정이었다. 더 솔직히 말한다면, '이젠 살았다.' 하는 표정이다.

그들은 또 문선명 선생의 지금까지 몰랐던 면을 발견하고, 놀라움에 눈이 커졌다. 그들은 속으로 무한히 감탄했다. 선생의 외교능력에 혀를 찼다. 중요한 안건을 꼭꼭 짚고 넘어가면서 할 말 다하고, 그러면서도 김 주석을 저렇게 기쁘게 하는 그 능력에 혀를 찼다.

과연 위대한 인물이다!

그들은 김일성 주석만 위대한 분이라고 교육을 받아왔다. 그런데 오늘 그들은 김 주석에 필적하는 위대한 인물을 발견한 것이다. 후에 김달현 부총리는 술회했다.

"나는 문 총재님을 만나고 나서 절반은 통일교 신자가 되었습니다. 나는 우리 위대한 수령께서 그렇게 기뻐하시는 것을 본 적이 없습니다. 역시 큰 인물은 큰 인물을 알아봅니다. 이번 문 총재님의 공화국 방문이 우리 공화국에 천운이 도래한 것으로 믿게 되었습니다."

만수대 의사당에서의 회담이 '폭탄선언'이었다면, 마전공관에서의 회담은 하나의 '성실한 설득'이었다. 그것이 김 주석의 마음을 녹인 것이다. 알고 보면 이것이 하늘의 전략이 아닌가. 이것이 바로 성경에서 야곱이 에서의 마음을 녹여낸 바로 그 하늘의 전략이 아닌가. 구태여 이 전략에 이름을 붙인다면 그것은 '참사랑 전략'이다. 이 전략은 김일성 주석의 마음을 녹이고, 그에게 살길을 제시하고, 구체적 방안도 제시하며, 그로부터 얻어낼 것은 다 얻어낸 것이다. 아니, 참사랑을 주니 모두가 녹아 쏟아져 나온 것이다.

당시 여러 장의 기념촬영을 하면서 문선명 선생은 시종 김일성 주석의 손을 놓지 않았다. 그리고 이 장면이 텔레비전과 노동신문 제1면 기사로 사진과 더불어 전 북한에 보도되었다.

아! 이 보도와 이 사진 한 장이 얼마나 큰 희망과 위안을 2천5백만 북한 동포들에게 주었겠는가. 이 날은 역사의 새 장이 밝은 날이다.

이 날의 작별은 석별의 정이 넘치는 작별이었다. 하나의 위안은 꼭 다시 만나자는 상호의 약속이었다. 그런데 이번이 처음이자 마지막의 만남이 될 줄이야, 그 당시 누가 상상이나 했으랴.

나는 여기에 총재와 김일성 주석 사이에 합의된 요강을 적어본다.

1. 남북통일의 1단계로 인도적 사업추진의 일환으로 1992년부터 이산가족 상봉을 실시한다. 이산가족의 재회 및 결합은 노령자들부터 허가하고 장소와 방법은 정부차원 실무회의에서 결정한다.
2. 핵에너지는 평화적 목적으로만 사용되고, 북한은 공정한 국제 핵사찰을 받을 것을 확인한다.
3. 해외동포를 위시하여 모든 자유진영국가의 대북한 경제투자를 환영하고 군수산업을 제외한 북한의 모든 평화적 경제사업에 통일그룹이 참여하는 대원칙에 합의한다.

4. 남북수뇌가 회담하여 통일방식의 토론 및 결의를 할 수 있다면 남북정상회담이 가능함을 확인한다.
5. 김일성 주석의 요청에 의하여 문선명 총재는 금강산 개발을 국제적 안목에서 실시한다.

이는 통일외교의 파격적 성과였다. 그리고 이 파격적 회담내용의 성과가 그 이후 곧 정부단계의 움직임에 의하여 실증으로 드러나게 된 것이다. 문선명 선생이 평양을 떠나신 직후에 북한 연형묵(延亨默) 총리를 수반으로 하는 북한대표단들이 서울에 왔고, 1972년의 '7·4공동선언' 이후 처음으로 파격적 합의서가 조인되었다. 그것이 '남북간의 화해와 불가침 및 교류협력에 관한 합의서'로, 바로 12월 13일에 조인된 것이다. 선생이 북한을 떠난 지 6일 만의 쾌거였다.

이어서 동년 12월 31일에는 난항을 거듭하던 핵문제에서 '한반도 비핵화 공동선언'을 쌍방이 조인한 것이다. 그리고 다음해 1월 30일, 드디어 고대하던 파격적인 변화가 일어났다. 북한이 국제원자력기구(IAEA)의 핵사찰협정에 조인한 것이다. 김 주석이 문 선생에게 약속한 대로였다.

연달아 일어난 홈런이다. 이것이 문선명 선생의 외교성과가 아니라고 부인할 자 있을까. 이는 의심할 여지가 없는 너무도 자명한 사실이다.

그 날(12월 6일) 오후 평양으로 돌아와서의 환송만찬은 글자 그대로 축제분위기였다. 윤기복 위원장과 김달현 부총리가 가장 기뻐했던 것은 더 말할 나위도 없다. 이 송별연은 평양을 떠남에 앞서 문선명 선생이 감사의 보답으로 베푼 연회였다.

북한 김일성 주석과 한학자 여사가 주석궁 만찬에서 서로 건배를 하고 있다.

이 자리에서 문선명 선생은 '사랑은 피보다 진하다'의 명연설을 했다. 평양도착 성명이 '피는 물보다 진하다'였으니, 떠나실 때는 거기에서 한 발자국 더 깊이 들어가 참사랑의 경지에서 말씀한 것이다.

"존경하는 윤기복 위원장, 그리고 김달현 부총리, 그리고 오늘 저녁 이 자리에 참석하신 동포 여러분. 본인은 지난 11월 30일, 꿈에 그리던 고향땅 북조선에 들어섰습니다. 이것은 김일성 주석님의 따뜻한 배려가 있어서 가능했던 것입니다.

본인은 북한 체재 중, 역사 깊고 아름답게 건설된 평양시내는 물론,

명실공히 세계 제일의 명산 금강산도 일생에 처음 감상하였고, 고향 떠나 48년 만에 나의 고향 정주를 방문할 기회를 가졌습니다.

고향에 가보니 내가 태어나 자랐던 집이 72년이나 지난 오늘까지 보존되어 있었고, 가족·친족들이 48명이나 모여 나의 일행을 환영해 주었습니다. 나이를 먹으면 먹을수록, 멀리 있으면 멀리 있을수록 가고 싶어지고, 그리워지는 곳이 고향입니다. 나는 그러한 내 고향에 온 것입니다. 그러나 나는 내 가족들을 상봉하는 순간, 기쁨과 동시에 가슴이 미어지는 듯한 아픔도 느꼈습니다. 그것은 오늘 나와 같이 행복하지 못한 1천만 이산가족들을 생각했기 때문입니다.

나는 이제 나이가 70이 넘었으니 나와 같은 노령자들은 머지않아 사랑하는 사람들을 보지 못하고 사별할 수밖에 없게 됩니다. 이와 같은 비극이 또 어디에 있겠습니까. 그런데 뜻밖에도 김일성 주석님의 따뜻한 인도주의적 온정으로 비참한 이산가족들이 상봉할 수 있는 희망이 생겼습니다. 내년부터 이산가족이 만날 수 있는 제도와 장치를 만들어 주시기로 약속하신 것입니다.

여러분! 본인에게는 남쪽으로 가지고 갈 선물이 이보다 더 좋은 것이 없습니다. 이 소식은 남한 4천만의 피를 끓게 할 것입니다.

본인은 오늘 김일성 주석님과 장시간 회담할 수 있는 기회를 가졌습니다. 물론 사람마다 의견과 견해의 차이가 있는 것이 사실이나 그 철두철미 민족을 사랑하는 그 애족정신에 이 사람은 크나큰 감명을 받았습니다.

여러분! 본인은 이번 8일간의 고향방문 중 국빈으로 융숭한 대접을 받았습니다. 윤기복 위원장, 그리고 김달현 부총리, 그밖의 모든 수고하신 분들에게 뜨거운 감사를 드립니다. 여러분들은 진정으로 이 사람을 대해주셨습니다. 본인도 진정으로 북조선 동포들을 사랑합니다.

본인은 지금까지 통일의 원동력은 참사랑이라고 강조해 왔습니다. 본인은 이번에 북과 남 사이에 참사랑의 유대가 맺어진 것을 경험하게 됐습니다. 내가 처음 이곳에 왔을 때, '피는 물보다 진하다!'고 했습니다. 이제 떠나게 되는 마당에 우리 민족을 위하는 사랑이 영원하기를 빕니다. 그리고 떠나면서 한마디하고 싶은 말은 '참사랑은 피보다도 진하다!'는 말입니다. (중략)

결론적으로 이 사람은 북조선방문을 통해 뜨거운 감격을 가지고 떠납니다. 통일의 열망은 더욱더 뜨거워지고 통일의 가능성이 눈에 보이기 시작했습니다. 우리 다 같이 화해하고 이해하고 사랑하고 뭉쳐서 우리의 숙원인 조국통일의 날을 하루속히 앞당깁시다." (〈노동신문〉 1991년 12월 7일 호에 게재)

선생의 축배가 제창되자 모두 기립하여 축배를 들고는 우레와 같은 박수를 선생에게 보냈다. 조국통일로 다가서는 감격적 장면이었다. 그리고 북한방문을 총결산하는 축하의 저녁이었다. 끝에는 모두 노래의 잔치로 이어지고 문선명 선생과 한학자 여사도 노래로 자리를 흥겹게 하셨다. 그 날 저녁 또 하나의 인상 깊었던 것은 김달현 부총리가 아주 뛰어난 가수였다는 사실이다. 그가 직업을 잘못 택한 것이 아니냐고 모두 농담을 할 정도로 명창이었다.

공동성명서 발표와 한국 정부

1991년 12월 5일, 윤기복 위원장과의 사이에 조인된 공동성명은 아래와 같다.

세계평화연합 문선명 총재와
조선해외동포원호위원회 윤기복 위원장의 공동성명

세계평화연합 문선명 총재 일행은 1991년 11월 30일부터 조국 북반부를 방문하고 있다.

문선명 총재는 방문기간 자신의 고향인 평안북도 정주를 찾아 가족친척들과 상봉하고 오매에도 그리던 고향산천을 돌아보았으며 평양시를 비롯하여 남포시, 강원도, 금강산지구 등 여러 곳을 참관했다.

체류기간 세계평화연합 문선명 총재와 조선해외동포원호위원회 윤기복 위원장 사이에 회담이 있었다.

세계평화연합 문선명 총재와 조선해외동포원호위원회 윤기복 위원장은 회담에서 토의된 내용에 기초하여 다음과 같이 성명했다.

1. 쌍방은 반세기 가까이 지속되고 있는 나라와 민족의 분열을 더 이상 지속시켜서는 안 되며 반드시 가까운 몇 해 안에 통일을 이룩하여야 한다는 것을 강조하였다.

2. 쌍방은 조국통일을 외세의 개입이나 간섭이 없이 자주적으로, 대화와 협상을 통하여 평화적으로 실현하여야 한다는데 대하여 견해의 일치를 보았다.

3. 쌍방은 체제가 다른 남과 북이 서로 공존, 공영하는 기초 위에서 같은 민족으로서 하나의 통일국가를 세우는 방법으로 조국통일을 우리나라 실정에 맞게 민주주의적으로 해야 한다고 인정했다.

4. 쌍방은 우리 민족이 다시는 전쟁의 참화를 입는 일이 없도록 하기 위하여 남과 북이 서로 불가침에 합의하고, 핵에너지는 오직 평화적 목적에만 이용하며, 한반도에서 핵무기의 제조나 배치가 없어야 한다고 주장했다. 최근 '핵사찰' 문제를 힘의 방법으로 해결하려는 일부 계층의 시도는 동북아시아의 한반도의 평화를 위협하는 일로써 즉각 중지되어야 한다.

5. 쌍방은 정치·군사적 대결상태를 해소하며 다각적인 교류, 협력을 실현할 것을 목적으로 하는 남북고위급회담이 성공적으로 진전되기를 희망했다.

6. 쌍방은 남북고위급회담이 온 겨레의 기대에 맞게 진전되어 하루빨리 남

북정상회담이 열리기를 기원했다.

7. 쌍방은 피는 물보다 진하다는 원칙에서 민족의 대단결을 실현하며 힘 있는 사람은 힘을, 지식 있는 사람은 지식을, 돈 있는 사람은 돈을 내어 조국통일실현에 적극 이바지하는데 대한 공동의 염원을 표시했다.

8. 해외동포원호위원회 측은 북반부에 대한 해외교포들의 경제적 투자를 환영하였으며 세계평화연합 측은 북반부에서 추진하는 경제 사업에 여러 가지 형식으로 투자할 용의가 있음을 피력했다.

9. 쌍방은 세계평화연합 측과 해외동포원호위원회 측 사이에 문화교류를 실시하는데 합의하고 우선 다음 해(1992년)에 '리틀엔젤스(어린이민속예술단)'의 평양 초대공연과 '평양소년예술단'의 서울 초대공연을 실현시키기로 했다.

10. 쌍방은 관계단체들과의 협력 하에 조국통일을 앞당기며 1천만 이산가족의 고통을 덜어주기 위하여 남과 북 사이의 자유왕래와 전면개방을 실현하는데 공동의 노력을 기울이면서 첫 단계로서 인도주의적 사업을 함께 추진해 나가기로 했다.

그 일환으로 다음해 1992년 안으로 합의하는 장소에 이산가족 면회소와 편지교환소를 설치하고 먼저 노령자들 사이의 만남부터 실시하는데 노력하기로 하였다.

윤기복 위원장뿐만 아니라 김달현 부총리와도 경제협력에 관한 합의서가 교환됐다.

문선명 선생의 북한방문과 김일성 주석과의 만남은, 정식 국가 간의 남북정상회담과 평화교류를 이끌어낸 촉매제였다.

조선민주주의인민공화국 대외경제위원회 김달현 위원장과 세계평화연합 문선명 총재는 1991년 12월 1일부터 12월 5일까지 평양에서 경제문제에 관한 회담을 진행하고 다음과 같이 합의했다.

1. 문선명 총재는 산하 국제기업체들을 통해 조선민주주의인민공화국 선봉지구 자유경제무역지대의 하부구조건설을 비롯한 개발공사에 기술·경제적 투자를 진행하며 다른 나라 회사들의 투자유치활동을 진행한다. 조선민주주의인민공화국 대외경제위원회는 이를 승인한다.

2. 쌍방은 조선민주주의인민공화국의 금강산 일대를 비롯한 명승지들을 관광지구로 지정하는 방법을 건설운영하기로 합의했다. 문선명 총재는 공화국 해당 기관의 법적승인서를 받으면 해당 전문가를 동원하여 관광지구건설을 위한 종합계획과 조사보고서를 작성한다. 조선민주주의인민공화국 대외경제위원회는 문선명 총재 산하 국제기업체들의 투자와 그들의 해외투자유치 활동을 승인한다.

3. 문선명 총재는 금강산관광지구와 인접한 원산지구의 경공업 기지건설에 투자한다.

4. 쌍방은 위에서 지적된 합의사항을 이행하기 위하여 실무대표단 사이의 회담을 1992년 분기에 평양 또는 베이징에서 하기로 합의했다.

이 합의서는 1991년 12월 5일, 평양에서 2부 작성, 조인되었으며 양측이 각각 1부씩 가졌다.

이 공동성명에 관해서는 한국 정부로부터 강한 반발을 받아 한국 내에서 적지 않은 물의가 있었다. 한국 정부 통일원은 "본래 정부가 해야 할 공동성명을 어떻게 한 개인이 발표할 수 있느냐. 이는 월권행위요, 지나친 행위"라고 비난했다.

그러나 정부의 비난은 맞지 않는다. 이것은 문선명 선생의 의중을 전혀 이해하지 못하는 데서 오는 큰 오해였다. 나는 여기에 그 이유를 네 가지 들어 정부의 생각이 잘못되었던 것임을 낱낱이 지적하려 한다.

첫째, 성명은 정부의 전매특허라는 법이 없다. 자유인은 언제나 자기의사를 발표할 수 있다. 더구나 이 공동성명은 북한정부와의 사이에 맺어진 성명이 아니다. 문선명 선생은 '나는 한 개인이요, 정부를 대표하지 않는다.'는 점을 누누이 강조하셨다. 김일성 주석과의 회담에서도 몇 번이나 이를 강조했고, 부디 정부 대 정부의 화해와 협력을 부탁하신 것이다. 선생이 한국 정부에 누를 끼치려는 생각은 추호도 없었다. 이 성명은 세계평화연합과 해외동포원호위원회 간의 성명이며, 이는 정책결정 선언이 아니며 어디까지나 희망사항이요, 열망의 표시였다.

둘째, 통일원이 비난하는 것과는 정반대로, 앞으로 정부 간의 협상을 유리하게 하자는데 선생의 진의가 있으셨다. 한마디라도 더 북한으로부터 가치 있는 결의와 발언을 끌어내자는 것이다. 한마디라도 더 발언을 해놓으면, 그들에겐 앞으로 더 무거운 부담이 실린다. 뒤로 후퇴하기가 조금이라도 어려워지는 것이다. 그것이 개인적 합의이거나 정부의 합의이건 간에 그 효과는 마찬가지다. 왜냐하면 합의의 내용은 보도되고 공개되기 때문이다.

나아가 문선명 선생의 공동성명 한 구절 한 구절이 우리 민족이 모두 희구하는 바가 아닌가. 그를 누가 마다하랴. 이 공동성명은 우리 한국 국민의 열망을 대변한 것이다. 그런 말을 기회 있을 때마다 북한으로 하여금 발언하게 하는 것이야말로 한 발짝이라도 평화통일로 가까이 가는 길이 아닌가.

셋째로, 한국 정부가 전혀 모르고 있는 사실이 있다. 그것은 다음과 같은 사실이다. 윤기복 해외동포원호위원장과의 공동성명이 김일성 주석을 만나기 전날 12월 5일에 조인된 것을 주의해주기 바란다. 이것은 문선명 선생의 한 전략이셨다. 그 때까지만 해도 '만수대 폭탄선언'의 여파로 김일성 주석과의 회담이 성립될지 알 수가 없었다. 사실은 그 회담은 있을 수 없는 것으로 느껴졌던 때였다. 아주 비관적이었다. 그러니 이 공동성명은 김일성 주석에게 보내는 문선명 선생의 메시지였던 것이다.

공동성명의 골자가 무엇이냐. 첫 번째로 핵무기의 개발을 단념하고 핵에너지는 오로지 평화적으로만 써야 한다는 것, 두 번째로 남북이 상호불가침에 합의하고 남북대화가 진행되어야 하며 앞으로 있을 남북고위급회담을 성사시켜야 하는 것, 세 번째로 이산가족문제를 심각하게 토론하고, 1992년(다음해)부터 이산가족면회소를 설치하고 고령자부터 가족상봉의 기회를 만들자는 것, 이상의 세 가지다. 모두가 선생의 간절한 소원의 표현이다. 거기에는 '김일성 주석이여, 나를 안 만나려거든 내가 무엇 때문에 북한에 왔는지 이 성명을 보면 알 것이요.' 하는 메시지가 담겨 있었던 것이다. 동시에 만일 김일성 회담이 성사될 경우에는 이 공동선언은 그대로 김일성 주석에게 보내는 숙제가 되는 것이다. '나는 이와 같은 문제를 제기할 것이니 미리 생각하고 그 답변을 준비해두시오' 하는 예습문제요, 일종의 숙제인 것이다.

아니나 다를까, 다음날 문선명 선생과 김일성 주석의 회담에서 위에 열거한 3가지 문제가 중점적으로 토의되고, 거기에 김일성 주석은 기다리고나 있었다는 듯이 모두 명쾌한 긍정적 답변을 했던 것이다. 다시 말하면, 이 공동성명은 문선명 선생의 불패(不敗)의 전략이었던 것이다. 그리고 그 전략이 백퍼센트 들어맞았던 것이다.

넷째, 정부는 민간외교의 성과를 너무 과소평가한 것이다. 세계의 괄

목할만한 외교사를 보라. 정부가 나서기 전에 반드시 민간인을 통한 물밑 접촉이 있고, 그것이 주효한 케이스가 많다. 미국이 중국과 국교를 개설한 세기적 외교성과는 민간의 핑퐁외교로써 시작되어 열매 맺어진 것이다. 미국은 민간외교의 중요성을 너무도 잘 알기 때문에 그것을 적극적으로 활용해왔다.

비슷한 예로, 미국의 전직 대통령 카터를 북한에 보내어 김일성 주석을 만나게 한데서 남북정상회담을 이끌어내지 않았던가. 미국의 현 유엔대사로 있는 빌 리처드슨은 한때 국회의원이면서 개인의 자격으로 세계의 온갖 테러 국가들을 들락날락하면서 미국인의 귀한 생명을 구해낸 사람이다. 쿠바의 독재자 카스트로와 미국 정부가 직접 대화할 수 없으니, 제시 잭슨 흑인 목사를 앞장세워 물밑접촉을 하지 않았던가. 그리고 이란의 미국대사관이 피랍되었을 때는 미국 내의 이슬람교 지도자를 앞장세워 호메이니를 상대했던 것이다.

한국 정부뿐만 아니라 이번 문선명 선생의 방북의 성과를 애써 과소평가하려는 일부 언론과 기독교 세력이 암약했던 것은 지극히 유감스러운 일이다. 있지도 않은 유령단체의 이름을 써서 비싼 일간지 제1면 광고로써 문선명 선생의 애국행위를 매도한 데 대해서는 조국통일로 가는 역사에 한 오점을 남긴 것이라 하지 않을 수 없다.

'꿩을 잡는 게 매'라는 속담이 있다. 목적을 이룬다면 누가 하면 어떤가. 진짜 국익이 되고 국민이 바라는 일이 이루어졌을 때, 우리 국민은 관대한 찬사와 박수를 보낼 줄 안다. 이번에 그 국민성을 보지 못한 것이 큰 아쉬움이었다.

어떤 일부 언론은 문선명 선생의 방북을 '이적행위'요 '위법행위'로까지 규탄하려 들었으니, 적반하장도 이만저만이 아니다. 그러나 문선명 선생은 외부의 몰이해에 분함이나 섭섭함을 느끼기에는 그 사람됨이 너무도 크셨다. 선생은 사필귀정(事必歸正)을 믿으신다. '참과 진리는 언젠가는 드러난다.' 이 한 신조를 굳게 믿으시고 일생을 살아오신 것이 아닌가.

이 장을 매듭지으면서 나는 하나의 서글픔을 느낀다.

나는 당시 김일성 주석과의 회담에서 김 주석이 문선명 선생의 중재로 남북정상회담을 하고 싶은 심정을 읽었다. 김 주석은 노태우 대통령과 정상회담을 하고 싶었던 것이다. 그리고 그 중매자로 사실은 문 총재님을 초대했던 것이다.

문선명 선생이 돌아오자마자 노태우 대통령이 문선명 선생을 청와대에 초대하고 북측 사정을 듣고 그 노고를 치하하며 남북정상회담 조정 역을 부탁하였더라면, 남북정상회담이 그때 1992년에 성취되었을 것이다.

김 주석은 그와 같은 결과를 학수고대하고 있었다. 그런데 불행히도 한국 정부는 문선명 선생의 외교성과를 소화하지 못하고 시간의 흐름 속에 매몰되게 했다. 생각하면 참 애석한 일이다. 두고두고 아쉬운 일이었다.

1991년 12월 7일 오후 3시, 따뜻한 석별의 정을 나누시고 문선명 선생 일행은 다시 순안비행장에서 특별기를 타고 평양을 떠났다. 불과 8일간

1991년 문선명 선생과 북한 김일성 주석의 만남은
당시 냉전시대의 군사적 불확실성이 증폭되는 가운데
국내외에 큰 파장을 몰고 왔다.

의 북한방문이었다. 그러나 기분은 몇 달 만에 돌아오는 듯했다.

북경공항에서는 주창준 주중국 북한대사가 특별기 트랩까지 나와 따뜻하게 환영을 했다. 눈이 펄펄 날리는 오후였다. 그날 오후 4시 30분, 북경정부의 배려로 귀빈실에서 기다리는 내외기자단을 앞에 하시고, '북한에서 돌아와서'라는 제목의 성명을 낭독했다. 이 성명 속에 문선명 선생의 진정한 생각이 잘 반영되어 있다. 그 성명을 요약하면 그 요지는 다음과 같다.

문선명 총재 북경도착 담화문

북한을 다녀오면서

나는 이번에 내 아내와 더불어 북한정부의 초청을 받아 평양을 다녀오게 되었다. 이것은 내가 북한을 마지막으로 떠난 1950년 12월로부터 만 40년하고 11개월 만에 있게 된 역사적 기회였다.

나는 북한에 대해 한이 많다면 누구보다도 많은 사람이다. 나는 내가 종교지도자요, 또한 나의 일관된 반공의 신념 때문에 북한 현 정부로부터 이루 말할 수 없는 핍박을 당한 사람이다. 나는 이루 형용할 수 없는 고문을 당했으며, 근 3년의 흥남감옥 생활에서 많은 죄 없는 죄수들이 죽어나가는 것을 본 사람이다. 한마디로 말해 내가 오늘날 건재하다는 것은 하나의 놀라운 기적이며, 오직 하나님의 특별하신 가호와 은사 때문이었다.

참사랑으로 평양 입성

그러나 이번에 나는 통일교회의 창시자로서 참사랑의 정신으로 북한에 다녀왔다. 참사랑이란 '사랑하지 못할 것까지도 사랑하는 정신'이다. 그러기에 예수께서도 '네 원수를 사랑하라' 하신 것이 아닌가.

평양에 들어가는 나의 심정은 가을 하늘과 같이 맑았다. 나는 원수의 집에 가는 것이 아니라 내 고향 내 형제의 집에 가는 것이었다. 나는 '서로 용서하고, 서로 사랑하고, 서로 단결하자'는 나의 필생의 신조를 가지고 북한 땅을 밟았다.

나의 승공사상은 인류구원의 사상

또 나는 지난 40년의 동서냉전시대에 세계 어느 누구보다도 철저한 반공주의자요, '국제승공연합'의 창시자로 일생을 승공투쟁에 바쳐온 것은 온 세계가 주지하는 바이다. 그러나 나의 승공사상은 공산주의자를 죽이는 사상이 아니고, 그들을 살리는 사상, 곧 인류구원의 사상이라는 점이다. 나는 베를린 장벽의 붕괴 이후 공산국가가 무너지는 즉시 그들에게 새 가치관을 교육하여 그 나라들을 살리는 데 전력을 다해왔다.

소련과 동구 신생 민주주의 국가들의 정치인·지성인·교수·대학생들이 나의 초청으로 수천 명이나 미국에 오고, 일본에 와서 참 민주주의를 배우고, 나의 하나님주의와 두익사상에 감명받고 돌아가, 스스로 자기 나라를 살리는 운동에 앞장서고 있는 것은 이미 널리 알려진 사실이다. 냉전시대의 종언과 더불어 찾아온 평화의 운세를 세계적으로 확산시키고자 본인이 '세계평화연합'을 창설하여 국제적 평화운동을 주도하고 있는 것도 이와 같은 나의 신념의 소산이다.

이산가족을 위한 나의 노력

나는 북한에서 헤어졌던 내 가족들과 상봉하는 순간, 기쁨과 동시에 가슴이 미어지는 듯한 아픔을 느꼈다. 그것은 사랑하는 사람들이 남과 북으로 갈라져 오늘도 상봉의 기쁨을 갖지 못하는 수많은 우리 동포들이 생각났기 때문이다.

그 중에 많은 사람들이 영원히 그 기회를 갖지 못하고 사별할 수밖에 없다는 것을 생각할 때, 우리 민족의 분단과 이산의 비극은 하루속히 종결되어야 한다는 뼈아픈 각성을 하게 된 것이다.

그리하여 이번 김 주석과의 회담에서 본인은 남북이산가족 상호방문 문제를 전향적으로 풀어나가도록 노력해주기를 요청했다.

경제개발 지원 제의

그러나 공산주의 문제를 해결하고 세계평화를 이룩하는 일이 단지 이념적 대결이나 교육만으로는 달성될 수 없다고 믿는다. 그 세계를 살리는 일에는 경제적 지원도 대단히 중요하기 때문이다. 그렇기 때문에 나는 이미 중국에 2억5천만 달러의 투자로 '팬다자동차 공업도시'를 건설하고 있는 것이다.

내가 북한을 보는 시각도 마찬가지이다. 하나 다른 것은 북한은 남의 나라가 아니라 내 동족의 나라요, 나와 핏줄을 같이한 형제자매라는 점이다. 피는 물보다 진하다. 나는 북한 2천만 동포를 내 형제자매로서 사랑한다. 뜨겁게 그들을 사랑한다.

그러나 이 민족의 숙원, 조국통일은 정치·경제·군사적으로만 이루어지지는 않는다. 그보다 선행되어야 할 기본조건이 있다. 참사랑을 원동력으로 한 정치·경제·군사문제의 관계개선이 통일의 바탕이 되어야 한다는 점이다.

또 참사랑이란 부모의 사랑과 같은 무조건의 사랑이다. 그리고 이웃을 위하여 내 생명을 초개와 같이 버릴 수 있는 희생정신이 곧 참사랑이다. 이런 의미에서 나는 북한과의 경제협력 및 교류를 넓히고 경제개발 사업에 적극 참여할 수 있다는 의사를 표명했다.

전쟁만은 안 된다

나는 이번에 평양에 '평화의 사도'로서 입성했다. 나는 무슨 일이 있어도 한반도에서 다시는 동족끼리의 전쟁을 자초해서는 안 된다는 굳은 신념을 가지고 있다.

이런 뜻에서 요즈음 미국 조야에서 말하는 북한의 핵시설 선제공습론은 지극히 위험한 발상이다. 북한은 이라크가 아니다. 이것은 전면전쟁을 일으킬 것이 분명하며 그 가공할 결과는 아무도 예측할 수가 없다.

미국은 한국국민의 생존권을 위협하는 일에 지극히 신중하기를 바란다. 나는 북한과의 핵문제는 평화적으로 해결할 수 있다고 믿는다. 상호존중하는 진정한 대화를 통해 반드시 평화적으로 해결해야 한다. 나는 그 대화의 길을 열고자 평양에 간 것이다. 그리고 그 대화의 길을 크게 열고 돌아왔다.

나는 이번의 나의 방북 성과가 대한민국정부와 북한당국자간의 발전적인 대화와 교류를 증진시켜 나가는 좋은 계기가 되기를 진심으로 바라는 심정에서 북한을 방문했고, 이제 그것이 성공적으로 이루어지리라는 확신을 가지게 되었다.

조국통일은 우리의 숙명

우리의 오늘날 과제는 조국통일이다. 이는 우리의 숙명이요, 우리가 생애를 바쳐 이룩해야 할 필생의 성업이다. 나는 지금까지 하나님의 뜻을 따라 통일의 성업을 이루는 일념으로 살아왔고, 나의 나머지 일생도 오직 하나님의 뜻을 이루는 일념으로 살아갈 것이다.

통일을 염원하는 남북한 7천만 겨레 모두는 이제부터 갈등과 투쟁을 종식시키고 화해와 사랑으로 민족의 동질성을 회복하는데 전 민족 모두 나서주기를 바라는 바이다.

총칼을 녹여 쟁기와 보습을 만들 때가 지금이라고 생각하며, 통일조국의 밝은 신세기를 맞이할 준비를 서두르자.

우리는 이 성명문에서 선생의 북한방문의 의의와 그 뜻하신 바를 잘 읽을 수 있다.

드디어 선생의 북한방문은 역사의 한 페이지가 되었다. 더구나 조국통일역사의 한 장을 장식하는 대장정이었다.

1996년 12월 6일 문선명 선생은 김일성 주석을 만나신 5주년 되는 기념일이다. 김 주석이 고인이 되었지만, 평양에서는 김정일 총비서의 명령으로 이 날을 기념하는 기념식이 있었다. 나는 여기에 참석하지 않았지만, 통일교회 측에서는 금강산국제그룹 박상권 사장과 김일성 주석과의 회담시 동참했던 김효율 특별보좌역이 초청되어 이 자리에 참석했다.

이것은 곧 무엇을 의미하는가? 북한에서는 김일성 주석이 고인이 된 오늘에도, 문선명 선생과의 회담은 하나의 역사로 남아있다는 것이다. 그리고 고 김일성 주석이 문선명 선생에게 약속한 모든 일은 '위대한 수령의 유지'라는 표현으로 계승되어 내려오고 있었다.

'문-김 회담'의 내용은 아직도 살아있고 아직도 유효한 것이다, 통일의 날이 올 때까지.

조문파동

1994년 7월 8일 김일성 주석이 사망했을 때, 나는 남한에서 올라간 유일한 조문사절이었다. 이 조문을 계기로 나는 또 다시 기구한 운명 속으로 끌려들어가게 되었다.

나는 이것을 하늘이 또 한번 나에게 어려운 사명을 감당하라고 주시는 명령으로 들었다. 그런데 나의 진의를 이해 못한 한국의 매스컴이 갑자기 나에게 집중타를 가했다. 그리하여 이 사건은 '김일성 조문파동'으로 낙인이 찍히고, 나는 '국가보안법' 적용대상자가 되었다.

그 때부터 약 3년, 나는 해외에서 활동하며 내 그리운 고향 한국에 들어오지 못했다. 나는 본의 아닌 망명생활을 해야 했다.

내가 비겁해서인가? 그렇지 않다.

무엇을 두려워해서인가? 그렇지도 않다.

국가보안법 적용이나 심지어는 옥중살이를 하게 될까봐 나는 '자발적 망명'을 하고 있는 것일까? 그것도 사실이 아니다.

첫째, 나는 법을 어긴 것이 없다. 내가 조문 목적으로 북한에 들어갈 때, 미국 영주권 취득자인 나에게 한국 정부의 허가를 사전에 얻어야 할 아무런 의무가 없었다.

둘째, 당시 나는 〈세계일보〉 사장으로 있었고, 평양출발에 앞서 나의 모든 계획을 정부 요로 인사들과 충분히 숙의했다. 몰래 간 것이 아니다. 정부당국자의 '우리가 너무도 북한에 대하여 모르고 있으니 박 사장이 이 기회에 갔다 오는 것은 국가적으로 봐도 유리할 것이오. 그리하죠.'라는 내락을 받고 떠났었다.

셋째, 나는 이 조문여행에 양심의 가책이 없다. 나는 할 일을 한 것이다. 더구나 하늘의 명령에 따라서 행동한 것이다. 인도주의적 입장에서 보더라도 조문은 하나의 미덕이지 수치가 아니다.

그런데 한국 정부가 나에게 내락하고 나서 여론이 좀 뜨겁다고 보안법 적용을 운운한다면, 나는 아무 소리 말고 그 처벌을 달게 받을 용의가 있었다. 나는 정부의 입장을 어렵게 하고 싶은 생각이 추호도 없었다. 예수 그리스도가 언제 죄가 있어 십자가에 달리셨는가. 거기에 비하면 이것은 너무 작은 십자가이다. 나는 달게 감사하며 받을 용의가 있다.

그러면 나는 왜 한국에 들어오지 않고 있었는가?

그 이유는 국익에 이롭지 않다고 판단했기 때문이다. 나라를 위한 일이 아니라는 것이다. 나는 남북의 화해와 협조를 위하여 피땀 흘려 노력해왔다. 남북을 가까이하자는 내가, 소위 '조문파동'을 일으켜 남북한 간의 감정을 격하게 하는 처사를 피하려 한 것이다. 내가 한국에 들어가 한국 정부가 나를 처벌하면, 북한이 반드시 여기에 대하여 과격한 반응을 보일 것만은 명약관화한 일이었다.

또 한 가지 더 중요한 것은 내가 서울에 들어가 문제를 일으키면 그것은 내가 모시는 문선명 선생님이 의도하는 바에 본의 아니게 배치되는 행위가 되기 때문이다.

그것이 무슨 뜻이냐?

선생의 의도는 민족의 대화합이다. 남북의 대화요, 신뢰의 구축이요, 상호교류의 증진이다. 선생은 남북 양쪽 정부 간의 협상을 바라고, 남북을 서로 끌어당기기에 피땀을 흘리셨다. 그런데 내가 만일 한국에 가서 그것이 보안법 위반용의로 체포되기라도 한다면, 이것은 필연적으로 뜨거운 논의를 일으키고, 또 하나 남북 간의 대립을 가져올 것이 필지의 사실이다. 그렇게 되면 선생이 바라시는 남북화해도, 남북대화도 날아간다.

북쪽은 김일성 조문문제에 대하여는 대단히 감정적이요, 대단히 민감하다. 김일성 주석 사망시 한국 정부가 취한 태도에 대하여 '어찌 그럴 수가 있느냐!'고 아연실색한 그들이었다. 김일성 주석의 사망은 김영삼 대통령(재직 1993~1998)이 김일성 주석과의 대좌를 17일 앞두고(7월 25일) 일어났다.

만일 김영삼 대통령이 평양을 찾아가 김일성 주석을 만났더라면 악수도 않고 인사도 안 했겠는가? 당연한 일이다. 회담도 같이하고 식사도 같이하고 축배도 들었을 것이다. 그것을 결심한 김 대통령이 정상회담

직전, 17일 앞두고 그 회담 상대가 갑자기 사망하였을 때, 유감의 표시나 조의의 표시가 없었다면 그것은 무엇이 좀 잘못된 게 아니냐고 양식 있는 자들은 생각한다. 조문은 하나의 인도주의적 미덕이 아니겠느냐 하는 것이다. 그리고 이 기회가 남북이 화합할 수 있는 천재일우의 호기이지 않느냐는 것이다. 그런데 김 대통령은 조문은 고사하고, 특별비상경계령을 내려 북한에 총부리를 들이댔다. 이러한 동포애가 어디 있느냐는 것이다.

그런데 이 때 주한미군은 비상경계체제에 들어가지 않았다. 이것이 바로 미국의 입장이다. 나폴리 G7정상회담 개회 직전의 김 주석 사망소식에 클린턴 미국 대통령은 정상회담 참가국 가운데 제일 먼저 북한 국민에 대하여 애도의 뜻을 전하는 정중한 성명을 발표했다. 이어서 러시아의 옐친 대통령과 일본 무라야마 수상도 조의를 표했고, G7국가원수들도 모두 같은 조의를 표했다.

UN본부도 김일성 사망에 조기를 달고, UN사무총장은 정중한 조의를 전달했다. 조문은 인도주의에 입각한 것이요, 정치에서는 분리되어야 한다는 것이 UN의 입장이다.

내가 이전에 부시 미국 대통령과 만찬을 같이하면서 감명 깊은 이야기를 들은 적이 있다.

부시가 미국 대통령에 취임했을 때, 일본 히로히토 천황이 사망했다. 히로히토라면 우리 대한민국 국민이 김일성을 혐오하는 이상으로, 미국인에게는 증오와 혐오의 대상이었다. 한국인이나 미국인에게 그는 제2차 세계대전의 태평양전쟁을 일으킨 사람이요, 그의 이름이 수백만의 미국인을 죽게 하고 다치게 하고, 또 우리 한국 사람에게 이루 말할 수 없는 고뇌와 고통을 주고, 아시아 수천만의 무고한 인명을 살육 내지는 피해를 입혔던 사람이다. 그러니 전범으로 말하면, 그보다 더 큰 전범이 없었다. 2차 대전 종료 후 히로히토 천황을 전범으로 재판하고 사형에 처하지 않은 것을 불평하는 여론이 미국에 비등했던 것은 더 말할 나위도 없다.

어쨌든 그 일본천황이 죽은 것이다. 일본의 국가원수로 죽은 것이다. 이 때 미국의 부시 대통령은 어찌할 것인가의 기로에 섰다. 조의를 표할 것인가 묵살할 것인가. 더군다나 부시 대통령은 개인적으로 원한이 있었다. 그는 태평양전쟁 당시 미해군 조종사로 종군 중, 일본군의 총탄에 맞아 자기 비행기가 추락했고 간신히 낙하산을 타고 내려와 미 함정에 의하여 구출된 사실이 있다. 구사일생으로 살아남은 것이다. 원한이 있다면 누구보다도 원한이 있을 사람이 부시 대통령이었다.

그러나 부시 대통령은 이것을 미국과 일본이 화해할 수 있는 황금의 기회(golden opportunity) 로 보았다. 그는 미국 현직대통령으로 조의를 표할 정도가 아니라 태평양을 건너 일본 동경에서 열리는 장례식에 참석해 애도를 표하고, 일본의 온 국민을 깜짝 놀라게 했다.

일본 국민이 부시 대통령과 미국 자체를 다시 보고 무한한 존경을 표한 것은 더 말할 나위도 없다. 이와 같은 부시 대통령의 행위는 일본 국민으로 하여금 미국 앞에 마음속으로 무릎을 꿇게 한 것이다.

미국의 조야에서는 부시 대통령의 조문여행에 대하여 신랄한 비난이 있었다. 그러나 역사는 어떻게 말하고 있는가. 역사는 이것을 부시 대통령 재임시의 하나의 큰 업적으로, 그가 일본 천황 장례식에 참석한 것은 미일간의 파격적 화해를 가져온 것으로 인정해주고 있는 것이다. 그리고 부시 대통령 개인으로서도 인도주의자요, 덕망 있는 정치가로 그 이름이 역사에 남게 된 것이다. 그는 나에게 이 조문여행이 자기 취임 중에 잘한 것 중의 하나라고 말했다.

나는 부시 대통령의 이 경험담에 큰 감동을 받았다. 나는 그를 존경하게 되었고 그와 나는 좋은 우정을 가지고 지냈다.

나는 왜 내가 그때 한국에 안 들어갔느냐 하는 이유를 설명하는 중이다. 나는 내가 잘했다거나 또 누가 잘못했다고 말하려는 생각은 추호도 없다. 다만 나는 내가 원인이 되어 내 문제로 인하여 그렇지 않아도 남북한 간에 어려운 때에 남북관계를 더 갈라놓는 원인적 요소가 되고 싶지 않았다는 것이다.

동시에 나는 언젠가는 나의 김일성 주석 조문에 대하여 그 진실을 밝히기를 원했다. 왜냐하면 나의 조문여행 당시 과열된 매스컴 보도는 객관적 진실보도보다는 감정에 치우친 일방적 규탄기사가 많았기 때문이다. 어떤 언론은 내가 생애를 바쳐온 국가에 대한 애국과 봉사와 명예를 여지없이 짓밟는 '인격살인'을 자행하기까지 했다.

나는 이에 감정적으로 대항하거나 한을 풀려는 생각은 추호도 없다. 다만 역사 앞에 나는 겸손히 그 진실을 밝혀놓아야 하는 의무를 느끼는 것이다. 더구나 이것은 내가 모시고 사랑하는 문선명 선생의 명예와도 관련이 있기 때문에 더욱 그러하다. 나는 그런 목적으로 이 글을 집필하는 것이다.

압록강을 헤엄쳐서라도 들어가라

김일성 주석의 사망은 1994년 7월 8일이었다. 그러나 이 소식이 온 세계에 전달된 것은 1994년 7월 9일이었다. 나는 당시 서울의 일간지 〈세계일보〉 사장이었다. 이 날 나는 세계일보사 사장실에서 긴급전화를 받았다. 문선명 선생으로부터의 전화였다. 당시 선생은 미국에 있었다.

"즉시 평양에 좀 갔다 오지. 조문을 하고 오란 말이야. 이런 때일수록 신뢰 있는 행동을 해야 한다구. 나에게 형 동생 하면서 잘 지내자고 한 김일성 주석인데, 내가 직접 가지는 못한다 할지라도 네가 나를 대신해서 갔다 오는 것이 도리야. 알겠나!"

나는 잠시 당황했다. 왜냐하면 당시 평양에서 나오는 방송은 일절 해외조문객을 받지 않겠다는 발표가 있었기 때문이다.

나는 선생에게 말씀드렸다.

"뜻은 잘 알겠습니다만 들어가고 싶어도 못 들어갈 것 같습니다. 북쪽에서 아무도 받지 않겠다고 합니다."

그랬더니 다음 말씀이 의외였다.

"무슨 소리야! 내가 보내는 사절단은 다르다구. 받지 않을 리가 없다. 끝까지 안 받는다면 너는 압록강을 헤엄쳐서라도 들어가! 알았어!"

나는 그 순간 정신이 번쩍 들었다. 나는 선생이 얼마나 심각하게 이 일을 생각하고 계신가를 깨달았다.

'아, 내가 또 잘못했구나. 하늘의 일을 인간의 생각으로 해석했구나!' 라고 생각을 다시 했다.

선생의 철석같은 의지를 알았으니, 이제는 어찌됐든 행동하는 수밖에 없었다. 나는 6·25당시 육군 장교였다. 해군이 아니었다. 나는 10미터도 수영을 못한다. 나는 이 때 선생의 말씀을 '너는 죽음을 각오하고 들어가라.'는 명령으로 들었다.

나는 7월 11일 북경으로 갔다. 그 날 북경에 차려진 북한대사관 빈소에 조문을 갔다. 중국정부 요인들의 화환이 등소평·강택민·이붕… 순으로 도착되어 있었으나, 아직 조객은 아무도 없었다. 내가 세계평화정상회의의 안토니오 베탄코트 사무총장을 대동하고 제일 먼저 나타나니 그들은 놀라움을 금치 못했다. 조의를 표하고 나서 검은 완장을 차고 도열을 서고 있는 주창준 대사에게 인사하고 문 선생의 뜻을 전했다. 가능하면 내가 평양에 가서 조문하게 해달라고 부탁했다. 주 대사는 선생의 뜻을 듣고 크게 감동하면서 하루 이틀 호텔에서 기다려 달라고 했다. 이게 안 되면 압록강으로 갈 차례였다. 즉시 김정일 총비서에게 보고하겠다고 했다.

나는 낯익은 중국대반점에서 하루를 기다렸다. 아니나 다를까 다음날 7월 12일 저녁 주창준 대사로부터 전화가 걸려왔다. 전화 속 목소리는 다른 사람이었다.

"경애하는 김정일 총비서께서 특별히 문선명 선생이 보내는 조문사절을 허가하셨습니다. 장군께서 문선명 선생의 후의에 크게 감동하고 계십니다." 하는 박종근 사장의 목소리였다. 1991년도 문 선생의 방북 때 귀에 익은 목소리다.

나는 '문선명 선생의 뜻이 있으니 하늘이 협조하시는구나!' 하고 하늘 앞에 감사했다. 압록강을 헤엄쳐 들어갈 염려도 없으니 안도의 가슴을 쓰다듬었다.

내가 다음날 7월 13일 북경에서 평양으로 들어가서 한 일을 적기에 앞서, 나는 어찌하여 문선명 선생이 그렇게 결정적으로 나로 하여금 조문을 가도록 분부하셨는가를 우선 기록하겠다.

첫째, 선생이 1991년 북한을 방문하여 김일성 주석과 깊은 친교를 맺고 돌아오신 것은 바로 이와 같은 비상시에 대비하기 위함이었다. 항상 큰일은 비상시에 일어난다. 북한의 세계최장수 독재자가 쓰러졌다. 49년이란 장기간 일인독재의 철권정치 하에 있었던 한 왕국이 그 왕을 잃어버렸을 때, 이는 더 말할 나위 없이 정치적 대지진이요, 태풍 중에도 큰 태풍이 일어난 것이다. 그 다음에 올 일을 그 누구도 예측할 수 없다.

다행히도 김일성 주석은 근 20년에 걸쳐 그의 적자이자 후계자인 김정일 총비서를 훈련시켜 놓았다. 그리고 의도적으로 김 주석 자신이 생존하고 있는 동안에 실권을 아들 김정일 총비서에게 주어, 그의 통치능력을 기르기도 하고 테스트해보기도 했다. 그러나 그렇다 하더라도 그들이 말하는 '인류의 태양', '어버이수령'이 간 것이다. 이는 큰 별 하나가 떨어진 정도가 아니다. 그 나라에 지각변동이 일어날 것은 당연한 충격적인 사건이다.

이런 때일수록 한반도에 크나큰 변화가 일어나지 않는다고 그 누가 단언하랴. 사소한 일이 원인이 되어 국지마찰이 벌어지고, 감정적 대립이나 상황판단의 착오에서 국지마찰이 전면전쟁으로 돌변하지 않는다고 그 누가 단언하랴.

'위대한 수령의 유지, 조국통일을 완수하여 수령의 영전에 바치자.' 이와 같은 구호는 2천5백만 북한동포의 피를 끓게 하고도 남음이 있는 구호였다.

내가 평양에 있을 때 들은 이야기로는, 한국 정부가 조문은 고사하고 전군에 비상경계령을 내렸음을 알고 노여움에 찬 인민군 간부들은 '남한을 지금 공격하여 일주일 안에 서울까지 밀어붙이고 위대한 수령의 장례식을 서울에 가서 치르자.'고 외쳤다고 한다. 어림도 없는 망상이요, 일부 과격 과열분자의 책동임에 틀림없다. 그러나 역사에 보면, 얼마나 많이 이와 같은 망상이 무서운 피해를 가져왔던가. 그 비슷한 사례가 게르만 민족의 우월성을 믿고 전 유럽을 통일하려 했던 독일 히틀러의 망상이었다. 그의 과대망상증 때문에 유럽 전역은 전화 속에 휩쓸려 들어가고, 얼마나 많은 인명과 재산의 희생을 치러야 했던가.

문선명 선생은 이때야말로 북한과 대화의 통로를 구축할 때라고 깊이 생각한 것이다. 이제부터 집권자가 될 김정일 총비서와 두터운 선을 대놓고 있는 것은 그야말로 결정적 국가안보요, 예측할 수 없는 위기를 모면할 수도 있는 안전판이 될 것이라고. 그러기에는 그들이 애도하는 김일성 주석 장례식에 대표를 파견하는 이상 좋은 길이 없음을 직감적으로 안 것이다. 이것이야말로 부시 대통령이 나에게 말한 '황금의 기회'라고 본 것이다.

둘째, 문선명 선생이 저자를 조문사절로 파견하신 두 번째 이유는 김일성 주석과 피력한 우정과 평화를 위한 공동협조의 언약이 거짓이 아니었음을 표시하려는 것이었다.

김일성 주석과의 포옹이 '부모의 심정에서 참사랑으로' 이루어졌으며, 참사랑에는 원수의 개념이 없다고 말씀한 것을 나는 이미 증언했다. 선생은 그 참사랑에서 구축된 유대가, 김일성 주석이 없다고 해서 변하거나 끝나는 것이 아니고, 그 상호협조의 뜻이 김정일 총비서 시대를 통해서, 아니 통일이 이루어지는 날까지 변함없이 계승되어 이어져나갈 것임을 명백히 하려는 것이었다.

셋째로, 조문은 인도주의의 정화다. 우리나라 전통에 '관혼상제'라는 말이 있다. 인도주의는 이 관혼상제에서 비롯된다. 그 중에서도 가장 중요시되는 것이 '상(喪)', 곧 초상에 대한 조문이다. 그러니 역사에 보면, 서로 죽기 살기로 자웅을 결하는 싸움을 하다가도, 적장이 병사하면 그 상대방 장수는 조기를 달고 적장의 죽음에 조의를 표하며 조문사신을 보내기도 한다. 이 관행은 기사도에서나 로마의 전쟁사에서도 흔히 찾아볼 수가 있다.

문선명 선생이 당신께서 형제지의를 맺고 다시 만나기를 기약한 김일성 주석의 상사에 조의를 표하는 것은 지극히 당연한 일이며, 거기에 김일성 주석을 만날 때 동반했던 보좌역인 나를 파송하기로 결심하신 것은 너무도 당연한 결론이었다.

7월 13일 평양에서 특별기를 보내왔다. 승객 중에는 일부 재일교포들의 얼굴이 보였다. 그러나 외국인의 얼굴은 거의 없었다. 아마도 정책적으로 재미·재일교포 대표들만을 초청한 것으로 여겨졌다.

그 날 다시 밟은 순안비행장은 문선명 선생과의 방문 때와 전혀 그 양상이 달랐다. 모두 조용히 내려서 준비된 버스를 타고 각각 다른 초대소에 안내되었다. 나는 김용순 비서의 마중을 받았다.

그 다음날 14일, 해외동포 대표들은 '인민문화궁전'에 모였다. 거기에서부터 다시 단체로 '금수산주석궁'으로 향했다. 바로 이곳이 김일성 주석이 안치되어 있는 곳이다.

우리는 이곳에 세 개의 조화를 준비해줄 것을 부탁했다. 하나는 세계평화연합 문선명 총재의 이름이요, 하나는 세계평화여성연합 한학자 총재의 이름이요, 또 하나는 세계평화정상회의 의장인 내 이름으로 써달라고 했다.

여기서 나는 어떤 한국 매스컴의 큰 오도를 밝히려 한다. 어떤 서울 주요일간지는 김일성 주석 영전에 문선명 선생의 조화가 가장 컸다고 했다. 이것은 진실이 아닐 뿐더러 상식적으로도 있을 수 없는 일이다. 주변은 각종 화환으로 장식되어 있었지만, 그 중앙에 가장 큰 화환은 두 말할 나위도 없이 김정일 총비서의 조화요, 그 양편에는 노동당 최고 간부나 정무원 총리, 부총리 등등 북한의 위정자들의 화환이 성벽을 이루고 있었다.

외부 인사들의 화환은, 북한 정부의 손으로 모두 일률적으로 같은 크기로 제작하여 제공된 것으로 다만 각 화환에 각각 다른 이름의 꼬리표가 달려있을 뿐이었다. 그리고 당시 평양에서는 꽃이 동이 나서 그 누구도 꽃 한 송이를 살 수가 없었다. 북한정부는 특별기를 북경에 보내어 북경시내의 꽃을 실어 나르기까지 했다 한다.

이와 같은 상황 속에서 문선명 선생의 조화가 가장 컸다 하는 보도야 말로 의도적 중상모략으로밖에 받아들여지지 않는다.

그 날 우리 해외조문단들은 오랜 시간을 대기실에서 기다렸다. 처음에는 왜 이렇게 오래 기다리게 하는지를 몰랐다. 주석궁 안은 구슬픈 군악대 조곡과 가슴을 여미는 듯한 인민대표들의 통곡소리가 하늘을 찌르고 있었다.

그 날 저녁이 다 되어서야 우리의 차례가 왔다. 오래 기다리게 된 이유를 그 때 알게 되었다. 물 밀듯 밀려드는 국내 조객들을 대충 처리하고, 그 후에 해외동포의 조문을 특별히 김정일 총비서가 받기 위함이었다. 우리는 다 같이 일렬로 서서 조화를 증정하고 고인의 명복을 빌었다. 김일성 주석은 큰 유리관 속에 미라로 처리되어 누워 있었는데, 꼭 살아서 누워 잠자고 있는 모습과 조금도 다를 바 없었다.

화환을 증정하고 주악에 맞춰 묵도를 한 다음, 의전실장으로 여겨지는 사람이 우리를 하나씩 김정일 총비서에게 소개했다. 내 차례가 오자

남한에서는 유일하게 김일성 주석 조문에 참석해 김정일 총비서와 인사를 나눴던 저자

의전실장은 문선명 총재의 특별보좌역 박보희 의장이라고 소개했다. 나는 처음 대면하는 김정일 총비서에게 다가서서 조의를 표하려고 악수를 하는 순간, 김 비서가 먼저 말문을 열었다.

그는 대단히 반가워하면서. "문선명 총재님, 안녕하신가요? 이번에 이렇게 어려운 걸음을 해주셔서 대단히 감사합니다. 우리 주석께서 문 총재님 말씀을 늘 하셨습니다. 다시 한번 뵈올 기회가 있을 줄로 믿으셨는데, 이렇게 되었으니 너무도 애석합니다."라고 했다. 그동안 김정일 총비서는 두 손으로 내 손을 꼭 잡고 있었다.

"문 총재님께서 직접 오시지 못하시는 고로, 저를 보내셨습니다. 비서님의 애석한 마음 너무도 잘 알고 계십니다. 문 총재님께서 돈독한 애도의 뜻을 전하라 하셨습니다. 평양에 다시 올 수 있도록 배려하여 주셔서 대단히 감사합니다."

나는 이렇게 인사를 했다. 나는 뒤에 기다리는 사람을 의식하여 더 이상 길게 이야기하려 하지 않았다. 김 비서는 다시 한번 내 손을 꽉 잡았다.

"감사합니다. 문 총재님께 감사의 뜻을 전하여 주십시오."

이렇게 나의 조문인사를 끝내고, 그 옆에 도열해 서 있는 오진우 무력부장, 강성산 정무원총리, 김영남 부총리, 부주석 등등 북한의 고위간부들과 차례차례 악수하고 지나갔다.

혹서 속의 김일성 주석 장례식

7월 14일 이후 수일간은 아무런 행사도 없어 나는 숙소 안에서 주로 TV를 통하여 북한 사정을 깊이 연구할 기회가 있었다.

평양은 통곡의 바다였다. 아니, 북한 전체가 통곡의 바다였다. 전 북한 2천5백만은 연일 통곡했다. 다른 나라에서는 절대로 볼 수 없는 정경이다. 사랑하는 부모를 불시에 잃은 가정의 효자 효녀들의 통곡을 내가 본 적도 있고 들은 적도 있다. 그런데 북한 국민은 지금 전부가 어버이를 잃은 아들이요, 딸들이다. 가부장제도에 그 기둥인 가부장을 잃은 고아들의 울부짖음이었다. 이 통곡은 24시간 계속되어 끝이 없었다.

평양의 7월은 내가 처음 경험하는 것이지만, 정말 무더웠다. 습도도 높아서 불쾌지수가 아마도 90을 넘고 있으리라. 이 폭염 속에서 이 나라 인민들은 주야로 통곡한 나머지 기진맥진해 탈진하고 기절하고 실신하여 쓰러진다. 그래서 평양시내의 병원이 초만원이요, 많은 사망자가 속출했다 한다.

아침마다 한국에도 많이 알려진 전금철 참사가 예방을 왔다. 그는 아침마다 대한민국의 방송과 신문을 가지고 왔다. 남한에서 김영삼 대통령의 조문에 대한 강경태도에 그는 대단히 분개하고 있는 눈치였다. 그리고 나 박보희가 남한에서 몰림 받는 비난의 대상이 되어 있다고 알려주면서 각 일간지 보도를 전해주었다.

나는 '올 것이 오는구나.' 하고 태연했다. 나는 하나님의 뜻을 받들어 나 자신의 공명에 관계없이 소신을 가지고 조문 온 것이다. 날마다 나에 대한 비난보도가 격화할수록 대한민국에서 유일하게 평양에 들어온 나에 대한 북한 정부의 존경과 우정은 점점 깊어졌다.

그리고 7월 18일, 고 김일성 주석의 장례식과 장송 퍼레이드가 있었던 날이다. 나는 완전히 특별대우라 할까, 버스로 단체 이동했던 때와는 달리, 나에겐 귀빈용 차량인 벤츠560이 배치되었다. 나는 시간에 맞춰 영화나 보도사진에서 보아왔던 '김일성 광장' 상단의 주석단에 안내되었다.

거기에는 북한 전역에서 모여든 이 나라 대표 수십만이 그 광장을 메우고 주석궁으로부터 이곳 김일성광장까지의 도로 연변에는 200만(북한당국 발표) 인민들이 자기네 '어버이수령'과의 영결에 참여하려고 밤을 새워가며 대기하고 있었다.

이윽고 장엄한 행렬이 나타났다. 제일 선두차량에 고 김일성 주석의 초대형 초상화가 실리어 군 사이드카의 에스코트로 군악에 맞춰 서서히 나타났다. 그 초상화는 활짝 웃은 김일성 주석의 얼굴이었다. '내가 죽기는 왜 죽어. 이렇게 살아있지 않아.' 하는 소리가 들리는 듯한 초상화였다.

이 초상화가 나타나자마자 민중의 통곡은 하늘을 찔렀다. 남녀노소할 것 없이 모두 목 놓아 울었다. 뜨거운 여름 더위 속에 눈물과 땀으로 모두 목욕을 했다. 젊은 여학생, 부녀자들, 어린아이들은 더 했다. 정말 글자 그대로 천지를 진동시키는 이 통곡을 어떻게 표현해야 좋을까.

어떤 평론가는 이 광경을 일축하여 일고의 가치도 없는 북한정부 당국의 세뇌와 조작극이라고 신랄하게 비난했다. '통곡하는 척하는 것이다. 그것이 그들이 사는 길이기 때문에 사실 속으론 웃고 있으면서.' 이렇게 혹평하는 사람도 있었다.

나는 그 광경을 현장에서 보았다. 인간은 오감을 가지고 관찰하는 것 외에 육감이라는 것이 있다. 인간은 영물이다. 아무리 감쪽같이 속여 보려 해도 그것이 사실이 아닐 때는 어디선가 표가 난다. 나는 내 육감이 그렇게 둔하지 않다고 생각하는 사람이다.

연극하는 통곡에서 또는 남이 볼까봐 우는 통곡에서 저렇게 홍수같은 눈물이 쏟아질 수 있을까. 이 하늘을 찌르는 통곡은 진정 어버이를 잃은 고아들의 통곡이었다. 그 통곡에는 사람의 영혼을 쥐어흔드는 신비한 힘이 있었다.

나는 여기서 북한이 공산국가도 아니요, 주체사상의 나라도 아니요, 실은 '김일성교'의 종교국가임을 역력히 보았다. 저 통곡은 신앙에서 나오는 통곡이다. 그리고 그 신앙은 무서운 힘을 발휘한다. 그들이 '어버이수령' 하는 말이 그저 입에 발린 칭호만이 아니었다. 이는 그들의 '하나님'의 이름이었다.

나는 그 순간 무엇을 생각했는가. 나는 '나의 어버이'를 모시는 신분이다. 나의 어버이는 '참부모'시요, 바로 그 어른이 문선명 선생과 한학자 여사 내외분이다. 이것은 나의 신앙이다. 나는 일생을 바쳐 참부모님께 충성을 다해왔다. 나의 있는 힘과 혼과 능력과 생명을 다해 여생을 그렇게 살려고 다짐했다.

그런데 그 순간 나는 나의 양심에 물어보았다.

'네가 너의 참부모가 돌아가셨을 때, 저들과 같이 통곡할 수 있느냐? 저렇게 뜨거운 눈물을 밤낮으로 쏟을 수 있느냐? 저들과 같이 위대한 어버이 가신 것을 땅을 치고 애석해할 수 있느냐?'

나의 양심은 솔직히 대답했다.

'너는 이들로부터 배워야 한다. 너의 기준은 아직도 멀었다.'

그렇다! 북한은 하나의 종교집단이다. 그들이 자기 수령을 신봉하는 것은 보통 주권자와 국민의 관계가 아니었다. 이것은 교주와 신도의 관계이다. 거기에는 생명과 핏줄이 연결되어 있다. 그리고 놀랍게도 그들의 교주에 대한 신앙심은 세계 어느 종교집단이 표현하는 이상으로, 철저한 충성심과 효성으로 유착되어 있는 것이다.

그러나 그들의 신앙이 무신론에 입각하는 하나님이 없는 신앙이다 보니, 영생과는 아무 관계가 없다. 그리고 하나님 대신 인간을 하나님으로 만든 것이다. 이것은 문선명 선생이 만수대에서 설파하신 대로 허무

조문사절 중 유일하게 단독회담을 한 후 기념사진을 촬영한 저자

요, 구원이 없는 신앙이었다.

그 통곡의 광장에서 나는 북한 동포들에게 측은함을 금할 길이 없었다. 그리고 북한 동포들을 진정 사랑한다면 이들을 참 신앙으로 이끄는 데에 생명을 바쳐 노력할 것을 결의케 하는 순간이었다.

이번 나의 김일성 조문여행은 나의 신앙에 큰 영향과 충격을 주었다.

나는 문선명 선생의 말씀이 생각났다. 선생은 이전에 "통일신도는 한 번은 북한에 가봐야 한다구. 거기 가서 좀 배워야 돼. 진리 아닌 진리 가지고도 저렇게 열심히 신앙하는데 참진리를 가지고도 이들을 못 따라가지 않아." 하고 말씀한 적이 있었다.

나는 그 때 목전에 김 주석의 장례행렬을 바라보면서 바로 선생이 한 말씀을 재차 상기하고 있었다.

김정일 총비서와 단독회담

7월 20일이다. 이 날은 일련의 행사 마지막으로 고 김일성 주석의 추도식이 열린 날이다.

이 날 김일성 광장에는 약 100만 명의 전국대표들이 추도식에 참가하기 위해 모였다. 그리고 나는 이 행사로 모든 조문일정을 마치고 귀국하게 되어 있었다.

이 추도식은 강렬하게 내리쬐는 햇볕 속에서 장장 두 시간에 걸쳐 거행되었다. 추도식이라 해도 이는 결국 세 사람의 연설을 듣는 것이었다. 거기에는 기도는 물론 없고 조가도 없었다.

그 3인의 연설은 각각 당과 인민군과 해외동포를 대표했다.

노동당을 대표한 추도사.

인민군을 대표한 추도사.

그리고 해외동포를 대표한 추도사였다.

특별히 기억에 남은 것은 노동당 비서의 한 사람이요, 부수상 겸 외교부장으로 있는 김영남 씨의 웅변이었다. 그리고 이어 일본 조총련 대표 허종만 부위원장의 추도사도 일품이었다.

나는 주석단 상단, 김정일 총비서와 얼마 떨어지지 않은 같은 열 왼쪽에 안내되었다. 중앙에는 김정일 총비서, 그 오른쪽에 오진우 무력부장, 그 왼쪽에 정무원총리 강성산 씨가 서고, 그 양편에는 북한의 권력구조를 일목요연하게 보여주는 권력자들이 나란히 섰다. 김정일 총비서의 누이동생 김경희 여사도 김용순 비서의 부축을 받아가며 자리에 섰다. 그밖에 김 주석의 가족들의 모습은 일절 눈에 띄지 않았다. 그 후열에는 인민군의 장성들이 줄을 지어 서 있었다.

주석단에는 모두 의자가 준비되어 있었다. 그러나 김정일 총비서가 앉지 않으니, 한사람도 자리에 앉는 사람이 없었다. 그런데 두 시간 찌는 듯한 더위에 견디지 못하여 김일성 광장의 바둑판같이 정렬된 대열 속의 많은 사람들이 쓰러져갔다.

그런가 하면 이번에는 주석단에 초대된 귀빈들, 특히 그 중에서 북한 군부의 핵심 장군들이 이쪽저쪽에서 쓰러지는 현상이 벌어졌다. 나도 두 시간을 꼿꼿이 서서 견디기란 이만저만 고통스러운 게 아니었다. 그러나 인민군 장군들이 쓰러지는데 나는 끝까지 견딘 것이 통쾌했다.

그런데 더 놀란 것이 있다.

나는 가끔 주석단 중앙 쪽을 쳐다봤다. 김정일 총비서의 표정을 보기 위함이었다. 그는 요지부동의 자세로 돌기둥같이 꽂꽂이 서서 추도사를 경청하고 있었다. 그의 건강이 이루 말할 수 없이 나쁘다는 보도를 많이 보고 온지라 이 추도식에서 나는 김정일 총비서의 체력과 그의 건강도를 짐작할 수 있었다. 그는 건강하다는 결론을 내린 것이다.

아주 긴 추도식이 끝났다. 귀빈대기실에서 물을 한 모금 마시고 있노라니까 김용순 위원장이 나에게 달려왔다. 김정일 총비서가 나를 만나겠다는 뜻을 전했다. 그러면서 그는 이렇게 부언했다.

"박 의장님, 이것은 특전 중의 특전입니다. 우리 경애하는 비서께서는 이 애도기간 중 아무도 단독으로 만나신 분이 없습니다. 오늘도 오로지 박 의장 한 분만 만나시겠다는 것입니다. 이것은 큰 영광입니다. 그런 줄만 아십시오." 하고 강조해서 말했다.

김용순 위원장은 김일성 광장 주석단 아래층에 있는 주석실로 나를 안내했다. 내가 그 방에 들어가니 김정일 총비서가 일어서서 나를 기다리고 있다가 나를 반갑게 맞이했다. 긴 추도식이 끝이 나서 대단히 피곤할 터인데 그 음성과 표정에는 피곤의 빛이 보이지 않았다.

김 비서는 먼저 말했다.

"이번에 가시거든 문선명 선생에게 안부와 깊은 감사의 뜻을 전하여 주시기 바랍니다. 우리 부친께서 문 총재님을 참 좋아하셨습니다. 내가 뵈올 때마다 꼭 문선명 총재님을 다시 만나 뵙는다고 말씀하시면서 한번 공화국에 다시 모시자고 하셨는데, 이제 고인이 되셨으니…. 대단히 애석합니다."

나는 그 말에 이어서,

"문 총재님께서도 주석님을 미국에 한번 모시어 알래스카에서 낚시 한번 같이 하신다고 늘 말씀하셨습니다. 정말 애석한 일입니다. 이제는 김 비서님께서 유지를 계승하시어 한번 미국에 오시지요. 유지를 받들어 문 총재님과 낚시도 한번 하시고…."

김 비서는 이 말에 이렇게 말하였다.

"참 미국으로 돌아가시는가요? 이번에 세계 각국 국가원수들이 조문을 보내오는 것을 보고, 나는 부친께서 얼마나 덕망으로 많은 사람들과 우정을 깊이 하셨는가를 새삼스럽게 깨달았습니다."

나는 이 기회를 놓치지 않고 이렇게 말했다.

"또 하나 애석한 것은 김일성 주석께서 남북정상회담을 17일 앞두고 가신 것입니다. 그처럼 통일을 염원하신 주석님이신데, 이번에 통일을 향한 거대한 화합의 일보를 내딛지 못하고 유명을 달리하셨으니, 이것 또한 7천만 우리 민족이 크게 애석하게 생각하는 바입니다. 이것도 이제는 김정일 총비서께서 그 유지를 받들어 기어코 남북정상회담을 성취하시기를 갈망하고 있습니다."

"물론 그 유지를 받들 생각입니다. 통일을 보는 그 날까지 우리 부친께서는 고이 쉬시지 못하실 것입니다."

그러고 나서 김정일 총비서는 간곡하게 말했다.

"박 의장, 앞으로 자주 좀 와주시요. 이번에는 이런 경황 속에서 만나니 할 수 없지만, 다음에 오시거든 우리 저녁이나 한번 같이하면서 여러 가지 회포를 풀어보십시다. 꼭 오세요. 자, 우리 기념촬영을 할까요."

우리는 손을 붙든 채 주석실 중앙으로 걸어가 나란히 섰다. 이번에는 김정일 총비서의 손을 꽉 잡고 기념촬영을 했다. 지난 1991년 방문에는 문선명 선생이 김 주석의 손을 꽉 붙들고 기념촬영 했던 것을 생각하며.

이 단독회담 전 과정을 김용순 위원장이 지켜보고 있었다. 나는 김용순 위원장의 안내로 주석실을 나왔다.

북경에서의 기자회견

7월 23일, 10일간의 평양방문을 마치고 다시 북경으로 나왔다.

국내외 기자들이 몰려올 것은 필지의 사실이었다. 나는 기자들을 피하지 않고 정면에서 만날 작정을 했다. 그 때 나는 이상한 전언을 받았다. 한국 정부에서 오신 분이 기자회견 전에 나를 꼭 5분만 만나자는 것이었다. 나는 기자회견장에 들어가기 전에 내 방으로 이 분을 오시라고 했다. 그는 짤막하게 다음과 같이 말했다.

"박 사장님, 죄송합니다. 저는 위에서 명을 받고 왔습니다. 지금부터 말씀드리는 것은 제 개인의 말이 아닙니다. 평양으로 떠나시기 전에 정부의 여러 당국자와 만나시어 평양행을 상의하시고, 긍정적 내락을 받고 떠나신 것을 잘 알고 있습니다. 그런데 그 사실을 없던 것으로 해 주시고, 오늘 기자회견에 그 말씀은 하지 말아 달라는 것입니다. 죄송합니다.”

이 말을 듣는 순간, 순간적으로 분노가 치밀어 올랐다.

‘국민의 생명과 재산과 명예를 지켜주는 것이 정부의 책임이 아닌가. 여론이 좀 불리하다고 이렇게 나무 위에 올려놓고 흔드는 게 아닌가. 이런 정부를 국민이 어떻게 믿고 생명과 재산과 명예를 맡긴단 말인가!’

그러나 다음 순간, 나는 곧 평온을 되찾았다.

“여기까지 와 주셔서 감사합니다. 내가 평양에 가서 물의를 일으키게 되어 죄송합니다. 나는 정부의 입장을 어렵게 할 생각은 추호도 없습니다. 염려마시라고 보고해 주십시오. 나의 김 주석 조문행은 하나부터 백까지 모두 나 개인의 책임 하에서 이루어진 것입니다. 책임질 일이 있으면 제가 몽땅 서슴지 않고 책임을 지겠습니다.” 하고 일어섰다.

나는 곧 기자회견장으로 나갔다. 거기에는 세계의 주요 매스컴 기자들과 특히 한국 신문의 북경특파원들 전원이 제일 앞줄에 대기하고 있었다. 특히 국제망을 갖는 미국의 CNN TV와 일본에서 가장 큰 NHK를 위시하여 한국 KBS, MBC 등 주요 TV언론이 취재를 준비하고 있었다. 국제통신사로서는 UPI, AP, 로이터통신, 일본의 교토통신, 한국의 연합통신, 중국에서도 신화사, 중앙텔레비전(전시대)이 참석해 근 100여 명의 기자들이 모인 기자회견이었다.

나는 세계평화정상회의 안토니오 베탄코트 사무총장의 소개로 간단한 준비성명을 낭독하고 기자들의 질문에 답변했다. 기자들이 문제를 삼으려는 초점은 다음 네 가지로 집약된다.

첫째, 신문사의 사장으로 정보수집차 간 것이냐, 조문을 목적으로 간 것이냐의 목적을 밝히라는 것이었다. 그것은 한국에서 조문행위를 금지하고, 위반자는 국가보안법으로 엄중하게 다루고 있다는 분위기 때문에 이 문제가 크게 부상한 것이다.

나는 분명히 '조문'을 목적으로 하는 여행이었다고 했다. 또 조문뿐만 아니라 동시에 많은 정보도 수집할 수 있었다고 했다. 이것은 한국특파원들을 지극히 놀라게 했다. 보안법 위반으로 다루어질 것이 틀림없기 때문이었다. 그러나 나는 역사를 두고 증언하고 있는 것이다. 나의 진실을 그대로 말하고 싶었다. 어떤 방편적 답변도 하고 싶지 않았다.

두 번째 관심사는 김정일 총비서의 건강상태였다. 왜냐하면 김정일 총비서가 중병에 걸려있으며 장례식에 나온 그의 TV영상이 곧 쓰러질 것 같은 환자같이 보였다며, 그의 건강이 얼마 가지 못할 것이라는 소문이 파다하게 돌고 있었기 때문이다.

나는 나의 인상을 그대로 솔직히 말했다. 김 비서의 건강상태에는 이상이 없어 보이며, 특히 그와 손을 잡고 악수하였을 때 그의 손은 대단히 따뜻했다고 말했다. 이 '손이 따뜻했다'는 말 한마디가 나에게 그 후 얼마나 조소와 지탄을 가져왔는지 이루 헤아릴 수가 없다. 마치 나는 김정일 총비서의 '선전부장'처럼 낙인찍혔다.

그러나 나는 그저 내가 느낀 대로 솔직히 이야기했을 뿐이다. 더구나 그 날 폭염 속의 추도식에서 군인들이 대거 쓰러졌는데 김 비서는 꼿꼿이 끝까지 견디고 서 있었으며, 그 후에 나를 만났을 때도 조금도 피곤한 빛이 보이지 않았다. 그것을 생각하면 그의 건강은 별 문제가 없는 것으로 나는 판단했다.

그 후 나의 발언이 과장이 아닌 것이 드러났다. 김정일 총비서는 김일성 주석 사후 만 6년째 접어드는데, 공화국 국사를 한 몸에 짊어지고 평상근무를 이어갔었다. 내가 과장한 것이었다면 그는 벌써 쓰러졌어야 했을 것이다.

세 번째 기자들의 큰 관심사는 김정일 총비서와 나와의 단독회담 내용이었다. 나는 이것 또한 있었던 그대로 이야기했다. 이 질문에 대해서는, 미국에 가거든 문선명 선생에게 깊이 감사를 드려달라는 것과 남북정상회담도 자기 부친의 유지를 받들어 갈 것이라는 내용이 있었음을 이야기했다.

넷째로 특히 한국 기자들의 큰 관심사는 내가 정부의 양해 하에, 또는 정부에 보고한 여행이냐에 관해서였다. 나는 이번 방북은 순전히 개인 결심에서의 행동이며, 모든 책임은 내가 감수하겠다고 강조해서 말했다. 다만 나는 문선명 선생 내외분의 조의를 전했다고 분명히 말했다.

일단 기자회견은 여기서 끝이 났다. 한국 기자들은 그것으로 만족하지 않고, 이야기를 좀 더 듣자고 굳이 내 방까지 따라왔다. 내 일생일대의 실수라면, 내가 내 방에서의 얘기는 보도 않기로 하고, 즉 'off the record'의 약속으로 한국 기자들과 회담한 것이다. 그들은 어려운 질문들을 많이 했고, 꼬치꼬치 내 의견을 물었다. 나는 '비보도의 원칙'을 준수해줄 것을 믿고 허심탄회하게 그들과 상당시간 이야기했다. 물론 준비 없는 담화였다.

그런데 그 다음날 한국 전 일간지에는 내가 마치 북한에 가서 세뇌나 당하고 온 것처럼 가지각색의 흉악한 기사들이 홍수를 이뤘다. 각 언론은 경쟁적으로 독자의 호기심과 흥미만을 충족시키려는 심리로 지면을 채웠다. 나는 깨끗이 사자 밥이 된 것이다.

그 중에도 너무도 가슴 아팠던 것은, 그들이 전혀 사실무근이거나 당치도 않는 것을 가지고 침소봉대하거나 또는 의도적으로 인격살인을 자행한 것이다.

첫째, 내가 영어로 기자회견을 했는데 그 때 김정일 총비서를 '각하'로 존칭했다는 공격이다. 영어로는 '히즈 엑설런시(His Excellency)'라고 존칭을 붙인 것이 화근이 된 것이다. 한국 기자들은 이것을 대통령 이상의 존칭을 김정일 총비서에 사용했다고 받아들였다.

보통 미국 대통령은 국제사회에서 세계최고의 존칭을 가지고 불러야 할 입장이다. 그 미국 대통령의 이름 앞에는 '히즈 엑설런시'를 쓰지 않고, '더 아너러블(The Honorable)'을 사용한다. '히즈 엑설런시'라는 존칭은 주로 외교관계상 대사들에게 가장 많이 사용한다. 그렇다고 우리 나라에서 대사를 '각하'라고 호칭하는 사람이 있는가. 외무부 대사들이 외국에 가면 그들은 '히즈 엑설런시'로 불리는데, 그들이 모두 '각하'라는 뜻은 아니다. 도대체 미국 대통령을 '더 아너러블', 한국말로 '님'으로 부르고, 대통령이 보내는 대사들이 모두 '각하'란 말인가. 요약하면, 이 존칭(His Excellency)은 영어권 외교계에서의 관례적인 표현이요, 한 나라를 대표하는 의미에서 그렇게 부르는데 지나지 않다.

나는 북한의 최고관리들과의 대화에서 김일성 주석과 김정일 총비서를 항상 현장에서 '각하'가 아니라 '님'으로 부르고 있었다. 주석님, 비서님이라 호칭했다. 한 번도 북한에서 각하라 불러본 일이 없다.

따라서 내가 김정일 총비서에게 '히즈 엑설런시'라는 존칭을 붙였다 해서 김정일 총비서를 '각하'로 불렀다고 판단하고 대서특필하여 매도하는 것은 언어도단이다. 나는 국제관례에 따랐던 것뿐이요, 그 이상도 그 이하도 아니다. 이것이 그들의 무지에서 오는 것, 아니면 의도적인 '인격살인'이었다. 그러나 어쨌든 간에 의도적이었든 무지에서였든 결과는 마찬가지였다. 내가 일생 생명시해 온 나의 명예는 파괴된 것이다.

둘째는 먼저도 말한 바 있지만, 한 주요일간지는 문선명 선생의 조화가 조화 중에서 가장 컸다고 과장하고, 마치 문선명 선생과 내가 고 김일성 주석의 추종세력이요, 평양에 충성이나 맹세하러 간 것같이 오도한 것이다. 이것은 나의 스승의 명예와 관계되는 일이기 때문에 크게 불쾌감을 면할 길이 없었다. 이 화환에 관해서는 이미 앞서 설명한 바가 있다. 어처구니없는 거짓이었다.

셋째로 '김정일 총비서의 손이 따뜻했다'는 발언이다. 한국 언론은 마치 다 죽어가는 송장의 손을 잡고 그를 따뜻하다고 표현했으니 박보희는 정신 나간 사람으로 일종의 정신병자와 같이 취급하여 보도했다.

어떤 말을 들어도, 나는 사실대로 말해준 것이요. 내 양심에는 추호도 과장이 있을 수 없다. 나는 의사로서 그의 건강을 진단하러 간 것이 아니다. 다만 악수하는 과정에서 그의 손이 따뜻했으니 따뜻하다고 했을 뿐이다.

나는 이와 같은 작은 일들에 집착하고 분을 풀어보려는 것이 아니다. 나의 스승 문선명 선생이 가르치신 것이 '사필귀정'이요, '정의는 꼭 드러난다.'는 명언이다. 다만 이 세상에 'off the record(비보도대담)'란 있을 수 없다는 값진 교훈을 배웠을 뿐이다.

박보희가 국민에게 드리는 해명서

그 당시 나는 내 조문의 진의와 경위를 국민 여러분께 알려드리고 싶었다. 그래서 간단한 성명을 준비해서 발표하려 했다. 그러나 유감스럽게도 이 성명은 정부의 따가운 시선 속에서, 어떤 언론도 광고료를 낸다 하는데도 실어주는 매체가 없었다. 그래서 그 성명은 그대로 불발탄이 되었다.

본서는 내 생애의 역사를 위한 증언이니, 그 전문을 여기에 담아두려 한다.

국민에게 드리는 해명서

최근 본인이 평양방문으로 국민 여러분께 본의 아니게 염려를 끼쳐드린 데 대하여 마음속으로부터 크게 죄송하게 생각합니다. 본인은 이 지면을 빌어 이번 본인이 방북하여 김일성 주석의 장례식에 참여하기로 결심했던 배경과 방북의 근본동기에 대하여 해명해 드리고자 합니다.

첫째, 조국통일에 기여하겠다는 굳은 신념에서

본인은 이번 조국통일의 물꼬를 트겠다는 굳은 신념으로, 뜨겁게 타오르는 동포애를 놓고 고심하던 중 북한당국으로부터 초청을 받고 민족화해를 위한 이 절호의 기회를 놓치지 않기로 결심했던 것입니다.

본인은 영원히 함께 살아야 할 운명을 타고난 우리 민족이 남북분단의 고통을 안고 살아온 지난 반세기를 너무도 안타깝게 생각해왔던 사람으로서 우리의 염원인 통일의 소망이 눈앞에 다가오고 이제 남북정상회담을 목전에 두게 된 현시점에서 김일성 주석의 장례식이야말로 남북한 동포들이 인도주의와 동족애의 차원에서 서로 분단의 상처를 달래줄 수 있는 절호의 기회라고 생각하고 방북을 결심했습니다.

본인은 우리의 과거 원한과 아픔이 아무리 크다 하더라도 조국통일의 성업을 성취하기 위하여서는 우리 민족이 반드시 서로 화해해야 하고, 그러자면 상호간에 그 원한의 담을 언젠가는 헐지 않으면 안 된다고 믿어왔습니다. 본인은 그런 절호의 기회가 바로 이 때, 곧 김일성 주석의 장례식이라고 생각했습니다.

본인은 이번 김일성 주석의 장례기간 중 애도하고 통곡하는 2천5백만 북한 동포들과 그 아픔을 함께 나누는 대승적 동포애를 통하여 남북의 동포가 용서와 사랑으로 하나 되게 함으로써 조국통일의 물꼬를 틀 수 있다는 신념에서 서슴지 않고 행동했던 것입니다.

둘째, 문선명 목사의 참사랑의 가르침을 실천한다는 신념에서

문선명 목사 내외분은 1991년 12월 평양을 방문해 김일성 주석과 역사적인 회담을 하셨으니, 이 때 과거의 원한을 관용으로 푸시고 '형제지의'를 맺으셨습니다. 본인은 그 때, 일생을 통하여 공산주의와 싸워오신 문선명 목사께서 김일성 주석과 뜨겁게 포옹하는 것을 보고 '참사랑'을 실천하는 문 목사님의 숭고한 가르침을 뼛속깊이 새기게 되었습니

다. 문 목사님께서는 평소 '참사랑'에는 원수의 개념이 없다고 가르쳐 오셨습니다.

문선명 목사 내외분은 본인의 참스승이시며 참부모이십니다. 따라서 본인은 문 목사님의 말씀을 생명시하고 평생을 살아왔습니다. 이와 같은 배경으로 볼 때, 본인이 이번에 평양을 방문한 것은 원수 집에 간 것이 아니라 형제의 집에 간 것이요. 문선명 목사께서 가르쳐 주시고 몸소 실천하고 계시는 '참사랑'을 본인도 실천하기 위하여 갔던 것입니다. 이것은 또한 원수까지 사랑하는 숭고한 기독교 정신의 발로이기도 합니다.

셋째, 조문은 인도주의 정신의 기본이라는 신념에서

우리에게는 조상대대로 전해 내려오는 관혼상제의 미풍양속이 있고 역사에는 전쟁 중에라도 적장이 쓰러지면 조의를 표했던 예도 있습니다. 이것은 인간의 삶의 과정에서 자연스럽게 발생하는 너무도 당연한 인도주의적 국제관례이기도 합니다.

일본의 천황 히로히토가 사망하였을 때, 제2차 대전으로 미국과 아시아인에게 그토록 많은 피해를 입혔던 한 원수의 죽음에 2차 대전 때 죽을 뻔했던 부시 미국 전 대통령은 태평양을 건너 천황의 장례식에 참석해 조문하고, 미국과 일본 간의 원한을 푸는 절호의 기회로 삼았던 것입니다.

최근 미국의 닉슨 전 대통령이 사망했을 때 그로 말미암아 가장 큰 피해와 고충을 겪었던 공산주의 베트남정부가 미국 국민들에게 조의를 표해왔습니다. 지금까지의 인류역사상 최대 최악의 독재자였던 구 소련의 스탈린이 사망했을 때 당시 미국의 아이젠하워 대통령은 정중한 조의를 표했으며, 6·25전쟁 기간 중 북한 인민군보다도 더 많은 미국 군인을 죽였던 중국의 모택동 주석이 사망했을 때에도 당시 미국의 카터 대통령이 역시 정중한 조의를 표했습니다.

이번 김일성 주석의 죽음에 대해서도 미국의 클린턴 대통령이 북한 주민들에게 정중한 조의를 표했으며, 김일성 주석을 만난 바 있던 미국의 유명한 부흥목사 빌리 그레이엄 박사도 뉴욕에 있는 북한 UN대표부를 방문해 정중한 조의를 표했습니다.

UN총회에서는 김일성 주석에 대한 추도의 묵념을 올렸고, 조기를 게양했으며, UN사무총장이 UN을 대표하여 북한에 조의를 전달했습니다. 그밖에도 많은 자유세계의 원수와 지도자들이 조의를 표했음은 이미 주지의 사실입니다.

본인은 조문이야말로 인도주의의 기본이며 정치와 이념 이전의 문제라고 믿고 있습니다. 따라서 이번에 본인이 김일성 주석의 장례식에 참석해 조의를 표한 것은 순수한 인도주의적 정신의 발로로서 이적행위나 폭력시위 등과는 분명히 구별하여 다루어져야 한다고 생각합니다.

국민 여러분!

우리는 미래를 내다보고, 우리의 후손을 보고 살아야 합니다. 이제는 우리 민족 모두가 핵무기의 위협으로부터 완전히 벗어나고 이 땅에서 전쟁의 기운을 말끔히 해소하고 가족의 생사조차 모르는 채 죽어가는 이산가족의 고통을 조금이라도 덜어주는 등 통일의 소망을 향해 분명히 일어설 때입니다.

본인은 이번 방북기간 중 기회 있을 때마다 북한의 지도자들에게 이산가족의 비참상에 대하여 호소하고, 남북한 당국이 공식적으로 통일사업을 추진할 때까지만이라도 우선 이산가족의 생사확인을 실시하자는 데 일단 동의를 얻어냈습니다. 이에 따른 구체적인 계획이 추진 중에 있음을 알려드립니다.

이러한 1천만 이산가족의 상봉과 같은 시급한 과제들이 산적해 있는데도 과거에만 집착하여 미래를 위태롭고 어둡게 만드는 것이 과연 최선의 길인가를 다시 한번 심각하게 생각해보았던 것입니다.

본인은 이 땅에 동족상잔의 비극이 절대로 다시 있어서는 안 되며, 우리 한반도문제는 반드시 평화적으로 해결해야만 한다고 믿어 왔습니다. 따라서 얼마 전 한반도에 핵문제로 인하여 전쟁의 기운이 조성되어 민심의 혼란이 야기됐을 때 본인은 누구보다도 전율을 금치 못했으며, 그 이후에 남북정상회담 추진소식을 들었을 때에는 누구보다도 기뻐하며 기대에 가슴이 부풀었던 것입니다.

끝으로 본인은 예수 그리스도의 용서와 사랑의 가르침에서만이 남북화해의 해답을 찾을 수 있다고 생각합니다. 마지막 가시는 십자가 위에서 당신을 창으로 찌르는 로마 병정의 죄를 용서해달라고 기도하신 그리스도의 그 숭고한 사랑의 실천에서 우리 동족이 하나 될 수 있는 열쇠와 비결을 찾을 수 있다고 믿으면서 일편단심 조국통일의 성업을 위하여 본인의 한 생명을 기꺼이 바칠 것을 국민 여러분 앞에 서약하는 바입니다.

이상으로 본인이 조문방북을 하게 된 참 동기를 국민 여러분께 보고 드렸으며, 국민 여러분의 깊은 이해와 관용이 있으시기를 간절히 바라는 바입니다.

김영삼 대통령이 조문을 갔더라면

저자는 이 장을 마침에 있어 한 가지 애석한 것이 있다. 참 아깝기 한이 없다.

2000년 6월 13일부터 3일간의 남북정상회담 뉴스는 온 세계를 깜짝 놀라게 했다. 김대중 대통령이 평양으로 건너가 김정일 국방위원장과 뜨거운 악수와 함께 포옹하는 남북화해의 획기적인 쾌거가 일어난 것이다. 그런데 사실 이 쾌거는 1994년에 있었어야 하는 쾌거였다. 이것이 안타까운 것이다. 귀한 시간을 6년이나 연장해야만 했다. 이게 도대체 무슨 말인가?

1994년 7월 8일, 김일성 주석의 사망은 남북정상회담을 17일 앞두고 일어난 돌변사태였다. 이 때 김영삼 대통령이 "내가 17일 후에 만날 예정이었던 김일성 주석이 사망했다. 나는 깊은 애도를 금치 못하는 바이다. 나는 평양으로 조문을 가겠다. 이것은 정치와 정략을 넘어서서 민족간, 같은 동포로서 너무도 마땅한 예의일 것이다."라고 선언하며 평양에 갔더라면 김정일 총비서와 북한 2천5백만이 얼마나 경악하고 감동, 감격했을 것인가. 그랬으면 정상회담은 자연히 성사되고, 그 때부터 남북

관계는 한 가족과 같이 되었으리라. 북녘 동포들의 굳은 마음이 녹아 무슨 이야기인들 못했겠는가. 무슨 회담이 불가능했겠는가. 지금의 남북 화해 해빙무드가 그 때라고 불가능했을 이유가 없다. 그러나 이와 같은 용단이 당시에는 없었다. 오히려 북한 2천5백만을 자극하고, 원한에 사무치게 만들었다.

이것이 오죽 가슴 아프고 한이 맺혔으면 최근 해빙무드에서도 전직 대통령을 북이 모두 초청하면서 김영삼 대통령만은 안 된다고 하였겠는가. 나라의 지도자들에게 반드시 기회는 온다. 다만 그 기회를 알고 이를 포착하는 예지와 영단이 있느냐 없느냐가 나라의 운명을 결정한다.

김대중 대통령은 그 기회를 포착하였다.

최근 이산가족의 만남에서 북에서 온 아들이 100세 넘은 어머니를 얼싸안고 통곡했다. 그 어머니는 아들을 보면서도 무표정하고 기억이 몽롱했다. 아! 이 모자의 상봉이 6년 전에 이루어졌더라면 그 어머니가 아들을 만나는 기쁨이 얼마나 컸을까.

그뿐만이 아니다. 지난 6년 동안 이산가족의 고령자들이 몽매에도 잊지 못할 혈육의 이름을 부르며 얼마나 많이 타계했을까. 생각하면 생각할수록 애석한 일이다.

한학자 총재의 통일비전

2012년 문선명 선생의 성화(육체적 죽음을 성화라 부름) 이후, 선생의 유업을 이어받은 한학자 총재는 신통일한국의 뜻을 이루기 위해 '중단없는 전진'을 하고 있다. 민간에서 통일운동이 주춤하고 있는 가운데, 좌익과 우익을 뛰어넘는 두익사상을 중심으로 대국민 통일준비 교육을 펼쳐나가면서 제5유엔사무국 유치운동, 피스로드 프로젝트 등 한반도 평화통일 운동이 국제적으로 전개되고 있다. 세계평화국회의원연합이나 세계평화정상연합, 세계평화종교인연합 같은 기구는 한반도 통일에 대한 주변 강대국 지도자들의 지지와 협력을 결집시키고 있다.

또한 '통일기원 한일 자전거 국토종주'로부터 출발한 피스로드는 미국·러시아·중국 등은 물론 130여 개국이 참여하는 세계적 프로젝트로 발전하게 되면서 남북통일의 염원을 세계인들에게 인식시키는 성과를

내고 있다. 특히 핵무기 개발을 추진하고 있는 북한으로 인해 군사적 긴장이 고조되고 있는 이때 제5유엔사무국의 한반도 유치는 남북화해와 평화통일의 밑거름이 될 뿐만 아니라 동북아의 평화 유지에 크게 이바지할 것이다.

문 선생과 함께 한학자 총재도 밤을 지새우며 조국통일을 위해 정성을 들였다. 또 천운과 현실의 세계를 맞추기 위해 피나는 노력을 하던 남편을 지척에서 지켜보며 도왔었다. 양위분은 한반도 주변 4대강국에 평화와 통일의 기반을 만들기 위해 하룻밤도 편안한 잠을 자지 못했다. 사무치는 기도로 천운을 연결시키고 하나님 앞에 통일을 위한 조건들을 세우며 밤을 함께 지새웠다.

"한반도의 통일은 정치협상이나 경제교류만으로는 이뤄지지 않는다. 천운과 더불어 하나님의 참사랑에 의해서만 통일이 이루어진다."는 것이 양위분의 소신이었다.

한반도의 남과 북은 인간시조의 타락으로 아벨과 가인으로 분립돼 뿌려진 선악의 씨앗이 세계적인 열매가 되어 나타난 결실체이다. 즉 북한의 공산주의는 역사상에 나타난 가인형의 인생관과 체제의 세계적인 결실체다. 종교적인 가치관을 부정하는 무신론의 공산국가를 이루어 세계의 공산진영을 대표하고 있다.

반면에 남한은 역사상에 나타난 모든 아벨형의 인생관과 체제의 세계적인 결실체다. 지상에서 제일가는 종교의 번성국가가 되어 자유세계를 대표하는 나라가 돼 있는 것이다. 곧 전 세계를 선악으로 분립하여 선 편으로 분립된 남한이 악 편으로 분립된 북한과 마지막 대결의 장을 형성해 놓은 전 세계의 축소판이 한반도이다.

따라서 한반도의 남북통일이야말로 세계평화와 통일의 열쇠가 된다. 그렇기 때문에 한반도의 남북통일은 단순한 정치적인 사건이나 과업이 아닌 것이다.

이것은 하나님 구원섭리역사의 최종목표인 지상천국 복귀, 곧 공생·공영·공의의 이상세계를 실현하는 관문이 되는 섭리사적인 역사성을 띠고 있는 것이요, 지상세계를 거쳐 간 수많은 영인들과도 관계있는 입체적인 과업이다. 따라서 대한민국의 통일은 정치가들에 의해서만 풀려질 문제가 아니었다.

한반도에 얽혀 있는 이와 같은 하늘의 뜻을 잘 알고 있는 문선명·한학자 양위분은 1991년 12월 초 7일간의 북한방문을 결행한 것이었다.

한 총재는 "본인은 남편을 따라서 전 세계를 순방하며 각국의 정상들을 많이 만나봤지만, 지난번 평양방문 때에는 정말로 비장한 각오와 심각한 결의를 가지지 않을 수 없었다."고 술회한다.

"문 선생이 그렇게 주장할 수 있었던 것은 오로지 진정으로 저들을 살리고 싶고, 위하고 싶은 사랑의 마음과 조국통일의 문을 열기 위해서는 어떤 희생도 감수하겠다는 순교자적인 정신을 가지셨기 때문이다. 죽고자 하는 자는 살고, 살고자 하는 자는 죽는다는 말씀을 실천하시게 된 것이다. 참사랑이야말로 지옥까지도 점령할 수 있는 기틀이 된다."고 했다.

한학자 총재는 "우리 부부는 마치 성경에 나오는 야곱이 그를 죽이려던 형 에서를 천신만고의 고난과 지혜와 정성으로 감동시켜 끝내는 그의 마음을 움직여서 서로 화해했듯이 북한 김일성과의 성공적인 담판을 성사시켰다. 이제 남북통일은 정치인들에게만 맡겨진 게 아니라 하나님이 간섭하시는 일이 됐다."고 했다.

또 한 총재는 2017년 남북통일운동국민연합 창립 30주년 기념식에서 "해방과 더불어 남북이 갈리면서 남한은 민주화가 시작되었는데 혼돈기였다. 그러나 북한은 김일성 체제로 하나가 되어 남침을 준비했다. 1950년 공산화가 될 수밖에 없는 상황이 되었을 때 이 나라에 유엔군이 참전하여 16개국의 젊은이들이 피를 흘렸다. 왜 그랬겠는가? 6·25사변이 일어나고 60년이 될 무렵 한국 정부에서는 나이가 많은 16개국의 참전 용사들을 찾아가서 '우리는 당신을 잊지 않고 있습니다. 감사합니다.' 하는 표시를 했어야 했다. 그러나 위정자를 비롯해 그 누구도 생각을 못하고 있을 때에 문 선생은 리틀엔젤스예술단을 보내 그들을 위로하고 격려했다. 그때 그들은 한없는 눈물을 흘렸다."고 강조했다.

승공활동을 국제적으로 전개하는 한편, 북한과의 교류에서도 눈에 띄는 활동을 전개해왔다. 북한은 공산주의가 지배하고 있는 지역으로 언젠가는 해방되어야 할 땅이었기에, 북한을 방문해 김일성 주석을 만났고 남포의 평화자동차 등 경제협력도 꾸준히 진행했다.

전 세계를 돌며 국제적인 선교와 기업 활동을 펼치고 있는 탓에 문 선생 부부는 한 곳에 20일 이상 머무르지 못하며 '늘 가방을 싸놓은 생활'을 계속했었다. 주로 머무르는 곳은 서울과 뉴욕, 1990년대 들어서는 한 총재도 단독 순회강연을 다니게 되면서 더욱 바빠졌다.

그러나 두 사람은 문 선생이 한 총재의 강연을 인터넷 생중계로 보고 강연이 끝나면 꼭 전화통화를 할 만큼 언제 어디서나 함께 하늘의 섭리를 이루어갔다. 한 총재는 "아무리 힘들게 강연을 해도 마치고 난 뒤 남편의 '수고했어요. 사랑해요.'라는 목소리를 들으면 모든 피로가 씻어지는 보람을 느끼게 된다."고 말했다.

당시 문선명 선생과 세계평화통일가정연합 공동총재를 맡고 있었던 한학자 총재는, "남북통일은 우리가 다 원하고 있으나 정치의 힘이나 경제의 힘으로는 안 된다. 남한 사람이 북한 사람보다 북한을 더 사랑하고, 북한 사람이 남한 사람보다 남한을 더 사랑할 때 통일이 된다."라며, 통일은 "문 선생의 말처럼 원수를 용서하고 품는 참사랑을 위주하고 나갈 때에야 실현될 수 있다."고 강조했다.

세계 유일의 분단국 대한민국과 북한이 안고 있는 전쟁 위기는 세계가 함께 고민하고 풀어야만 하는 숙명적 과제다. 왜냐하면 남북 분단은 이념과 사상으로부터 시작됐고, 주변 강대국들이 모두 개입됐던 세계적인 문제였기 때문이다.

2015년 한 총재는 세계순회강연 도중 오스트리아 빈에서 기자들과 인터뷰를 가졌다. 인터뷰 중 한반도 긴장해소와 통일방안으로, 북한에서 초청의사를 전해왔는데 언제쯤 방문할 예정이냐는 질문이 있었다. 이에 한 총재는 "문 총재와 김일성 주석의 관계는 굉장히 끈끈했습니다. 김정일·김정은 위원장도 그 유지를 받들고 있습니다."라고 전제했다.

아울러 "김정은 국방위원장을 만날 생각이 있나요?"라는 질문에, "나라와 세계를 위한 것이라면 못할 것이 없습니다. 시기를 조율하고 있습니다. 남북평화통일을 위해서라면 방북할 생각도 있습니다. 조만간 좋

북한방문 당시 한학자 총재와 함께한 저자 부부

은 소식을 들려 드리도록 하겠습니다."라고 말했다.

개인의 생각이나 판단으로 이 나라가 나아갈 수 없다. 남북통일은 우리가 다 원하고 있으나 정치의 힘이나 경제의 힘만으로는 안 된다. 사상이나 주의를 가지고도 안 된다.

한학자 총재는 "인류가 하나님을 부모로 모신다면 국가·인종·종교간 갈등이 있을 수 없다"고 특히 강조했다.

한 총재는 하나님 아래 인류 한 가족으로 세계의 모든 나라들이 하나님을 중심한 새로운 심정문화혁명을 일으켜, 위하여 사는 참사랑을 실천하는 새로운 문명시대를 열어가는 데 오늘도 앞장서고 있다.

| 에필로그 |

끝으로 문선명 선생 양위분의 뜨거운 사랑을 조금이라도 전하고자 1984년 내가 경험한 일화를 소개하고 싶다.

1984년 가을, 문선명 선생은 억울하게 댄버리 감옥에 수감되어 계시는 중이었다. 나는 〈워싱턴 타임스〉 사장으로 시무하면서 매일 댄버리에 가서 선생을 만나뵙던 시기였다. 그런데 어느 날 나는 3명의 한국인 청년들에게 납치되었다. 그들은 한국의 한 정치인 보좌진이라고 자신들을 소개하고 나를 차에 태워 납치했다. 그리고 밤 12시에 나를 사형할 것이라고 위협을 가하면서 나를 의자에 묶고 감금해두었다.

나는 죽기 전에 마지막으로 하나님과 참부모님을 부르고 싶어 온 힘을 다해 의자에서 일어났다. 초인적인 힘을 다해 양쪽 팔에 매달린 의자를 높이 들어올리며 "하나님 만세! 참부모님 만세!"를 세 번씩 외쳤다. 납치범들은 당황하여 나를 때리고 전기인두로 고문을 했다. 결국 나는 정신을 잃고 쓰러지고 말았다.

얼마나 시간이 지났을까? 갑자기 누가 나를 황급히 흔들어 깨웠다. 졸음에 겨운 눈을 겨우 뜨고 보니 한학자 총재가 나를 깨우고 계셨다. 한 총재는 나에게 "보희 씨, 지금이 어느 때인데 잠을 자고 있어? 지금부터 10시간 이내에 이곳을 탈출하지 못하면 죽게 될 텐데…. 수단과 방법을 가리지 말고 이곳을 탈출해야 해. 모든 지혜와 방법을 다 동원해 봐, 알았지?"라고 말씀했다.

그 말씀을 들으며 정신을 차리고 보니 꿈이었다. 나를 위해 문선명 선생 양위분이 염려하고 기도하고 계시다고 생각하니 희망과 용기가 생겼다. 나중에 안 일이지만 문선명 선생은 내가 납치되었다는 소식을 듣자마자 기도를 시작해서 내가 돌아올 때까지 밥도 드시지 않고 잠도 주무시지 않았다고 한다.

그런 기도 덕분에 나는 모든 지혜를 짜내어 천신만고 끝에 무사히 집으로 돌아올 수 있었다. 집에 도착해 전화를 드릴 때까지 한학자 총재는 노심초사 식구들과 함께 나를 위해 기도해주었다. 그리고 내가 돌아왔다는 소식을 들으신 뒤 풀썩 자리에 쓰러지듯 앉았다고 한다. 문선명 선생도 내가 무사히 돌아왔다는 전화를 받은 뒤에야 40시간 만에 기도를 풀고 잠자리에 들었다.

그런 기도의 은덕으로 나는 다시 살아날 수 있었다. 그 기도가 천군천사들을 동원하여 나를 지켜주었으며 그 사랑이 나에게 용기와 지혜를 주었다. 그 사랑이 얼마나 간절했으면 꿈에서까지 나타나 나의 살길을 지도했겠는가! 그런 지극한 사랑을 받으며 살았으니 나는 참으로 행복한 사람이다. 그 이후 나는 '감사하는 인생'을 살기로 했다. 그 감사는 하나님과 이 땅 위에서 하나님을 대신하시는 나의 구세주이자 참부모이신 문선명 선생 양위분의 사랑에 대한 감사였다.

일개 부족한 한 사람인 나를 위해서도 이렇게 큰 사랑을 주시는 양위분인데, 공산 치하에 있는 인류를 구원하기 위해서는 얼마나 큰 사랑과 기도를 주셨겠는가? 나는 누구보다 그런 과정을 가까이에서 보았기에 진심으로 증언할 수 있다.

문선명 선생 양위분은 만난을 극복하고 인류의 참부모로서 승리했으며 인류에게 새로운 생명과 사랑, 진리와 혈통을 주셨다. 받은 생명과 사랑, 진리와 혈통을 다하여 마지막 남은 나의 효심을 모아 지난날을 충실히 기록하고자 했다.

이 책은 나의 평생의 역사인 동시에 내가 모신 수십년간의 주님의 행적을 증언하는 기록이다. 나는 이제 편안히 죽을 수 있다는 환희에 쌓여 있다. 나는 한편의 저서가 내 일대에 베스트셀러가 된다거나 내가 저술가로 유명해진다거나 그런 것과는 일체 관계가 없다. 사실 이 책은 내 당대에 그리 많은 사람이 읽어주지 않으리라.

이 증언의 전승 시기는 지금부터 50년, 100년을 지나야 올 것으로 본다. 나는 한때 이름을 내는 소설을 쓴 것이 아니다. 나는 주님의 행적을 기록하는 사도행전을 쓴 것이다. 그것도 극히 일부를 쓴 것이다. 내가 본 한 국면을 쓴 것이다.

2천년 전에 이스라엘 선민들은 오신 예수님을 그 나이 33세에 비참한 죄인으로 십자가에 못 박았다. 그러나 그 예수 그리스도의 탄생은 세계역사를 주름잡는 연대가 되었다. 기원 2000년이란 말은 주님이 오신 지 2천년이 되었단 말이다.

그러나 재림의 역사는 그리 시간이 걸리지 않는다. 현대의 1년은 예수님 때의 100년보다 길기 때문이다. 향후 20년으로부터 50년, 세계인류는 재림주의 강림을 인식하고 우러르게 될 것이다. 그때 이 책은 부족한 저서이지만, 성약시대의 사도행전의 역을 일부 맡아 감당할 것을 나는 의심치 않는다.

물론 그때 저자는 땅 위에 있지 않다. 그러나 하늘에서라도 그 영광의 날을 볼 것만은 틀림이 없다. 그래서 나의 이 저서 출판에 있어 저자의 정성을 가장 집중한 것은 역사에 충실하자는 것이었다. 거짓 없는 증거를 남기자는 것이었다.

냉전종식과 남북통일의 여정
모스크바에서 평양까지

초판1쇄 발행일 2021년 4월 21일
초판5쇄 발행일 2022년 7월 20일

지은이 박보희

발행인 이경현
발행처 (주)천원사
신고번호 제302-1961-000002호
주소 서울시 용산구 청파로 63길 3(청파동1가)
대표전화 02-701-0110
팩스 02-701-1991

정가 15,000원

ISBN 978-89-7132-810-1 03340

• 청파랑은 (주)천원사의 임프린트입니다.